贵州荔波小七孔桥

贵州兴义万峰林

云南抚仙湖落日

云南勐仑中科院植物园

云南丽江玉龙雪山

云南泸沽湖女神湾

四川海螺沟贡嘎雪山

四川九寨沟五花海

四川九寨沟珍珠滩瀑布

云南罗平九龙瀑布

河南云台山峰林峡

湖北武当山南岩宫

湖南张家界武陵源袁家界（电影《阿凡达》哈里亚路山原型）

湖南凤凰古城

峨眉山金顶云海

河北井陉苍岩山桥楼殿

低风险投资，让你踏上财务自由之路

低风险投资之路

第2版

徐大为 刘颖◎著

中国经济出版社
CHINA ECONOMIC PUBLISHING HOUSE
北 京

图书在版编目（CIP）数据

低风险投资之路／徐大为，刘颖著．—2 版．

北京：中国经济出版社，2016．3

ISBN 978－7－5136－4197－5

Ⅰ．①低… Ⅱ．①徐… ②刘… Ⅲ．①风险投资—基本知识 Ⅳ．①F830．59

中国版本图书馆 CIP 数据核字（2016）第 056711 号

责任编辑　燕丽丽

责任审读　贺　静

责任印制　马小宾

封面设计　任燕飞

出版发行　中国经济出版社

印 刷 者　北京科信印刷有限公司

经 销 者　各地新华书店

开　　本　710mm×1000mm　1/16

印　　张　21．5　彩页 0．5

字　　数　300 千字

版　　次　2016 年 3 月第 2 版

印　　次　2017 年 5 月第 4 次

定　　价　58．00 元

广告经营许可证　京西工商广字第 8179 号

中国经济出版社 **网址** www．economyph．com **社址** 北京市西城区百万庄北街 3 号 **邮编** 100037

本版图书如存在印装质量问题，请与本社发行中心联系调换（联系电话：010－68330607）

自　序

我是一名草根投资者，基于2005年到2013年的投资经历，出版了《低风险投资之路》。本来只想在一个小众的领域和读者分享，未曾预料受到如此多读者的关注。

在投资领域，由于金融产品本身不断变化，会创造出一些新的低风险投资机会，为了使《低风险投资之路》一书赶上时代的变化，基于2014年和2015年的市场情况，再版增加了相应的策略，并且丰富了一些低风险投资方面的案例。

《低风险投资之路》第二版对目录结构做了较大的调整，对低风险投资工具和策略进行了归类，并增加了投资领域中比较高级的对冲策略及轮动策略。

投资不是生活的全部。通过投资，实现财务自由，享受生活才是重点。因此，本书中增加了部分与投资理论不直接相关的内容，放在附录中。其中“附录一：我的投资之路”，主要内容是过去11年我做投资的心路历程，以及经历的职场风波。附录二是我们全家83天中国自驾游的经历，由我的妻子撰写。

感谢我的妻子对我的付出和支持！也感谢读者朋友的支持！希望再版的内容能让你们眼前一亮，对你们的投资之路和财务自由之路有所帮助。

目　录

第一章

漫谈低风险投资

第一节　为什么做低风险投资

复利的威力

低风险投资，是指在安全边际可控的情况下，获取一定的收益率，这个收益率也许不是很高，但能在大多数情况下获得正的收益率。即使在极端情况下出现负收益率，也能将负收益率控制在一定范围内，实现资产的稳健增长。

大多数人认为，低风险、低收益；高风险、高收益。实际上，低风险和高收益并不矛盾。大众之所以会有这样的认知，是因为忽略了复利的威力。

2000 年以前，互联网还未普及，那个时候买卖股票都要去券商的营业大厅填单子才行。当时大家热衷于追涨杀跌，希望能抓住涨停板的股票，一个月或者一周时间赚取百分之几十的收益，而忽略了新股申购这种低风险投资品种。

1997 年的时候，每周打新股的收益率大约是 1%。恰恰是这 1% 的收益率，如果持续每周都打新股，坚持一年，复利计算下来是 68%，不逊色于当时做高风险股票投资的收益率。

2000 年以后，打新股的收益率逐渐降低，但是通过可转债、封闭式基金等低风险投资品种，平均每年赚取 20% 的收益率并不困难。2010 年股指期货刚推出时，做期现套利，也能有超过 20% 的年收益率。

我们按照 10%、15%、20%、25%、30% 五档年收益率，计算投资 20 年的总收益率，具体结果如表 1 – 1 所示。

表 1－1　不同收益率下的 20 年总投资收益率

年收益率	20 年总收益率
10%	573%
15%	1537%
20%	3734%
25%	8574%
30%	18905%

假设投资 10 万元资金，年收益率 10%，20 年能赚取 5.7 倍收益，赚 57 万元；如果年收益率 20%，20 年能赚取 37.3 倍收益，赚 373 万元；如果年收益率 30%，20 年能赚取 189 倍的收益，赚 1890 万元，可见复利的回报相当可观。

低风险与高风险的比赛

投资大师巴菲特提出投资三原则：第一，不要亏损；第二，永远不要亏损；第三，牢记前面两条。这句话虽然人人皆知，但知易行难，能做到的人并不多，因为这需要严格的投资纪律进行约束。

很多人想赚快钱而忽视风险，但一次致命的投资失误就会让他们永不翻身，或者一次较大的收益回撤，也会让他们的投资成绩从“凤凰”变回成“麻雀”。

我们假设两位投资选手，A 做低风险投资，每年稳定 25% 的收益率；B 做高风险投资，预期每年 50% 的收益率。既然是高风险投资，必然会有失手的时候。假设高风险选手 B 每 5 年失手一次（A 股历史每 5 年都会有一次大熊市），失手的那年假设亏损 50%，我们对两者的收益率进行比较，如图 1－1 所示。

黑实线是低风险投资选手 A，虚线是高风险投资选手 B。经过两次收益率回撤后，预期年收益 50% 的高风险选手 B 跑输预期年收益 25% 的低风险选手 A。

对于高风险投资，每年 50% 收益率，并且每 5 年才有一次大的收益率

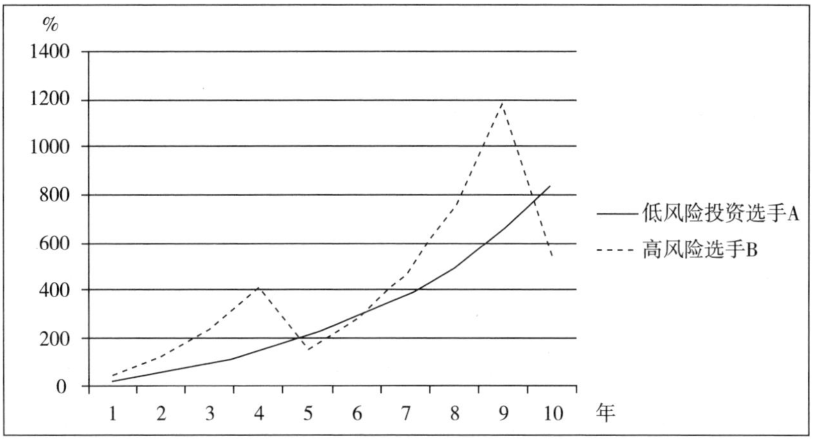

图 1－1　高风险与低风险投资模拟

回撤，已经是非常优秀了，但长期看还是跑输了低风险投资选手。所以说，**大的投资收益回撤，是长期高复合收益率的最大杀手。**

对于低风险投资选手 A，更不能有闪失，假设低风险投资选手 A 保持 9 年 25% 的收益率，但是第十年没有控制好风险，导致一次－50% 的收益率，则以 10 年为周期计算的年化收益就只剩下 14% 了。

巴菲特历年收益率点评

从 1957 年巴菲特成立合伙基金，到 2012 年共计 56 年，这里将巴菲特的投资历史分为两个阶段。

第一阶段从 1957 年到 1964 年共 8 年，总收益率 608%，年化收益率是 28%，每年投资收益都是正的，但没有任何一年收益率超过 50%。具体年份投资收益率见表 1－2。

表 1－2　1957—1964 年巴菲特投资收益率

年份	巴菲特基金收益率	累计收益率
1957	10.4%	10.40%
1958	40.9%	55.55%
1959	25.9%	95.84%
1960	22.8%	140.49%

续表

年份	巴菲特基金收益率	累计收益率
1961	45.9%	250.88%
1962	13.9%	299.65%
1963	38.7%	454.32%
1964	27.8%	608.42%

第二阶段从1965年到2012年共48年，总收益率5873倍，年化收益率是19.8%。48年中仅2001年和2008年的投资收益是负的，且亏损都不超过10%，另外46年全部都是正收益，仅1976年的收益率超过50%。具体年份投资收益率见表1－3。

表1－3　1965—2012年巴菲特投资收益率

年份	巴菲特基金收益率	累计收益率
1965	23.80%	23.80%
1966	20.30%	48.93%
1967	11.00%	65.31%
1968	19.00%	96.72%
1969	16.20%	128.59%
1970	12.0%	156.02%
1971	16.4%	198.01%
1972	21.7%	262.68%
1973	4.7%	279.73%
1974	5.5%	300.61%
1975	21.9%	388.35%
1976	59.3%	677.93%
1977	31.9%	926.09%
1978	24.0%	1172.36%
1979	35.7%	1626.59%
1980	19.3%	1959.82%
1981	31.4%	2606.60%
1982	40.0%	3689.25%
1983	32.3%	4913.17%

续表

年份	巴菲特基金收益率	累计收益率
1984	13.6%	5594.96%
1985	48.2%	8339.93%
1986	26.1%	10542.76%
1987	19.5%	12618.10%
1988	20.1%	15174.43%
1989	44.4%	21956.28%
1990	7.4%	23588.45%
1991	39.6%	32969.07%
1992	20.3%	39682.09%
1993	14.3%	45370.93%
1994	13.9%	51691.39%
1995	43.1%	74013.48%
1996	31.8%	97581.57%
1997	34.1%	130890.98%
1998	48.3%	194159.62%
1999	0.5%	195130.92%
2000	6.5%	207820.93%
2001	-6.2%	194929.83%
2002	10%	214432.82%
2003	21%	259484.71%
2004	10.5%	286741.10%
2005	6.4%	305098.93%
2006	18.4%	361255.54%
2007	11.0%	401004.65%
2008	-9.6%	362498.60%
2009	19.8%	434293.12%
2010	13.0%	490764.23%
2011	4.6%	513343.98%
2012	14.4%	587279.92%

我们可以看到，在巴菲特56年的投资经历中，仅2001年和2008年收益率为负，剩余54年都是正收益率，并且仅1976年收益率超过50%。通

过低风险的投资，在足够长的时间周期中，股神巴菲特从最初的小资本，通过神奇的复利，最终成为了世界巨富。

黑市拳王唐龙的启示

2012 年的秋天，我们一家人到泰国普吉岛度假，在晚上去餐厅吃饭的路上，经常有人给我们发黑市拳比赛的传单。由于我并不喜欢血腥的场面，所以没有去看。

传说中的黑市拳是一种“无限制的格斗”，除了不能使用武器，参赛者可以采用任何方式打击对手，并且参赛的选手也没有任何防护措施。

有一位传说中的中国人，在美国黑市拳赛场上风靡一时，他就是“唐龙”，唐龙真名叫弗兰克陈，中国名字叫陈进生，出生在中国台湾新竹。尽管他喜欢叫自己“唐龙”，但拳手们都叫他“鲨鱼”，因为唐龙在拳击台上异常凶狠，经常在几个回合内击倒对手。唐龙在自己的格斗之路上走得非常顺利，他的战绩是 97 战 96 胜，其中 95 次击倒对手。

按理说 97 战 96 胜，相当好的成绩了，胜率接近 99%，那唐龙的结局是什么呢？在连续胜利 96 场后，他在和被称为“推土机”的克里斯蒂·保利的一战中，遭遇了致命的一次失败，而这次失败，让唐龙永远倒在了拳击台上，再也没有能力站起来。

大多数黑市拳中的顶尖高手，最终都是唐龙这样的结局，也就是前 N 场比赛中收获胜利、荣耀和巨额奖金后，在第 N +1 场比赛中最终倒在了赛场上。

虽然“唐龙”的故事出自于地摊文学，无法考据其真实性，但却能给我们很深的启示。根据著名投资人花荣的自述，2002 年的熊市，他几乎赔光了所有的钱，剩余的财富仅 5 万元。而与花荣一起投资的熟人当中，有跳楼死亡的，有坐牢的，有离婚的，有在最低点公司倒闭的。花荣之所以被称为股市的“不死鸟”，是因为同期的操盘手大部分都被市场消灭了。

俗话说得好，被淹死的都是会游泳的。很多职业投资者，把每一次投资机会，都当成黑市拳选手的格斗比赛，他们胜利了 1 次、2 次、5 次、10

次、20 次。有的时候是快速盈利，有的时候有惊无险，先浮亏再盈利。他们每一次都将杠杆做到极致，就好像不带任何防护措施的拳手们走向赛场一样。他们品尝着一次又一次的胜利，收益率非常高，资产也不断膨胀，一切都那么美好，资本市场变成了他们的“提款机”。

但终于有一次他们遇到了麻烦，市场不按照他们预测的方向前进。由于没有防护措施，这一次失败给他们带来了致命的损失，有些人将前面的所有盈利全部亏光，还有些人因此背上了巨额的债务，甚至有人因此走向了监狱，或者不堪重负结束了自己的生命。

对于低风险投资而言，首先要避免的就是“唐龙”式的结局，因为一次致命的失误，就可能导致资金爆仓。这就需要选择合理的投资组合与合理的仓位。

低风险投资者即使上赛场格斗，也要穿上足够厚的铠甲。只要对手有可能将自己置于死地，那么即使有再高的奖金，也要放弃比赛。只有这样，才能在长跑中坚持下来。

记住，永远不要和“唐龙”们比收益率，这会扰乱您的投资心态。当有一天您为了追求“唐龙”式的高收益率而不带任何防护措施走向角斗场时，那么“唐龙”的结局就会在不远的将来静静地等您走来。

第二节 怎样做低风险投资

您为什么会被套住

2007 年的中国股市，是疯狂的一年，当时在公司办公室里面谈论最多的话题，就是谁的股票又涨了多少。那时有人改编了一首歌，歌词写道“死了都不卖，不给我翻倍不痛快”。

2007 年 11 月，上证指数上涨到了 6000 点以上，中国石油上市。我申购中国石油新股并中签，于是准备在开盘首日卖出。

办公室有一个同事，听说我中签了中国石油新股，问我为什么要卖出。“中国石油多好的企业啊，我每次都是去他们家加油，您为什么要卖出呢？我都还想开盘买进呢！”同事说。

“那我来告诉您我为什么卖出”，我对这个同事说，“您看，现在市场上都认为中国石油开盘能涨到40元以上，您认为贵不贵？”

“不贵啊，那么多股票价格都上100元了，40元有啥贵的，也许中国石油股价以后也能上100元呢！”同事说。

“那好，中国石油的总股本是1830亿股，按每股股价40元计算，总市值7.32万亿元，2006年中国GDP是20.94万亿元，中国石油一家上市公司的总市值，居然占中国全年GDP总量的35%，您说贵不贵？”我问道。

很多人做投资的时候，没有一个基本的概念，不知道股票的价格是高估还是低估。他们在40元以上买入中石油，在50元以上买入中国远洋和中国铝业，他们买的股票被套在最高点，也许10年甚至20年都无法解套，因为他们在价格高估的时候选择了买入。

另一个同事，在6000点的时候没有买入股票，看到其他同事被套在最高点，心里非常高兴，常常挂在嘴边的话就是，“看，套住了吧，等着我来抄底救你们”。

2008年股市跌破4000点，这个同事觉得机会来了，9元多买入中国中铁，对大家说，“这下子可抄到底了，我就是要等你们亏损了才动手”。可惜这个同事还没高兴几天，就发现自己抄底抄到了山腰上，而且还是很高的山腰，后来这个同事再也不提自己抄底的故事了。

证券投资，大部分人不是套在最高点，而是在下跌中不断抄底不断被套，因为他们还是不知道手上的股票到底值多少钱。就好像商场卖衣服，先涨价100%，再打8折促销，结果吸引很多人抢购。

所以，当我们决定投资一个品种之前，需要首先了解这个品种的安全边际，尤其是向下的安全边际，在最极端的情况出现时，会跌多少？可能性有多大？需要等多久才能解套？如果无法回答这三个问题，那么就不应该买入。

少赚也是亏

很多人认为，低风险投资就是固定收益投资，大多数人为了回避投资风险，选择把钱存入银行或者买入货币基金。例如，当前的 1 年期存款利息是 1.5%，那么将钱存 1 年定期，可以保证每年 1.5% 的正收益，不过更好的方式是买入货币基金，大多数的收益率在 2% 左右（2013 年下半年持续在 4% 以上），保证每天都有利息拿。

如果我们回到 1983 年，那时有 1 万元存款就是巨额数字，当时被称为“万元户”。当时大部分人的月收入不足 50 元。假设一个投资者在 1983 年开始存入 1 万元定期存款（1 年定期滚存），那么 30 年后本息合计差不多变成了 5 万元，从数字上看确实也增长了不少，可是 2013 年的 5 万元，只能买得起北京 1 平米的房子，而绝大多数人靠工资攒 5 万元也变成一件很容易的事情。虽然说这样的投资没有任何风险性，但是不得不说是一个非常失败的投资，因为银行存款的收益率跑输了通货膨胀，也跑输了社会平均工资涨幅，相当于在社会财富增长的排名中严重落伍了。

也许有人会说，中国改革开放前 30 年是计划经济转型到市场经济的 30 年，中国经济高速发展的 30 年，当经济减速后，存银行的收益率就能跑赢 CPI。但这只是一个美好的愿望，因为当经济减速后，您在银行拿到的利息就更少了。美国、欧洲、日本基本都在实施零利率政策，而这些国家的 CPI 增速大多在 2% 左右。

所以，靠把钱存银行是无法跑赢通货膨胀的，因为目前各国央行都不是以黄金为本位币的发行制度，可以通过增发货币来弥补财政赤字及社保亏空。这样的话，所有现金持有者或者银行存款持有者，相当于被征收了铸币税。货币的购买力会随着时间的推移不断下降，这也就是人们常说的“你不理财，财不理你”。

当机会来临时

下面讲两个我身边的财富故事。

第一个故事，封闭式基金。

2005 年的时候，我满仓封闭式基金，当时的股市很低迷，大盘跌到 1000 点附近，而那时的封闭式基金，折价率不断上升，最高达到 50%。也就是说，净值 1 元的基金，价格只有 0.5 元。我向很多人推荐过封闭式基金，并说明我看好的理由，大多数人也都认为投资价值不错，并投入资金买入。

2006 年和 2007 年股市大涨，大多数封闭式基金上涨 5 ~ 10 倍。一次和朋友聚会，聊天中又谈起封闭式基金，我说，“我推荐的品种不错吧，你小子买入应该赚大了”。但很诧异的是，朋友不是赚大钱喜悦的表情，而是非常懊悔地说：“David，我后悔死了，2005 年我怎么就只买 2 万块钱的封闭式基金呢，如果把所有的钱都拿来买封闭式基金，我现在也发财了。”后来我发现，听我推荐买封闭式基金的，没有一个人投入重仓去买，一次大的投资机遇，就这样和他们擦肩而过。

第二个故事，房子。

2004 年，北京房价处于底部区域，此时长三角的房价已经火热过一轮，上海外环的房子已经涨到 7000 元/平方米，而北京二环内，也能买到 7000 元/平方米价格的房产。这一年，我支付了 20% 首付，拥有了自己的一套房子。

当时大多数人预计，北京的房子会涨上去，而口袋里有钱的人，也都在纷纷买房。但是很多人只愿意全款买房，而不去银行贷款，因为不想让银行从自己身上把利息赚走，当时的银行贷款利息是 5.04%。

2004 年的时候，如果有 100 万元，在北京二环内买入 1 套房产自住，那么到 2013 年，部分地段房价已经涨了 10 倍，很了不起的财富增值。

但如果换一种方式，100 万元买入 4 套房子，都是 20 万元首付，80 万元贷款，其中 1 套自住，另外 3 套出租（当时的房租，是可以支付住房抵押贷款的，因为 2004 年北京的租售比到过 7%），而剩下的 20 万元则作为流动资金，那么到 2013 年，同样的房价涨 10 倍，100 万元的资产已经升值到 4000 万元，资产增值 40 倍！仅靠这一笔投资，就已经足够实现财务自由了。

大部分时候，**盈利的关键不是您买了什么，而是您买了多少**！这就是仓位管理的技巧，在高确定性盈利的时候，要敢上大仓位，这才是低风险高收益的关键！

不过要注意的是，仓位管理不是赌博，就目前的房价而论，风险已经很高，此时再大比例按揭贷款买房，可能会遭遇毁灭性打击。20 年以前海南房地产泡沫中，就有很多投资者血本无归；而香港 1997 年回归后房价的调整，也让很多家庭沦为了负资产。

所以，只有当盈利的确定性很高的时候，才能上大仓位，而确定有保底的时候，才能上杠杆，否则，很可能遭遇唐龙式的结局—— 那就是在一次下跌中，将前面赚的钱全部亏光。

寻找便宜货

去超市购物的时候，大家可能都会有这样的经历，在一个货架上，一瓶大可乐卖 10 元钱，有些人会拿上好几瓶直接去结账。但是在另一个货架上，正在做着买两瓶送一瓶的促销。

对于一个精明的购物者，应该选择多看几个货架，甚至多去几家超市，对比了商品的单价及促销方案后，再选择在哪里买。当然，购物也存在时间成本，如果为了节约 10 元钱而多花费好几个小时，那就得不偿失了。

当今社会，一个聪明的购物者，当选择自己钟爱的商品的时候，不是冲向离家最近的商场，而是利用互联网找到最便宜的卖家，也就是说，相同的产品，寻找最低的价格。

做投资也是同样的道理，也需要去寻找“便宜货”。2005 年的时候，您如果看好股市，预计未来上涨，可以买入一只或者多只股票，但如果您的视野放宽一些的话，您会发现有人将多只股票和债券打包一起卖，而价格相比单独买这些品种，居然打了 5 折，这就是封闭式基金。

封闭式基金就好比是买一送一的大可乐。如果您在逛证券市场这个大超市的时候，只是看到了 A 股这个货架而没有关注封闭式基金这个货架，那么您已经输在了起跑线上。

当然，更厉害的投资者，会仔细分析不同封闭式基金之间的差异，在封闭式基金之间再做优选，找到性价比最高的封闭式基金。这就好比超市在搞大促销，我们对促销的商品也货比三家，看哪个促销方案性价比最高买哪家。

不过寻找便宜货并不是一件容易的事情。

其一，您需要多去超市走走，因为促销不是什么时候都有的，不能等人家的促销活动都结束了，才知道人家搞过促销。

其二，您要对什么时候打折幅度大有基本的了解，比如商场通常是在节假日打折幅度较大，而证券市场则在熊市中会出现促销的机会。

其三，您要能辨别是真打折还是假打折。有一些经验不足的购物者，看到三折、四折就以为捡到宝贝，其实人家是先把目录价抬高了再打的折，贪图便宜买入反而会上当。

做投资，也需要不断关注市场转瞬即逝的打折机会，并且做到不被假打折消息蒙蔽。

这个领域往深里做，靠人工分析已经不够，就好比我们个人不可能了解所有商场的打折信息。但通过数学建模，利用计算机自动收集大量交易数据并分析，来寻找折价和价格扭曲的机会，能够极大地提高投资效率，并战胜市场，这就是量化投资和套利。

第三节　漫谈财务自由

财务自由是很多投资人的梦想，尤其是低风险投资者的梦想。通过下面几篇短文，聊聊我对财务自由的看法。

初识财务自由

上中学的时候，一个同学曾经问过我，“你希望未来的生活是什么样的?”

我的回答是,“希望每天过不一样的生活。”

“那是不可能的,除非你去流浪。”她说。

我 1977 年出生,刚好成长在一个变革的年代,从小学到中学再到高中,确实感觉生活在不断变化。那个年代我的想法是,我现在是没钱,等我赚了钱以后,那可不是每天都可以过不一样的生活。

等我念完大学、念完研究生、参加了工作,却发现生活是不自由的。上学的时候,我们把时间交给了老师,好歹换来学识的增长;而工作后,虽然我们赚到了钱,但也出卖了时间,朝九晚五,周而复始。别说每天过不一样的生活,如果在一个单位工作一辈子,那简直是几十年都在过一样的生活。

直到有一天我看到了一本书,叫作《穷爸爸和富爸爸》,知道还能有另一种生活,叫作“财务自由”,可以不工作,依靠投资就能够满足生活所需。于是财务自由成为我生活的一个目标,因为我知道,如果达到财务自由,我小时候的梦想就能够实现。

也许是我运气好,经过几年的投资理财,财务自由从遥不可及变得慢慢接近。后来我又有些迷茫了,财务自由就是我的目标吗?

人有时候很奇怪,真的不工作的话,又会觉得工作也挺有意思的,可以和同事聊聊天,项目做好会有成就感。后来仔细想想,如果真的财务自由不工作,生活又会变得重复,而真要实现每天过不一样的生活,关键在于拥有选择的权利——在想工作的时候,有能力去投入到工作中去,而当不想工作的时候,也有能力靠投资满足生活开销。

其实也有很多人做到了这一点,西方国家有间隔年的说法,很多大学生毕业后先不工作,环球旅游一年,然后再参加工作,或者有人在换工作的间隙,休息一两年,然后再投入到工作中去。还有一种方式,是做自由职业者。我发现财务自由后,做自由职业者是个好选择,由于没有金钱的压力,完全可以根据自己的需求控制工作时间。

实际上每一种生活状态都没有绝对好坏的差别,只是一直保持一种生活状态就会显得无趣。人生短短几十年,如果能在几种生活状态的转换中游刃有余，会是更加理想的一种方式。

怎样实现财务自由

2015年，股市涨势如日中天，我和几个朋友聊天，结果看到太多的人对股市致富抱太大的期望，并且把股市致富当成财务自由的唯一的路。虽然我的家庭很大一部分财富是从股市中获得的，并且依靠股市实现了基础的财务自由，但我还是要谈谈对财务自由的看法。

每个人都会有一个财务自由的梦，期望35岁前或者40岁前就有能力提前退休，过自己想过的生活。当然，在任何国家，能实现这一点的肯定是少数人。想实现这个目的，大致有以下几个方法。

★创业

这是实现财务自由最快的路。微软CEO比尔·盖茨35岁身价25亿美元，谷歌CEO拉里·佩奇35岁身价166亿美元，脸书CEO扎克伯格30岁身价接近300亿美元，可以说是以火箭的速度实现了财务自由。就算再牛的投资者，也无法与之相比较，股神巴菲特也是60多岁以后，财富才接近这样的数量级。

中国也一样，腾讯的马化腾，盛大的陈天桥，京东的刘强东，也都在35岁前实现财务自由。聚美优品陈欧，30岁身价已经超过10亿美元。

当然，上面提到的都是创业路上顶级的人，也有很多创业做得很一般的人，也许没有上市，但是被某个上市公司收购，马上就是几千万或者几亿的身价。

靠创业可以很快实现财务自由，前提是你遇到了好机会，而且你还足够优秀和努力。

当然，也许你不是创业者，但你跟对了人，比如上面提到的公司，即使你不是创业者，而是这些公司前100名的员工，那么也有望在35岁以前实现财务自由。

★职场

职场是一分耕耘一分收获，全靠奋斗和拼搏。入职后第一个十年，会是工资收入分化很大的十年，职场十年收入增加十倍，并非罕见。

★投资

十年十倍已经不容易，但你的本金在哪里？

相信很多人都玩过一种纸牌游戏，叫作拱猪，里面有一张牌（梅花10）被称为“变压器”。当你赚到很多正分后再拿到“变压器”，你的正分会倍增，但是单独的“变压器”却价值不大。投资技能就是“变压器”。

对于年轻人而言，要积累足够的资金实现财务自由，过早涉足股市反而使得难度变得更大。为什么我推崇低风险投资，因为低风险投资能最好地兼顾投资和实业（创业或者职场）。在全职投资之前，我的职场表现也非常优秀，因为低风险投资不会影响我的工作心态。如果我的资金回撤很大，一年亏掉好几年工资收入，估计工作会受到极大的影响，甚至影响到整个家庭。

所以，我建议年轻人把精力重点放在职业上，通过低风险投资这个“变压器”，将你在创业或者职场中赚到的钱稳健增值。

自己没多少本金，想单纯靠高风险投机来实现财务自由的年轻人，请快醒醒吧！2007 年和 2015 年，我都看到过很多“股神”，真的能从 2 万元硬是炒股炒到了 60 万元，1 年 30 倍收益，厉害吧，但那又如何呢？不过是职场达人一年的年终奖罢了。

就算是巴菲特，大部分钱也是 60 岁以后赚到的！想财务自由，还是慢慢来吧。

多少钱可以财务自由

这是朋友最喜欢问我的一个问题。

我认为有两个公式，其中 ROE 就是我们预期自己做投资的复利，CPI 是通货膨胀率。

公式一：ROE > CPI + 年花销/可投资资产，或者，可投资资产 > 年花销/(ROE − CPI)

这个是基本要求，也就是说你的投资收益扣掉生活成本后，超过了货币贬值的速度，这样就保证了你每年的生活质量不会下降。例如，你第一年有100万元本金，你的利润扣掉花销后，第二年有110万元，而通货膨胀率是5%，那么此时你手上的110万元本金就比上年100万元本金购买力强，这能保证你未来的生活质量没有下降。如果第二年你手上还只有100万元，显然你未来的生活质量要下降，因为你手上的钱贬值了。

公式二：ROE > 人均 GDP 增速 + CPI + 年花销/可投资资产，或者，可投资资产 > 年花销/(ROE - CPI)

这个是高级要求，就是保证每年在人群中的排名不下降。还是一样的比喻，第一年你有100万元本金，扣掉花销后，第二年变成了110万元，你肯定觉得自己是成功者，因为你跑赢通胀，你的钱不仅没有贬值还升值了，但是人均GDP（扣除通货膨胀）一年增加了10%，相当于人均社会财富增加了10%，而你的财富（扣除通胀后）才增加了5%，具体的表现就是，你的朋友们年终奖增加了15%，大家的生活都在改善，但是别人比你改善得还快，比较后你还是会觉得自己是失败者。如果此时你的资本从100万元增加到120万元，你就不会感觉落后，因为你的资产增速超过了社会人均的资产增速。

举一个例子，如果你历史上的投资复利是15%，GDP是7%，CPI是3%，每年计划开销25万元，则：

（1）实现基本的财务自由，可投资资产 > 25/(15% - 3%) = 208(万元)。实现基本财务自由，未来的花销每年可以按照 CPI = 3% 的速度增加。

（2）实现高级的财务自由，可投资资产 > 25/(15% - 3% - 7%) = 500(万元)。未来的花销每年可以按照 GDP + CPI = 10% 的速度增加。

当然，如果你意外获取一大笔财富，有生之年都不可能贬值完，那么完全可以忽略这两个公式，别把钱意外亏掉就行。

| 第二章 |

固定收益投资

第一节　债券

什么是债券

简单说，债券是一种金融契约，是政府、金融机构、工商企业等实体直接向社会借债筹措资金的一种方式。债券直接向投资者发行，同时承诺按一定利率支付利息，并按约定条件偿还本金。

所以，债券的本质是债的证明书，具有法律效力。债券购买者与发行者之间是一种债权债务关系，债券发行人是债务人，债券购买者是债权人。

大部分人最早接触的债券通常是凭证式国债，以前又被称为“国库券”。早期这种债券会有纸质凭证，现在开始无纸化，又称为“电子凭证式国债”。我们经常看到大爷大妈大清早在银行门口排队，很多时候就是要抢购这种债券。

凭证式国债的利息比同期银行存款稍高，但不能上市流通，如果想提前支取，可以保证本金，但利息会有较大损失。

凭证式国债可以作为中老年人的一种投资理财方式。如果大家预期的年收益率是5%～6%，可以考虑购买凭证式国债。

本书介绍的债券，并不是大家熟知的凭证式国债，而是交易所债券，也就是可以利用股票账户进行买卖的债券。

为什么买债券

大家常说股市7赔2平1赚，大多数人买股票都是炒作，分红的回报很难抵消交易税费及再融资。与此相反，债券市场是正和市场，每年可以收息，绝大多数买债券的人都是赚钱的。

另外，中国股市牛短熊长，在漫长的熊市中，如果掌握合适的债券投资技巧，可以极大地提高投资收益率。另外，一个优秀的债券投资者，可以在稳健投资的基础上，超越20%年化复合收益率。

怎样买债券

债券的交易非常简单，只要我们通过券商开通了股票交易账户，默认都支持债券的交易，不仅如此，债券的交易佣金还大大低于股票的交易佣金。

债券交易不收取印花税，同时上海证券交易所规定，在上交所上市的各种债券，最高交易佣金不超过万分之二，而深交所的规定是最高交易佣金不超过千分之一。

这个仅是债券交易佣金的上限，实际上，由于券商提供债券交易的成本远低于股票交易，很多券商提供极低的债券交易佣金，如华泰证券的债券交易佣金，可以达到十万分之五。

我们都知道交易费用对投资者的资产的损耗也是非常严重的。很多人抱怨，自己炒股没赚什么钱，但是给券商的佣金却不少，这一点债券投资有相当大的优势。

另外，债券可以实现T+0交易，也就是投资者当天买入的债券，当天就可以卖出。

这里需要特别注意的是，持有国债所获得的利息是免税的，但持有企业债所获得的利息需要缴纳20%的个人所得税。由于债券票面利息通常较高，如票面利率7%的企业债，20%的个人所得税就是1.4%，也是很大的一笔数字。不过有各种方法避税，后文会详细介绍。

在我们交易债券的时候，还要关注一点，那就是全价和净价的区别。如图2-1所示。

全价是指包含利息的债券价格，也就是我们进行债券交易时的实际交易价格。可转债、分离债都是采用全价交易的规则，也就是交易软件上显示的价格和投资者交易实际成交的价格保持一致。净价是不包含利息的债券价格，交易软件将债券价格进行拆分，分为净价和利息，交易软件看到

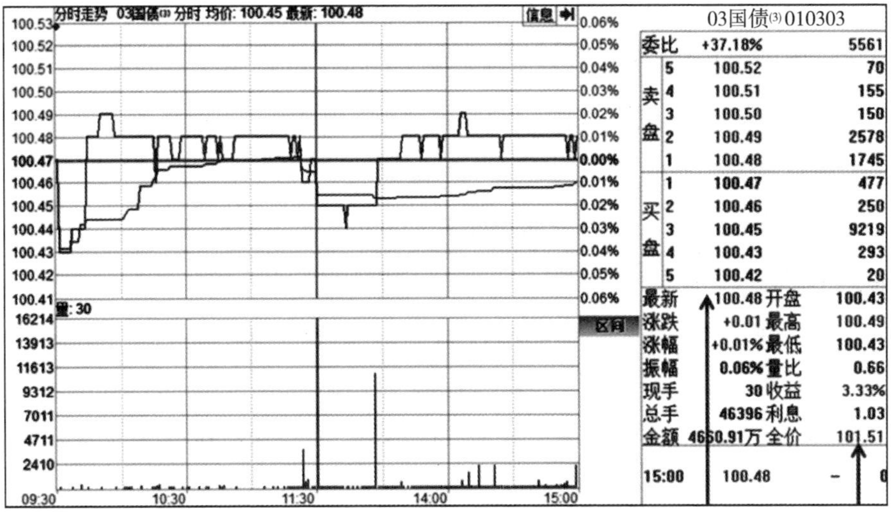

图2－1 债券全价和净价的区别

的价格是净价，但投资者买卖债券的实际成交价，是净价与利息之和，也就是全价。全价与净价之差就是利息，这个利息是指债券投资者上一次分红到当前时间的累计利息。举个例子，假设某只债券票面价格 100 元，票面利息是6%，1 月 1 日付息，那么到了 6 月 30 日，该债券半年时间内累计的利息就是 3 元左右，如果此时债券的净价是 100 元，那么全价就是 103 元。

其实全价、净价就是数字游戏，我们知道就行。很多人第一次买债券，看交易软件上明明显示的是 100 元，但自己买回来成本就变成 103 元，不知道规则的还以为被券商坑了呢。

债券收益率怎样计算

和股票不同，当我们买入债券的那一刻起，只要债券不违约，那么持有到期的收益率就已经确定了。当然债券价格会波动，甚至会巨幅波动，但这就是“朝三暮四”还是“朝四暮三”的区别。假设买入的那一刻，到期收益是七个果子，先给你四个果子当然开心，但是后面剩下的果子就少了；先给你三个果子，或者不给你果子，也不要着急，后面迟早会给你的。

从公式上讲，债券收益率的计算非常复杂，和债券当前的票面价格、票面利息以及债券距离到期的时间，也就是久期，都有关系。Excel 中有专门的函数来计算债券的收益率。

债券收益率 = Yield（settlement，maturity，rate，pr，redemption，frequency，basis）

Settlement：必需项目，指有价证券的结算日，比如 2015 年 8 月 1 日你买入了债券，这里就写 2015 – 08 – 01。

Maturity：必需项目，指有价证券的到期日，就是债券本金兑付的日期。

Rate：必需项目，指有价证券的年息票利率。

Pr：必需项目，指有价证券的价格（按面值为 100 元计算），这里的价格是债券的净价。

Redemption ：必需项目，指有价证券到期的清偿价值。面值 100 元的有价证券的清偿价值，通常就是 100 元。

Frequency：必需项目，指年付息次数。如果按年支付，frequency = 1；按半年期支付，frequency = 2；按季支付，frequency = 4。

Basis ：可选项目。指要使用的日计数基准类型，通常不填。

读者可以尝试着自己算一下债券收益率，不过通常不需要我们自己每天去计算债券的到期收益率，因为有很多投资网站，都能实时提供债券的到期收益率。这里笔者向大家推荐一个网站，集思录（www. jisilu. cn），他们提供的债券数据非常专业。另外笔者后面还会提供一种债券收益率的速算法。

债券投资的认识误区

误区 1：债券没有任何风险，买债券就是稳赚不赔。

债券有三大风险，即信用风险、利率风险、流动性风险。

所谓信用风险，是指发债公司无法偿还债券的利息或者本金，而此时的发债公司通常处于濒临破产的状态。当公司破产清算时，债券持有者将无法拿回债券的本金及利息，只能按照破产法规定，通过清算程序收回部分资金。

由于中国的债券市场发展较晚，很长一段时间内，债券都是刚性兑付的，也就是没有一起因为公司破产而无法兑付债券本金及利息的情况。但是超日债违约，打破了中国债券刚性兑付的历史。

超日债是上市公司超日太阳发行的无担保债券，由于太阳能行业的持续低迷，以及超日太阳盲目扩张及经营不善，2013 年底超日太阳已经处于资不抵债的情况。2014 年 3 月 4 日，ST 超日晚间发布公告称，“11 超日债”本期利息将无法于原定付息日 2014 年 3 月 7 日按期全额支付，仅能够支付共计人民币 400 万元，而应付利息是 8800 万元，这就是超日债违约事件，也是第一家违约的交易所债券。

做债券投资，首当其冲就是要防范信用风险，否则利息没吃到，本金还蚀了。不过最终 ST 超日通过重组方案，偿还了债务。

在没有信用风险的前提下，持有债券到期肯定是不会亏损的，但如果中间需要卖出，就不一定了。这时就涉及利率风险的问题。

前面我们介绍过，当我们买入债券的那一刻起，持有到期的收益率就已经确定了。但是市场利率是不断变化的，当市场利率上升时，你想卖出手头的债券，那么你的债券价格就必须按照当前的市场利率进行折现，也就是说你必须低价卖出，才有人愿意接盘。

当债券距离到期的时间越远，市场利率对债券价格的影响就越显著。1960 年美国市场利率上行时期，部分通用事业公司发行的 40 年至 50 年的超长期企业债，价格从 100 元跌到 50 元以下，腰斩还不止。

当然，如果你坚持不卖，死捂到期，肯定不会亏损，但是一方面丧失了资金的流动性，另一方面失去了购买更高收益率品种的机会。

有些债券交易非常不活跃，当你着急用钱的时候，很难卖掉，除非压低价格，这就是流动性风险。所以，买债券最好别买流动性太差的。不过有些债券，有些日子流动性很好，有些日子流动性又突然消失了，所以债券流动性风险很难规避。因此债券要分散持有，真的要用钱，就找流动性最好的债先卖。

误区 2：债券没有超额收益。

很多人认为，债券在买入的时候收益率就确定了，但正是因为上面描述的债券风险的存在，给老练的债券投资者提供了获取超额收益的机会。在一些债券投资环境好的年份，投资者甚至可以获得 30% 甚至 50% 的收益率，这部分内容会在后面详述。

债券之魂——信用分析

我把信用分析称为“债券之魂”，是因为信用风险确实可以依靠一定的方法和逻辑进行分析，而且分析得越透彻，超额收益就越高。

交易所债券按大类划分，可以分为国债、城投债和产业债。

国债是国家信用担保的债券，只要我们在中国生活，可以认为国债是没有任何信用风险的。当然国债所对应的到期收益率通常也是最低的。

城投债本身属于企业债的一种，但通常被称为“准市政债”，是地方投融资平台作为发行主体，公开发行企业债和中期票据，城投公司的主业，也多为地方基础设施建设或公益性项目。从承销商到投资者，以及参与债券发行环节的人，都将其视为是当地政府的发债。

由于大家默认城投债的隐性担保，所以目前的到期收益率远低于产业债。城投债还有一个特点，那就是所有城投债的收益率都差不多。

从法律角度上讲，地方政府并没有义务去担保城投债。当然，目前没有出现城投债违约，所以大家还是认为能刚性兑付，可一旦中国债务危机爆发，而中央政府也不想通过印钞的方式来解决问题，那么城投债的不破“金身”很有可能被打破。

当然，有担保的城投债，尤其是足额担保的城投债，安全性要好很多。

建议投资者不要相信所谓的隐性担保，这种观念非常害人，因为没出事的时候，你也赚不到超额收益，而一旦出了事，那就是灭顶之灾。投资最忌讳的就是小赚大赔——一次“黑天鹅”造成本金的巨大亏损。

产业债，是指区别于城投债的其他企业债。由于超日债的违约，产业债的刚性兑付预期已经被打破，所以不同产业债的到期收益率有较大的差别。通常高收益的产业债，企业的经营情况会困难一些，信用风险也会高一些。

由于国债和城投债的信用风险可分析的较少，而产业债出现明显分化，所以我在这里主要对产业债的信用风险进行描述。

★债券的信用风险划分

参考债券的评级方式，我将债券的信用风险分为 A、B、C、D 四档，其中 A、B、C 内部还可以进一步细分。

这里要说明的是，目前国内的信用评级机构，对产业债的信用评级存在严重高估的现象，超过 50% 的产业债都是 AA 以上的评级，包括超日债。

国外的评级机构，仅会对国内的大公司做评级，而大部分国内的产业债，是找不到国外信用评级机构的评级的。

为了更好地对债券信用风险进行评估，我对债券的评级进行了重新定义，目的是便于债券投资者更好地分析发债公司的财务状况和风险。

仅当企业的经营受到外部环境影响很低或债券有足额担保时，我们才能将对应的债券评级为 A 类债券。根据企业财务的健康度，以及债券担保的倍数，可以再细分为 3A、2A 和单 A。例如国家支柱企业可以给 3A；财务优异，或者债券担保倍数超过 3 倍的，给 2A；而财务安全，或者债券担保倍数 2 倍的，给单 A。

债券评级和违约率之间，会随着经济大环境的变化而变化。当发生经济危机的时候，高评级债券也可能违约；而宏观经济平稳健康时，低评级债券也很难违约。

参考国外评级机构的评价标准，我这里做一个定性的评估，就是评级为 A 的债券，发生违约的概率是很小的，暂取为 1 年内 0. 1% 的违约概率。

当企业的经营受到外部环境影响较大时，我们将对应的债券评级为 B 类债券。根据企业经营受外部环境影响的程度，可以再划分为 3B、2B 和单 B。例如企业整体运营良好，但是某些财务指标有瑕疵的，可以给 3B 评级；如果企业有某项运营指标很脆弱，但是也有比较正常的运营指标，那么可以给 2B 评级；如果企业各项运营指标都很脆弱，那么可以给单 B 评级。

B 类评级企业，通常债券的到期收益率会明显分化，并出现比较明显的信用利差，所以是我们关注的重点，而“错杀”的债券通常也是在 B 类评级企业中找到的。

由于 B 类企业运营的变化区间较大，所以对应的违约概率也会变化较大，按最大 10% 违约计算，暂取为 1 年 0.1% ~10% 的违约概率。

当企业的经营出现问题，必须借助外部力量才能救活的时候，我们将对应的债券评级为 C 类债券。根据外部力量救助的难度、救助的意愿及对应程度，可以再划分为 3C、2C 和单 C。如果企业大股东很强且有意向救助，或者企业有并购价值，可以给 3C 评级；如果外部力量救助意愿不是很强烈，但是变卖资产还能支持，可以给 2C；如果大股东减持股份，有“弃船”的打算，或者企业已经病入膏肓，很难救助或者没有外部力量愿意救助时，可以给单 C 评级。

对于这种经营已经出现问题的企业，我们暂取为大于 10% 的违约概率。

当债券已经违约时，我们给 D 评级，对应 100% 违约概率。需要说明的是，已经违约的债券，不一定就血本无归。

首先，公司有可能通过重组的方式获得新生，而重组方对债券持有者提出的方案，也各不相同。通常小额债券持有者，也就是小于 10 万元债券面值的债券持有者，能够获得全额赔付或者大部分的赔付，大额债券持有者可能会损失较大。因此，如果我们判断某只债券违约概率很大，单一账户就不能买太多。其次，公司破产清算时，债券持有者也可以获得部分公司残值。不过违约债的残值回收，是非常复杂的一个问题，目前交易所债券还没有现成的案例。

★案例分析

下面我们看一个信用分析的案例，该债券的名字叫 11 华锐 01，是由上市公司华锐风电发行的无担保债券。

从 K 线图来看，11 华锐 01 初期的价格非常平稳，一直处于 100 元的

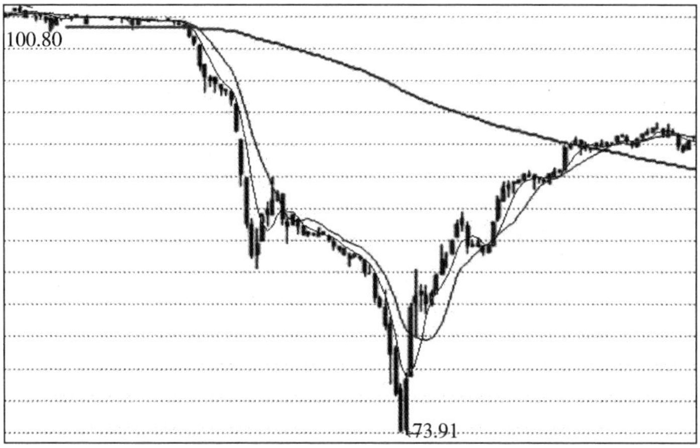

图 2－2 11 华锐 01 价格走势

上方，而 11 华锐债的初始评级是 3A，非常高的评级。这个评级也说明了中国债券评级机构在评级时并不客观，无法真正反映债券的信用风险。

2013 年 6 月开始，11 华锐 01 连续下跌，2 个月后下跌到了 74 元，跌了 26%，跌幅比股票还多。从图 2－2 中，我们可以清楚地认识到债券的信用风险，如果投资者没有对上市公司华锐风电进行足够的财报分析，贸然在 100 元上方买入此债，那么将会带来巨额的亏损，当然可能是浮亏，因为后来 11 华锐债又涨回来很多。

而 80 元以下买入 11 华锐债的投资者，则利用此次信用风险，赚取了超额的信用利差收窄带来的收益。

债券的久期

债券的久期，是指债券距离到期支付或者回售的时间长度。债券的价格和债券的到期收益率是跷跷板的关系——当债券价格上涨时，债券的到期收益率会下滑；当债券的价格下跌时，债券的到期收益率会上涨。

前面讲过，只要债券不违约，自买入的那一刻起，到期的收益率已经确定了。还是上面的例子，到期收益是 7 个果子的债券，如果你想卖给别人，那就是另外一回事情。

当市场利率下行的时候，到期收益 7 个果子的债券，别人会出高价抢

图 2-3　债券收益率、价格和久期的关系

购，很可能有人愿意出额外 2 个果子的成本买你的债券，也就是持有到期 5 个果子的收益他们也能接受。此时对应债券的价格上涨，但是对此时买入的人而言，债券的到期收益率下滑了。

当市场利率上行的时候，到期收益 7 个果子的债券，没人愿意要了，你一定要卖给别人，那好吧，你自己再倒贴 2 个果子，也就是别人要求到期有 9 个果子的收益才肯买。此时对应债券的价格下跌了，但是对此时买入的人而言，债券的到期收益率上涨了。

这个跷跷板的臂长，就是债券的久期。

久期越长的债，到期收益率的波动对债券价格的影响就越大；久期越短的债，到期收益率的波动对债券价格的影响也就越小。

下面我们介绍一个长久期债券价格剧烈波动的案例。

图 2-4 中这只债券是一只国债，名字是 010303。该债券于 2003 年 4 月 17 日发行，到期日是 2023 年 4 月 17 日，期限为 20 年，票面利率是 3.4%，说实话比较低，和当时的市场利率环境有关。

2003—2004 年，市场利率开始往高走，无风险利率大约从 3% 多上涨到了 5% 左右。这个变化幅度并不大，但由于这个债券久期太长了，导致债券价格的雪崩式下跌，从 100 元以上下跌到最低 73 元，下跌幅度达到了 27%，也比股票厉害。当然，后来由于市场利率的重新下行，010303 的价格又回到了 100 元以上。

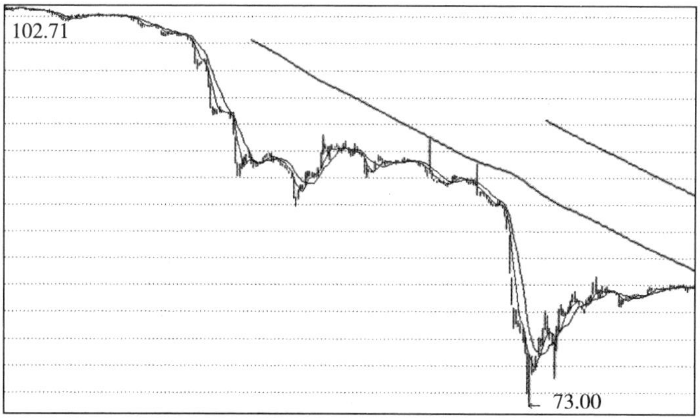

图 2－4 国债 010303 价格走势

债券收益率速算法

债券的价格受到市场利率的波动和久期的影响，波动可能非常大，但是债券收益率公式又很复杂。有没有一个简单的方法，可以快速估计债券价格涨跌对债券到期收益率的影响？这样我们就能够大致判断债券价格受利率波动影响的程度了。

下面我介绍一种快速评估债券到期收益率的算法，这个算法不是完全准确，但是结果与实际的债券收益率计算公式比较接近。

假设一只债券的当前的到期收益率为 n，久期 m 年，当价格波动率为 a 时，则新的债券到期收益率 $= n/(1+a) - a/m$

单纯理解公式比较费力,我举两个例子简单说明一下。

第一个例子，某个债券当前的到期收益率为 7%，久期 1 年，这是典型的短债。假设该债券价格跌 5%，那么新的到期收益率是多少？我们使用上面的公式计算，答案是 12.37%，相比原来的 7%，多了 5.37%。换过来说，当市场利率大幅提高 5% 还多时，1 年期的短债价格仅下跌 5%，所以短债是能抵抗利率风险的。

第二个例子，还是到期收益率为 7% 的债券，但是久期 5 年，也就是中长期的债券。假设该债券的价格涨 5%，那么新的到期收益率是多少？

我们使用上面的公式计算，答案是5.67%，仅比原来的7%少了1.33%。也就是说市场利率降低1个多点，就能撬动5年久期的债券上涨5个点，可见久期的威力。当然，如果市场利率上升的话，长久期债券价格的下跌也是非常惊人的。前面讲的20年国债，当市场利率上升1个多点时，债券价格居然下跌了超过20%。

债券的回售和可变久期

债券回售，是指债券发行人为了保护债券投资者的利益，在债券到期日以前，提供一个债券回售日，投资者可以在债券回售日将债券回售给发行人，并获取本金。

本质上讲，债券回售日，等于另一个债券到期日。

正是由于债券有两个到期日，一个是债券回售日，另一个是债券真正的到期日，所以出现了可变久期的概念。

债券距离回售日的久期，又称为“回售久期”。由于债券回售日先于债券到期日，所以回售久期要比债券的实际久期短，我们称为债券的“短久期”，用X代替。

而债券真正的久期，比债券的回售久期要长一些，我们称为债券的“长久期”，用Y代替。

那么具有回售权的债券，就是可变久期的债券，我们可以简称为X+Y债券，其中X是短久期，Y是长久期。

这里需要强调一点，债券的回售权，对于投资者而言是权力，可以选择回售或者不回售；而对于发债公司来讲，就是义务，只要投资者申报回售，发债公司必须回售，否则就构成债务违约。

当然，发债公司为了延迟兑现债券本金，允许上调回售期之后的债券利率，但不允许下调回售期之后的债券利率，这样投资者也有可能获得发债公司上调债券利率带来的超额收益。

我们在前面的债券到期收益率速算法中，已经发现了一个规律，那就是债券的久期越短，债券的价格波动性越小，价格受利率影响较小，安全性好，但也很难获得超额收益。而债券的久期越长，债券的价格波动性越大，价格受利率影响也越大，有可能大跌，也可能大涨。

其实我们可以利用可回售债券的可变久期优势，尽可能做到市场利率上涨，损失不大，而市场利率下跌，可以赚取超额收益。即利用短久期 X，也就是回售久期，来实现防御，而利用长久期 Y，也就是债券真正的久期，来实现进攻。

例如，假设我们找到一只可回售债券，回售久期是 1 年，而整个久期是 4 年，当市场利率上行时，1 年久期的短债，保证价格下跌不多；而当市场利率下行时，4 年久期的长债，价格可以充分上涨。

这样，不就找到了下跌空间小、上涨空间大的低风险高收益的机会了吗？

债券的担保

从法律意义上讲，担保是一种承诺，如被担保人不履行偿还债务的义务时，担保人必须代被担保人先行履行承诺。

按担保类型区分债券，可以分为责任人担保、抵押担保、质押担保以及无担保。对于有担保的债券，发债公司和担保公司，只要有一项不违约，债券就是安全的；对于无担保的债券，主要依靠发债公司自身的经营来实现偿债。所以，担保债的信用等级通常要高于无担保债。

下面笔者简单介绍一下债券的担保类型。

★责任人担保

投资者买担保债的时候，必须对债券发行时提供的担保情况有足够的了解。以 11 西钢债为例，笔者找到这个债的募集说明书，其中对担保的描述如下：

西宁特殊钢集团有限责任公司为本期债券提供无条件不可撤销的连带责任保证担保。除西宁特钢外，西钢集团并未有其他子公司，无其他实体经营业务，主要利润来源于对西宁特钢的投资收益。若西宁特钢的经营情况发生不利变化，则西钢集团的盈利能力也会受到不利影响，进而可能会影响到担保人承担担保责任的能力。

截至2010年12月31日，西钢集团对外担保余额为327,065.00万元（不考虑本期债券），均为对西宁特钢及其子公司的担保，占西钢集团截至2010年12月31日经审计净资产（含少数股东权益）的比例为79.57%。若考虑本期债券的担保，西钢集团担保余额增加10亿元，达到427,065.00万元，占其截至2010年12月31日经审计净资产（含少数股东权益）的比例为103.89%。西钢集团包括本期债券在内的累计担保余额占其净资产比例较高，可能会使本期债券面临一定的担保风险。

从这段话，我们可以了解责任人担保的含义。那就是另一家公司为发债公司担保，如果发债公司违约，担保公司必须承担代偿的责任。如果发债方和担保方都无法承担偿债的义务，则担保方和发债方都需要破产清算来偿债。

不过这个例子中，担保方和发债方基本是一家公司的母子公司关系，所以很可能当发债方破产时，担保方也破产了。

★抵押担保

抵押担保，是指发债公司用部分资产抵押来担保还债，如果公司无力还债，托管人可以处置抵押资产还债，抵押资产通常是不动产。

下面以13弘燃气为例，还是找到这个债的募集说明书，然后找到担保相关段落仔细研读。重要的信息包括下面两段话。

第一段话：

本期债券采用林地使用权及林木资产抵押担保方式增信，河南信阳毛尖集团有限公司以其拥有的50,045亩林地使用权及林木资产为本期债券设立抵押担保，该林地使用权及林木资产的评估值为230,265.30万元。本期债券的抵押资产价值可以充分覆盖本期债券的本金及利息，有力地保障了本期债券投资者的利益。

13弘燃气的发债规模是7亿元，而抵押的资产是23亿元还多，抵押倍数超过3倍，这就好比朋友问你借钱，借你10万元，压一辆30万的汽车给你，大家觉得朋友不还钱的概率有多大？

可能有人会说，30万的车子，过几年就贬值了，那怎么办？

我们再看 13 弘燃气对于抵押资产的另一段描述：

抵押资产的价值与本期债券未偿还本金及一年利息的比率不得低于 3，当该比率低于 3 时，监管人将在三个工作日内制作《追加抵押资产通知书》，加盖公章后送达发行人。发行人应当在收到《追加抵押资产通知书》后一个月内完成抵押资产追加工作。若发行人未完成抵押资产追加工作，抵押资产监管人可提交债券持有人会议讨论决定。

当经评估后的抵押资产总价值超过本期债券未偿还本金及一年利息数额的 3 倍时，发行人有权申请抵押资产进行增值释放，即对超过 3 倍部分的资产进行释放。

这段话什么意思呢？就好比朋友压 30 万元的汽车给你，借你 10 万元，如果这辆车子贬值了，他必须换一辆 30 万元的车抵押给你，这样是不是你就不用担心抵押品贬值了？

★质押担保

质押担保类似抵押担保，但是质押担保的担保品通常是股权等可流通品种。

下面以 13 陕东岭为例，数据依然来自该债券的募集说明书。我们看 13 陕东岭债券募集说明书中对担保品的描述。

发行人以自身合法持有的陕西东岭物资有限责任公司（以下简称“东岭物资”）100% 的股权设定质押，为本期债券进行质押担保。

陕西德利信资产评估有限公司出具陕德利信评报字〔2012〕第 505 号评估报告，以 2011 年 12 月 31 日为评估基准日，评估发行人持有的东岭物资 100% 股权的价值为 23.57 亿元。

13 陕东岭发债规模为 7 亿元，质押倍数也超过了 3 倍。

与抵押担保所不同的是，质押担保质押的股权，如果不是上市公司的股权，价值很难客观评估，而且很多发债公司将其旗下的子公司股权质押进行担保，而子公司的经营情况和发债公司密切关联，所以容易出现发债公司违约，子公司的股权也卖不出去的极端情况。

介绍完三种债券担保增信的方式，我们下面需要思考一下，怎么评估债券担保的质量呢？

图2-5　担保质量的评估

通常而言，担保方的实力越强，担保越有价值。大象给老鼠做担保，大家肯定不用担心；而老鼠给大象做担保，那么就要小心了。

抵押担保，通常担保的是不动产，大多数情况是房产，这是有市场公允价值的，如果2倍或者3倍的担保，类似于我们买房50%首付或者65%首付，安全系数还是很高的。当然，如果中国真的出现房地产危机，也许抵押品大幅贬值而造成担保能力下降。我们可以选择发债主业不是房地产的公司，但使用房地产做了抵押担保，这种情况下，即使出现房产危机，由于发债公司主业尚在，还是具有偿债能力的。

因此，笔者认为，抵押担保，尤其是2倍或者3倍的抵押担保，信用风险极小。

质押担保，通常担保的是股权，而这个股权又经常和发债公司有所关联，这就容易出现担保品价值波动性较大的问题，很有可能在极端情况下，因为发债公司经营困难，也影响到质押股权的价格。

所以，质押担保的信用风险要比抵押担保稍大，尤其是相同倍数的担保，抵押担保更好。

责任人担保，大部分情况是母公司对子公司的担保。很多情况下，母公司的主要资产就是发债公司，如果发债公司破产，母公司很可能也不得不破产，所以责任人担保的信用风险，相比抵押担保和质押担保，通常是最大的。

不过，如果是大集团小上市公司的模式，例如大型央企给下属小公司的担保，并且总的对外担保额度不大，则信用风险就变得很小了。责任人担保的关键在于责任人自己的实力大小和已经对外担保的债券金额。

企业偿债能力

很多企业债是没有担保的，也有些企业债，担保是不给力的。那么针对这些企业债的分析，需要将关注点聚焦在公司自身。

笔者将企业偿债能力的分析分为三个部分。

第一部分是负债结构分析，也就是该企业借了多少钱。我们都明白，一个百万富翁，如果仅借了10万元，那么大家都不会怀疑他还不起钱；但是反过来，一个百万富翁，借了1000万元，那么大家都会掂量掂量，他会不会还不起钱。对于企业也是一样，负债率越高，通常认为财务风险会越大，当然这仅是一部分，后面我们详细介绍。

第二部分是盈利能力分析，也就是该企业能不能赚钱。我们申请银行信用卡，都需要填写工资收入。通常而言，工资收入越高，银行给的信用卡透支额度也越高，因为会赚钱的人，一般都能还得起债。如果我们失业了，甚至有可能银行都不给你办信用卡，因为你没有收入来源，银行怕你还不起。对于企业也是这样，盈利能力越高的企业，财务风险也越小。

第三部分是外部环境的分析，包括行业风险、大股东的支持力度等。一般来讲，我们贷款买房，银行总是给贷款的，因为房子一直在涨。但是，你说贷款炒股，估计没有哪家银行贷款给你，因为行业环境太差了，7赔2平1赚。

所谓大股东的支持力度，举个简单的例子，就好比一个泼皮，他的父亲是大富翁，即使他是个废物，估计也有人肯借给他钱，因为大家认为他爸会替他还。但是如果有一天，这个泼皮的父亲突然宣布，这个儿子无可救药了，要断绝父子关系，那估计没一个人肯借钱给他了。

所以行业和大股东支持力度，对于企业的偿债能力也非常关键。

下面笔者详细介绍一下企业偿债能力的分析方法，首先讲负债结构分析。

★负债结构

如图2－6所示，一家公司，既会有资产，也会有负债。对于大部分企业而言，资产大于负债，当然也有个别企业会出现资不抵债的情况。

图2－6　负债结构分析示意图

资产可以分为流动资产和非流动资产。通常而言，流动资产包含货币现金、应收账款以及存货，这部分资产是在快速的流转中。非流动资产可以分为有形资产和无形资产，有形资产主要包括建筑物、汽车、工厂生产线等，就是看得见摸得着的资产。无形资产包括采矿权、商誉等。

负债可以分为流动负债和非流动负债。流动负债，通常指一年以内需要支付的负债，包括银行贷款、债券，应付款等。有些短期负债是需要利息的，例如银行贷款和债券，有些短期负债是不需要利息的，例如应付款。非流动负债，通常指一年以内不需要支付的负债，包括长期的银行贷款和债券等。

讲完企业的资产和负债结构，大家可能会有疑问，怎样的负债结构，偿债风险更小；怎样的负债结构，会有很大的偿债风险呢？

笔者对企业的负债结构进行划分，分为 A、B、C、D、E 五档，A 最好，E 最差。

第一档为 A，定义为：企业的货币资金可偿还所有负债。这意味着该企业即便立刻停业，也能够立刻偿还债务。这样的企业，信用风险是极低的。

第二档为 B，定义为：企业的流动资金可偿还所有负债，或者负债率低于 50%。这意味着公司只要运营正常，就能还债。此时，即使这家公司借不到钱，那么将流动资产慢慢变现，也是能偿还债务的。负债率低于 50% 的公司，需要亏掉总资产的 50% 以上，才会出现资不抵债，所以也比较安全。

第三档为 C，定义为：流动资金可偿还流动负债且负债率低于 70%。对于这样的企业，短期内不会有问题，流动资产变现就能偿还流动负债，但是随着时间的流逝，长期债务会慢慢变成短期债务，所以如果企业经营不好，例如出现亏损，长期就会影响该企业的偿债能力了。

第四档为 D，定义为：负债率高于 70% 或者流动资金少于流动负债。对于这样的企业，资金链显得特别重要了，因为即使企业经营良好，但是由于没办法再借到钱，短期流动负债也会将这家企业拖死。

第五档为 E，定义为：负债率高于 100%，也就是负债的数量已经大于资产的数量。资不抵债的企业，并不是必须要破产，只有出现具体的债务违约，才会进入破产清算程序。资不抵债的公司，一定要有人来救才行，例如该公司拥有核心技术，虽然资不抵债，但是还有投资者愿意进入；或者公司是上市公司，因为拥有壳资源，有其他公司愿意收购，借壳上市；再或者公司是国家非常重要的公司，政府为了维护社会稳定，即使资不抵债，也会要求银行继续贷款。

对公司的负债结构进行简单的划分以后，还有几个重要的财务指标需要关注，主要包括下面几点：

第一是应收账款。应收账款属于流动资产，但是并不是属于公司的货币资金，就好比一个人想借你的钱，他说自己有 100 万元，但是你仔细询问，才发现他自己只有 10 万元，还有 90 万元是别人欠他的账，那么此人的100万元资产，很有可能是有水分的。首先，谁知道别人欠他90万元是真的还是假的？其次，即使别人欠他的钱是真的，万一欠债的人赖账了怎么办？

所以，我们要对企业流动资产中的应收账户进行详细分析。

首先是应收账款的周转率，即营业额除以应收账款。这就好比我卖货给别人，别人先拿货后付钱，如果拿到货很快就付钱了，比如10天就付钱，那么这个应收账款就比较安全，因为周转很快。但同样我卖货给别人，别人拿到货以后，2年都不给我付钱，那这个应收账款就有问题了。应收账款周转率越快越好。如果应收账款周转率很低，那么在计算该企业的流动资产时，就需要将应收账款打一个折扣，因为很可能账收不回来。

其次是应收账款的集中度，也就是最大的5个客户的应收账款，占所有应收账款的比例。这个指标也很重要，第一，如果是几个大客户欠你的钱，其中一家不还，对你就是巨大的影响，所以应收账款的集中度高了，风险肯定也就增加。第二，大客户欠钱，会不会是关联公司在欠钱呢？很多大股东掏空公司资产，就是走关联公司的方式。所以，当应收账款集中度高的时候，投资者就需要小心了。如果大客户是国际或者国内的知名公司，那问题不大，因为大公司都要规范些，很少会无理由地欠债不还。但如果大客户是不知名的小公司时，就要多留一个心眼儿了——会不会是关联公司呢？发债公司是不是和大客户串通起来做财报呢？

当然，最简单的办法，就是发现可疑点，直接回避这样的债券。

说完了应收账款，我们再关注第二个关键点，那就是存货。

在财务报表中，存货也属于流动资产。还是一样的场景，一个人想借你的钱，他说自己有100万元，但是你仔细询问得知，他手头只有10万元，其余90万元是货，如果他的货是茅台酒还好，如果他的货是已经过时好几年的手机，你还会借钱给他吗？

所以我们要对企业流动资产中的存货进行详细分析。

首先是存货的周转率，也就是营业额除以存货价值。存货周转率，是指企业的存货销售的平均时间，通常的统计单位是天。

我们都知道，货卖得越快越好，也就是存货周转率越高越好。如果存货周转率要好几年，那很有可能这家公司的存货滞销了，就需要考虑是不是存在存货价值的损失呢？

不过，存货周转率和行业关系很密切。卖手机的，存货周转率低了，估计要完蛋；但是卖房子的，通常存货周转率都要 2 年到 3 年，毕竟盖房子是需要时间的。

对于存货周转率慢的企业，我们要特别关注这些存货是不是容易变现。例如，茅台酒存得时间长了，问题不是很大，因为很容易变现，但是手机就不行，因为会过时。对于债券投资者而言，企业的存货变现能力越强，债券的风险越小，因为真的当企业破产清算的时候，好变现的存货可以马上卖掉，而不好变现的存货，可能只能当垃圾了。

好变现的存货包括高度酒、金属、矿石、石油、房子等。一个比较简单的判断方法就是，如果你把这些商品拿到市场上去卖，可以在一定的折扣内卖掉（如打 8 折），就意味着其存货是好变现的。不好变现的存货包括电子产品、软件产品、为大客户定制的产品等。

总结起来就是，存货周转快的问题不大；存货周转慢，但是存货好变现的，问题也不大；存货周转慢的，例如存货周转率大于 1 年，同时存货不好变现，此时基于审慎的原则，我们就必须对该公司的存货价值做打折处理了。

说完了存货，我们再关注最后一个关键点，就是无形资产。

无形资产，意味着价值评估有一定的不确定性。无形资产占总资产的比重肯定是越小越好，因为回避了不确定性。如果无形资产占总资产的比重较大，这时候我们就要关注无形资产是不是好变现。

有些无形资产是无法变现的，例如商誉，公司垮了，商誉也就归零了，一文不值。如果一家公司的商誉占总资产的比例较高，那么也要小心，在计算负债率的时候，应该将商誉扣掉才合理。

有些无形资产其实是很容易变现的，比如采矿权、土地所有权、林权等，这些都是可以在产权交易市场挂牌转让的，这部分无形资产，含金量和有形资产没有任何区别。

★盈利能力

负债结构是静态的标准，会影响某个时间点发债公司的财务安全性；公司盈利能力是动态的标准，公司盈利能力的好坏，会在未来影响公司的负债结构，例如公司总是亏损的话，负债率通常是不断提高的。

我们通常从两方面来衡量公司的盈利能力，一方面是利息保障倍数，另一方面是现金流量。

利息保障倍数，是 EBITDA 除以利息总额。

利息总额很好解释，就是一年内企业需要支付的债务利息。在财务报表中，经常体现为财务费用。EBITDA，是 Earnings Before Interest，Taxes，Depreciation and Amortization 的缩写，即未计利息、税项、折旧及摊销前的利润。

举个例子，如果一家公司赚了 100 万元，但是利息支出也是 100 万元，那么公司赚的钱是可以支付利息的，未计利息和税项的收入，简称 EBIT。

但我们还会发现一种情况，一家公司虽然只赚了 100 万元，但是固定资产折旧及无形资产的摊销，实际上带来了 900 万元的现金流，因为折旧和摊销其实是把部分非流动资产变成了流动资产，提高了负债结构的安全性，此时相当于公司增加了 1000 万元现金流。

在这种情况下，即使利息支出是 500 万元，看起来税前利润已经无法支付利息，公司亏损了，但是从现金流角度出发，公司的收入还是能支付利息，流动资产与流动负债之间的比例也不会出现恶化，所以偿债仍然是安全的。

所以，使用未计利息、税项、折旧及摊销前的利润来除以利息总额，就能够计算出公司的收入能否支付利息。

这个比值如果低于 1，说明公司的收入已经付不起利息了，一定要寻求其他方式的融资，才能保障债务利息的偿还，而新增融资必然会使公司的资产负债结构恶化。

利息保障倍数应该越大越好，通常认为超过 2 倍才是安全的。

利息保障倍数是绝大多数债券评级机构进行债券评级的依据，但是笔者认为，单纯靠利息保障倍数来衡量企业的偿债能力并不足够，因为有时候虽然利息保障倍数在合理区间内，但是因为应收账款增加，存货增加，企业所支配的货币资金反而变少了。所以单纯以利息保障倍数来衡量企业的盈利能力，可能会漏掉一些偿债能力明显恶化的企业。

鉴别企业盈利能力的另一个方法就是现金流分析。

大部分企业的财报都包含现金流量表，其中有一个指标，叫作经营中的现金净流量，这项指标能够反映在企业经营的过程中现金收入与现金支出的差额。我们分析财报，可能会眼花缭乱，一会儿是折旧和摊销，一会儿又是存货和应收账款，那么企业经营了一年，不考虑融资和筹资，手头的钱是变多了还是变少了？经营中的现金净流量就回答了这个问题。

如果经营中的现金净流量为正，说明企业的现金在增加，偿债能力也会增强；如果这个数字是负的，说明企业的现金在减少，该企业要么财务结构恶化，要么需要其他融资方式，通过增加企业负债来平衡负债结构，总之对偿债来讲都是不利的。为了描述现金流变化对企业偿债能力的影响，用“经营中的现金净流量/净资产”来描述负债的安全性。当现金净流量为负数，且该比值较大时，说明该企业经营中的现金流出较快，负债结构恶化。

当然，并不是现金流为负，这个企业就一定有问题。很多时候企业签了大单，为了备货，暂时的现金流可能为负，这也是正常的。但如果发现一家公司的现金流持续为负，且不断增加，那就要当心了。

★外部环境

首先是行业环境对公司偿债能力的影响，具体从三个方面来分析。

一是产业政策，有些行业是国家扶持的，扶持意味着即使该公司的财务有一定风险，国家也可以要求银行去支持，例如国务院多次要求银行信贷支持农业。另外，扶持还意味着财政补贴，这也可以在公司困难时救公司于水火之中。

既然有扶持的行业，就有被限制的行业。有些行业国家明确限制银行贷款，例如房地产、高耗能企业，那么当这类企业出现资金链问题时，银行是无法指望的，只能通过信托等高息融资方式去借钱，而且这类企业通过资本市场融资，通常也被限制了。

所以，国家扶持行业的公司债，在同等财务条件下，要明显优于被限制行业的公司债。

二是行业地位对公司偿债能力的影响。如果一家企业是某个行业的龙头老大，那么当这家公司亏损时，意味着行业基本接近谷底了，因为最强的企业都撑不住。如果一家企业在行业中较弱，别人都还在盈利，就他亏损，那就危险了，因为这样的企业最先在竞争中倒下。

三是公司规模，当公司规模足够大时，会出现大而不倒的情况。例如美国次贷危机中房利美和房地美最终获得了政府的救助，就是因为他们倒闭对市场的影响太大了。所以，规模很大的公司发行的债券，尤其是和政府有一定关系的，偿债风险也会小很多。

其次是大股东支持力度对公司偿债能力的影响。

大股东自身的能力很重要，如果大股东比较弱，那么当企业发生危机时，也无法指望大股东的救助；而大股东很强的话，那么就存在被救助的可能性。

大股东对发债公司的重视程度也很重要。如果大股东持续增持公司股份，说明大股东对公司非常重视，当公司出现资金链问题时，大股东肯定会大施援手。如果大股东频繁减持公司的股份，那么就要小心了。一方面大股东可能和发债公司不是一条心，当公司出现问题时，大股东很可能不救助。另一方面，要考虑是不是大股东知道一些我们不知道的事情，所以减持股份呢？

大股东是否质押股权也会影响偿债能力。如果大股东质押了股权，通常会对发债企业的偿债能力造成不利影响，因为大股东质押股权说明大股东缺钱，这里有两个可能，最常见的可能，是大股东想给发债企业输血缓解其财务压力，但是当发债企业的股票都被质押光的时候，也说明大股东很难再找到其他方法为发债公司输血了，典型的例子如中孚实业、西宁特钢。还有一种可能，那就是大股东想弃船，通过股权质押捞最后一笔。例如超日太阳出事以前，倪开路和他女儿已经将绝大多数的股权完成了质押。

如何识别违约债

以超日债为例，上市公司超日太阳的危机是2012年底发生的，危机发生之前，11 超日债的价格一直维持在 100 元以上。如果你看过本书，再分析超日太阳 2011 年的年报时，会发现危机吗？

我们看一下超日太阳 2011 年的财务报表，如表 2－1 所示。

表 2－1　超日债年报（一）

	2011 年	2010 年	本年比上年增减	2009 年
营业总收入(元)	3,332,581,037.24	2,686,649,320.86	24.04%	1,318,242,000.66
营业利润(元)	－43,276,198.60	256,274,071.34	－116.89%	194,941,904.36
利润总额(元)	－38,564,966.84	263,477,337.97	－114.64%	199,153,174.37
归属于上市公司股东的净利润(元)	－54,788,772.19	220,436,259.50	－124.85%	170,002,083.94
归属于上市公司股东的扣除非经常性损益的净利润(元)	－49,844,540.57	220,686,996.03	－122.59%	163,430,733.96
经营活动产生的现金流量净额(元)	－1,068,259,962.00	－459,660,873.19	－132.40%	36,968,211.43
	2011 年末	2010 年末	本年末比上年末增减	2009 年末
资产总额(元)	6,686,115,972.40	4,466,590,566.08	49.69%	1,262,616,900.32
负债总额(元)	3,771,323,598.60	1,398,570,546.31	169.66%	703,960,040.56
归属于上市公司股东的所有者权益(元)	2,904,518,011.03	3,064,582,971.81	－5.22%	558,335,705.82
总股本(股)	527,200,000.00	263,600,000.00	100.00%	197,600,000.00

注：节选自超日太阳 2011 年财报“主要会计数据”。

先看负债结构，资产是 66 亿元，负债是 37 亿元，负债率 56%，有点危险，但也还可以，在我们刚才的公司负债结构评级中，可以打 C。

再看净利润，亏损 5000 多万元，相对于 66 亿元的资产，也还可以。

但是看经营中的现金净流量，就发现问题了。2010 年和 2011 年，现金持续流出，尤其是 2011 年，现金流量净额是负 10 亿元，是净利润亏损的接近 20 倍。现金流量净额除以净资产，2011 年的比值达到 －36.8%，2010 年的比值也达到了 －15%。

这说明超日太阳一直在花钱。如果我们再看超日太阳 2011 年的资产负债表，会发现应收账款和存货也在迅速增加。此时，我们就应该怀疑，这家公司的资产真的可信吗？

最后超日太阳问题爆发，就是出在了应收账款上，有人甚至怀疑这些应收账款就是假的，老板把钱转移给关联公司了。即便不考虑应收账款真假的问题，如果我们具备财务分析的能力，看了11超日债2011年的财报，你还会踩中这个“地雷”吗？

再看超日太阳2011年财报中股东的持股情况，如表2－2所示，大股东已经将股份基本质押了。

表2－2　超日债年报（二）

2011年末股东总数	51,047		本年度报告公布日前一个月末股东总数		49,401
前10名股东持股情况					
股东名称	股东性质	持股比例	持股总数	持有有限售条件股份数量	质押或冻结的股份数量
倪开禄	境内自然人	37.38%	197,049,280	197,049,280	128,605,135
倪娜	境内自然人	6.51%	34,345,440	34,345,440	27,146,900
张江汉世纪创业投资有限公司	境内非国有法人	3.58%	18,853,920		
张正权	境内自然人	2.51%	13,217,280	6,747,280	
苏维利	境内自然人	2.33%	12,265,440		

注：节选自超日太阳2011年财报。

所以，通过使用本书所讲的债券信用分析方法，大家完全可以避免踩到11超日债这样的“地雷”。公司的负债结构和盈利能力不佳，还有现金流和股权质押两个明显的疑点出现，尤其是现金流连续2年大规模流出，说明这家公司已经变得非常不正常。

基础利息收益

基础利息收益，指投资者买入债券以后，稳定赚取利息的收益。由于是稳定吃息，所以要排除信用风险的干扰。这里所讲的基础利息收益，实际上就是市场的无风险利息收益，通常可以参考国债的收益率。

前面我们讲过，当我们买入债券的那一个时刻起，持有到期的收益率就已经确定了。如果未来的市场利率走高，则债券价格会下跌；未来市场利率走低，则债券价格会上涨。

通常而言，如果国家的经济运行是平稳的，市场的无风险利率也是平稳的。市场利率过高和过低，都会影响经济的发展。当市场利率过高的时候，企业融资成本加剧，融资需求减弱，必然会导致市场利率的降低。除非发生不可控制的通货膨胀，否则市场利率不会一直冲高。市场利率过低，也会造成企业融资成本过低，导致企业融资需求提升，企业财务杠杆增加，必然会导致市场利率的升高。除非发生持续的通货紧缩，否则市场利率也不会长期处于低位。

也就是说，在正常的经济环境下，市场利率是围绕中轴波动，对应到债券的净价，也就是不算利息的价格，也是围绕中轴在波动。如果是包含利息的全价，则肯定是波段上涨中。

想了解市场利率的波动情况，可以参考企债指数 399481（见图 2－7），该指数呈现出明显的波浪走势，通常一年高，一年低，对应到债券，也就是一年好赚钱，一年难赚钱。

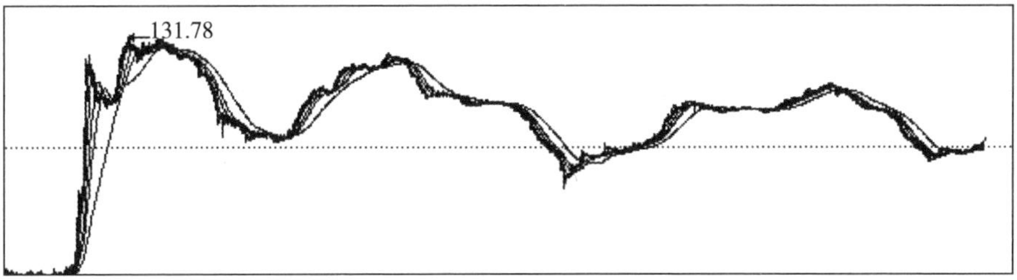

图 2－7　企债指数（399481）走势

这种波浪走势是合理的，因为债券的总收益在买入时已经确定了，前面亏损了，后面肯定要盈利；前面盈利太多，后面肯定盈利要变少，甚至亏损。

当 399481 指数到达波浪高点时，建议回避长债，因为债券的久期越长，它的价格跟随市场利率的波动就越敏感。而市场利率低点时买入长债，当市场利率走高时，债券价格就会大幅下跌，给投资者带来较大的浮动亏损。

当399481指数从底部回升一段时间后，通常可以确定为债券的大底。因为债券的趋势非常明显，市场利率不可能忽高忽低。由市场利率高点滑落到市场利率低点，需要一段时间；同样，由市场利率低点回升到市场利率高点，也需要一段时间。

例如债券市场2011年9月30日和2014年1月20日创出低点以后，价格都是从底部慢慢向高点爬升。

风险利差收益

所谓风险利差，是指债券到期收益率与市场无风险收益率的差值。假设一个债券的到期收益率是15%，而市场无风险收益率是7%，那么差值8%就是风险利差。

我们做投资，都想赚超额收益，15%的到期收益率，肯定比7%的无风险收益率高很多。但是大家要注意，你想吃这15%的收益率，就必须承担一定的债券违约风险。超日债信用危机爆发后，11超日债的到期收益率超过了50%，很多人贪便宜买入，结果超日债出现了债务违约，本金都可能拿不回来，这就是信用风险。

为了避免不幸中招导致巨额亏损，对于有违约风险的债券，尽可能采用分散持有的方式。这样即使很不幸买入了超日债，由于仓位有限，也不会造成太大的损失。

赚取风险利差收益，最好能在债券大跌时，找到风险错杀的债券。风险错杀，就是指风险利差很高，但是实际违约概率很小的债券。分散买入这种类型的债券，可以在风险可控的情况下，赚取风险利差。

以产业债12希努01为例，这是由上市公司希努尔男装发行的债券，并且由母公司做责任人担保。

2014年1月19日，该债券价格跌破83元，到期年化收益率超过了15%，风险利差收益明显。但是这个债务的信用风险很大吗？

我们分析希努尔男装的财务报表，发现该公司负债率很低，仅24%，

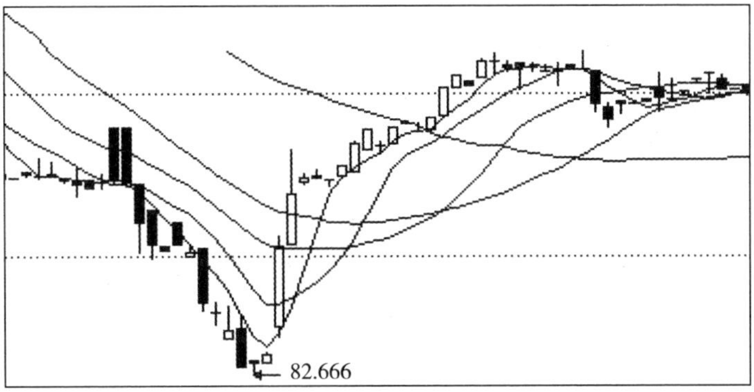

图2-8 12希努01价格走势

负债结构非常安全，而且也没有出现经营亏损。

后来大家都认识到12希努01是被“错杀”的，债券价格迅速上涨，并且当2014年3月超日债违约事件爆发后，该债券的价格也没有再跌下来。

买入风险利差较大的债券，只要不出现违约，就能获取超额收益。那我们能不能哪个债券风险利差大买哪个，或者说哪个债到期收益率高买哪个？

在超日债危机发生以前，确实可以这么干，因为中国债券市场零违约，收益率越高就赚得越多。但是现在债券的刚性兑付已经打破，如果买的债券真出现违约，则会造成巨大的投资损失。做投资最害怕的，就是前面辛辛苦苦赚了好多年的钱，因为一次失误或者“黑天鹅”而大幅亏损。

同样是2014年1月19日，你也可以抄底11中孚债，因为这个债的价格更低，到期收益率更高。后面一个月确实反弹强劲，但是再到后面，你的心脏就要承受压力了。

当超日债危机爆发时，11中孚债的价格居然跌破了2014年1月的低点，最低跌到了73.21元。

我们再看中孚实业的基本面，公司资产负债率突破75%，流动资产只有流动负债的50%，资金链非常紧张，大股东几乎将中孚实业所有的股票都质押了出去，从各方面看都存在隐患。

当然，并不是说中孚实业就一定会破产，但是其偿债能力确实恶化，

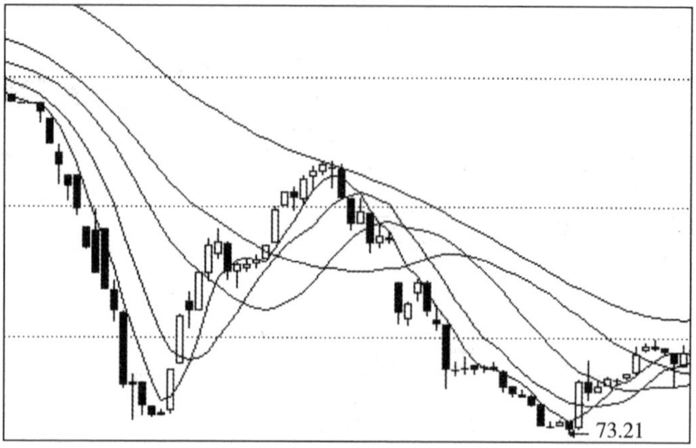

图 2－9　11 中孚债价格走势

对于这样的债券，建议还是先回避。当然，债券价格真的很低的时候，也可以参与，但是一定要控制仓位，防范债务违约带来巨额投资亏损。

正回购

如图 2－10 所示，正回购是一方以一定规模债券做抵押融入资金，并承诺在日后再购回所抵押债券的交易行为，简单地说，就是用自己手头的债券做抵押借钱。

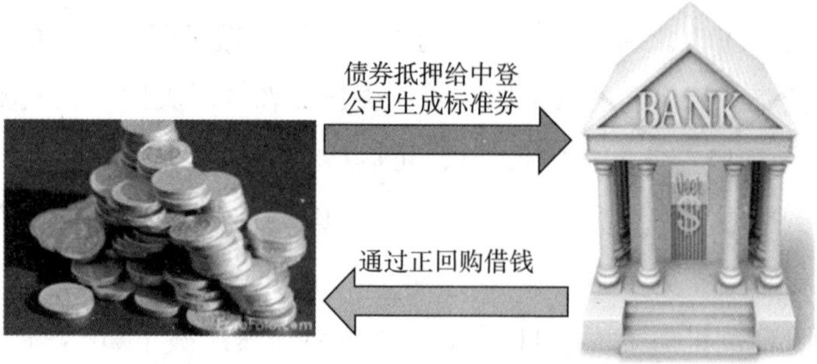

图 2－10　正回购的原理

我们都知道，当我们想借钱的时候，必须通过中介机构来进行，比如银行，那么正回购融资的中介机构是谁呢？是一个叫“中登公司”的机构。

我们把债券抵押给中登公司，中登公司有了抵押品，就不怕借钱的人赖账了。为了防范风险，中登公司对债券的质押额度打折，这个打折幅度就是质押率，比如100元的债券抵押给中登公司，中登公司只允许你借70元，那么相当于质押的折算率是0.7，这样中登公司就不怕你赖账了，因为你真的赖账了，中登公司可以把你的债券变卖了，100元的债券，70元总是能卖掉的。

有了中介机构中登公司，还必须有借钱给你的人。正回购的对手盘是逆回购，总有些人手上有闲钱，他们想借出去几天赚些利息，这些人通过逆回购将钱借给放正回购的人，到期后做正回购的人将钱还给做逆回购的人。

正回购是短期借款，逆回购是短期放款，他们通过股票交易软件撮合借款利率。这个利率通常不高，年化利率也就是3%左右，而债券的收益率一般会大于正回购利息，所以债券投资者可以通过正回购借到的钱，去购买收益率更高的债券。由于正回购是短期的，而债券是长期，相当于投资者从市场借入短期的钱，再转手借给长期的客户，也就是发债方，赚取利息的差额。

通过正回购买债券，类似银行拿储户的钱放贷款。

不过正回购的权限不是人人都有的，券商必须为你开通正回购的权限才行，证监会要求必须是专业债券投资者才允许开通正回购权限，目前要求的资金门槛是300万元，而很多券商认为正回购业务麻烦大收入少，所以不愿意给客户开放这个权限。但是还是有几家创新业务做得很好的券商，比如一创和华泰，他们愿意为客户提供正回购的权限。

知道了正回购的好处，下面笔者讲讲正回购的操作方法，以10凯迪债（122890）为例，具体操作分为以下五个步骤（以华泰证券的交易软件为例讲述，不同券商的软件有差别）。

第一，买入债券。

第二，质押债券。

在交易软件—债券回购—债券质押的选项下面，将买入的债券质押，这个操作是T+0的，也就是当天买入的债券，允许当天质押。质押后的债券被冻结，变成了中登公司定义的标准券。质押后的债券也无法卖出。

第三，正回购融资。

正回购包括 1 天、2 天、3 天、4 天、7 天、14 天、28 天、91 天、182 天共九种，对应不同的借款周期。笔者的习惯是，平时都采用 1 天正回购，例如沪市的 204001，每天续作，不容易忘记。如果有事情，比如要出去玩 3 周，那就借 28 天的，中间就不用操作了。

正回购交易的标的是利率，成交以后，账户上马上就出现你借的钱，借到的钱可以买任何投资品，包括股票、债券、基金等。但是这些钱是可用不可取的，如果你想把钱取出来，必须等第二天才行。

第四，正回购续作。

如果你借了 1 天正回购，例如 204001，那么第二天正回购就到期，标准券也就解冻了，此时你的投资账户会自动扣掉你借的钱。如果账户的钱不够，则系统会显示负数。当然，这只是大部分券商所提供的功能，也有少部分券商不显示负数，需要你自己算还多少钱。

如果账户的资金余额是负数，就需要再借一笔钱来归还昨天的借款和利息，并使得账户余额变成正数，这就是正回购的续作。其实就是借新钱还旧钱，但是千万不要忘记正回购的续作，否则就是违约，不仅要罚利息，还有可能被取消正回购的资格。

第五，债券出库。

有一天大家觉得债券的价格涨够了，想把债券卖掉，这时候就必须将债券出库。还是以华泰证券的交易软件为例，在交易软件—债券回购—债券质押的选项下，将买入的债券出库，出库后债券就显示为可用，此时就可以卖出该债券了。

讲完了正回购操作的策略，下面我们计算一下，正回购能给我们带来多少额外的收益?

以 122890，也就是 10 凯迪债为例，这个债 3 倍抵押担保，安全性是有保障的，2014 年 6 月买入，大致的到期收益率是 7.5%。将 122890 质押后，大约 100 万元价值的债券，能融资 80 万元。

关于正回购融资的比例，和中登公司公布的正回购折算率有关，

122890 中登的折算率大约是 0.93，也就是 93% 的折算率。而券商提供的正回购融资业务，要求标准券的使用率不超过 88%，两者相乘，大约是 80%。

如果我们满格质押，50 万元债券可以融资 40 万元。假设我们把这 40 万元取走了，是不是相当于 10 万元的资金通过正回购买了 50 万元的债券？

1 天正回购的利率会随着市场短期利率的波动而变化，有时候甚至能冲上 30% 的高峰，例如每年的 12 月 31 日正回购利率都很高，这是因为银行考核存贷比造成市场高息揽存造成的。

但如果将 1 天正回购的利率按年来平均，也就是 3% 左右。这里我们给一定的余量，按 3.5% 计算，那么正回购的收益是多少呢？

正回购后收益率 $=5\times7.5\% -4\times3.5\% =23.5\%$

原理是这样，投资者获得 5 倍的债券，也就是债券的总收益是 5 乘以 7.5%，但要扣除借贷成本，其中 1 份是花的自己的钱，4 份是借的正回购，所以总成本是 4 乘以 3.5%，两者相减，居然有 23.5% 的年化收益率。这就是正回购的威力。

如果有一天你真的开正回购去做债券，我给大家一个建议，就是没必要追求正回购交易的利率融在最低点，其实融资成本平摊到一年最终都差不了多少，干脆早上开盘做，省时省心。

两种债券投资策略

基于正回购这个有力武器，下面笔者讲讲两种债券投资策略。

★低杠杆高收益债

到期收益率越高的债，风险利差就越大，信用等级也就越低。对于高收益债，我的建议是尽量少用正回购。不过说实话，有的时候还真不是你想不想用的问题，而是你就不能用正回购。因为按照中登公司的规定，信用评级高的债券才允许使用正回购融资，所以买高收益债，通常是无杠杆的。

高收益债的问题在于有可能爆发信用风险。当出现信用危机的时候，债券价格会“雪崩”。所以，为了避免“黑天鹅”的出现，首先要分散持有。既然高收益债有信用风险，那么必然存在风险利差，例如风险利差是4%每年，那么必须保证债券违约的概率也低于4%每年，否则即使再分散投资，最终还是会亏，因为不违约债券赚的风险利息，还补不上违约债券造成的损失。

最好风险利差是违约概率的2倍或者3倍以上，例如找到风险利差是10%，但实际的违约概率仅1%，那就非常值得持有了。当然，债券违约率的评估，是存在主观性和不确定性的，但是我们通过前面讲述的方法是可以提高违约概率评估的准确性的。

买高收益债，还有一个窍门，就是利空出来的时候买。因为低信用等级的债，持有人大多是散户，当利空出来的时候，散户会踩踏，机构出于风控也会卖出。此时我们评估利空的级别，如果发现利空对债券的整体信用影响不大，那就是机会。

另外，高收益债的波动性通常比较大，有时候可以利用利空适度博取差价。

★高杠杆低收益债

到期收益率越低的债，信用利差也就越小，信用等级也就越高。当然，也不排除个别做庄的债，明明信用等级不高，到期收益率还很低，这种债直接回避掉。高杠杆低收益债，是因为高信用等级的债，通常中登给的质押率较高，而高的质押率，也意味着债券的评级更高或者担保足够。

对于高信用的低收益债，通常不存在信用风险，但是存在利率风险。当市场利率上升的时候，高信用等级债，甚至国债都会下跌，有时会大跌。此时如果我们做了高杠杆，就会非常被动。

如何避免利率风险？我们可以在久期上做文章，也就是持有不同久期的高等级债，尤其是持有一定比例短久期债。由于短久期的债对利率的波动敏感度较小，那么即使整个组合杠杆较高，但波动性还是可控。

高等级债的质押率通常很高，能折算的标准券也较多。虽然可以做到很高的杠杆，但是笔者仍然不建议将杠杆做满，也就是做到最大的比例。

因为债券价格波动，会对折算率造成影响，为了避免极端情况下被去杠杆，一定要留足余地。

选择高信用企业债的时候，建议寻找评级稳定的债券。并且高信用企业债的仓位不能太高，这是因为正回购的制度风险。

为什么存在正回购的制度风险？因为债券正回购质押率是由中登公司控制，而中登公司经常修改规定，改变债券的质押率。如果投资者杠杆太高，当遇上制度风险时，就不得不被迫卖出债券降杠杆。另外，如果公司出现2年连续亏损，则债券要停牌，而停牌的债券，是要取消正回购资格的。

选择高杠杆低收益债时，笔者建议长期持有，因为低收益高信用的债，信用风险很小，所以不大会出现大的波动，而市场利率的趋势非常明显，不会忽高忽低，大多数时间长期持有吃利息就是最佳选择。当然，如果市场利率降得非常低，也可以考虑提前卖出或者换债。

实际上还有第三种策略，那就是高杠杆高收益债，通常是某些债出现了信用危机，但是评级还没有跟进，所以才会出现质押率和到期收益率双高的局面。但笔者不建议高杠杆高收益率债，因为去杠杆是迟早的事情。既然是短期博反弹，再上杠杆的风险太大。

低杠杆高收益债，和高杠杆低收益债，两种策略并不矛盾，投资者可以根据市场利率和风险利差选择自己的策略，甚至还可以两种策略组合使用，做到风险和仓位两方面的平衡，使得债券投资组合的弹性更大。

互换套利

由于中国债券市场发育还不成熟，市场并不是非常有效，这其实给大家提供了超额收益的机会。下面举一个国债互换的例子，同样是7年多久期的国债，010107的年化到期收益率有4.65%，而101917的年化到期收益率只有3.95%。如果你持有的债券刚好是101917，那么就应该马上卖出该债券，买入到期收益率更高的010107。

表2-3 国债收益率及久期

国债名称	代码	年利率（%）	期限（年）	剩余期限（年）	净价（元）	应计天数	应计利息（元）	全价（元）	付息方式	到期收益率（%）
国债1014	101014	4.03	50	46.44	100.00	32	0.36	100.36	半年付	4.03
07国债06	010706	4.27	30	23.41	100.00	223	1.30	101.30	半年付	4.27
07国债13	010713	4.52	20	13.65	100.00	132	0.82	100.82	半年付	4.52
06国债（9）	010609	3.70	20	12.51	100.00	183	1.85	101.85	半年付	3.70
05国债（4）	010504	4.11	20	11.39	97.09	41	0.47	97.56	半年付	4.44
国债1311	101311	3.38	10	9.41	100.00	217	1.00	101.00	半年付	3.38
03国债（3）	010303	3.40	20	9.32	90.25	70	0.65	90.90	半年付	4.71
国债0303	100303	3.40	20	9.32	90.65	70	0.65	91.30	半年付	4.65
06国债（19）	010619	3.27	15	7.90	98.33	41	0.37	98.70	年付	3.52
21国债（7）	010107	4.26	20	7.60	97.53	148	1.71	99.24	半年付	4.65
国债917	101917	4.26	20	7.60	102.00	148	1.73	103.73	年付	3.95
05国债（12）	010512	3.65	15	6.90	93.24	41	0.41	93.65	半年付	4.81
国债1320	101320	4.07	7	6.82	96.20	70	0.78	96.98	年付	4.73
国债1315	101315	3.46	7	6.55	93.00	168	1.59	94.59	年付	4.73
国债1308	101308	3.29	7	6.32	92.55	252	2.27	94.82	年付	4.68

企业债由于存在信用利差，没法直接用到期收益率和久期做比较，不过通过信用分析，我们大致可以判断一个企业债的信用等级及违约风险。如果你发现另一个企业债，信用等级和你持有的企业债类似，久期也差不多，但是到期收益率高很多，此时就可以考虑卖出自己手中持有的债券，买入到期收益率更高的债券。

对于类似信用等级和类似久期的债券，可以直接根据到期收益率，也就是YTM来换债，卖低买高。

骑乘套利

债券还有一种套利的方法，叫作骑乘套利。如图2-11所示，通常短债的到期收益率比较低，而中长债的收益率比较高。例如，我们买入2年期的债券，买入后持有的第一年收益，会超过最后一年，也就是第二年的收益，因为到了最后一年，长债就变成了短债，到期收益率自然下滑。

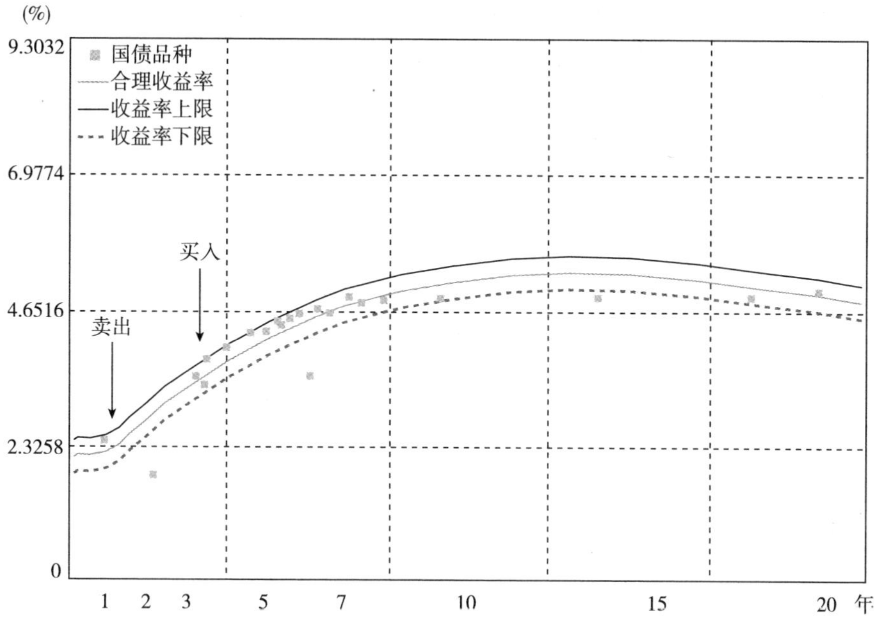

图2－11　债券收益率曲线

假设我们买入的债券是一匹马，我们买入债券，相当于骑马，到了目的地下马，相当于债券到期兑付，从我们上马到下马的总距离，就是买入债券能获得的总收益率。

债券这匹马，它不是一直以一个速度在跑，按照收益率曲线，总是开始快马加鞭，等快到目的地了，就越跑越慢了。

这个时候，大家肯定都会想到一个办法，可以先骑马跑一段，然后再换一匹马继续跑，是不是就能跑得更快，这就是骑乘的原理。

骑乘套利，就是首先买入到期收益率较高的中久期债券，随着时间流逝，中久期债券变成了短久期债券，到期收益率也不断下滑，此时把已经变成短久期的债券卖掉，再回过头买到期收益率高的中久期债券，如此反复。

骑乘套利，在大部分时间内都是可行的，除非短期钱荒，造成收益率曲线扭曲，短期利率反而高过长期利率。如果真的这样，那就拿稳你手中的短债，因为收益率曲线迟早会恢复正常的。

债券避税

我们都知道，个人购买企业债必须支付20%的利息税。例如一张票面利息为8%的企业债，扣税后只有6.4%，税1.6%。大家肯定会想，好多钱啊，能不能省下来呢?

其实是有方法的，最简单的办法是，债券付息前一天卖出，付息后再买回来，这样债券所需要缴纳的利息税，就由买你债券的人支付了。

这个时候，大家肯定又问了，“债券付息前一天，别人凭什么要买你的债券，白白承担20%的利息税，然后第二天再卖给你?”

答案是，真的有这样的人，不过他们并不是“做好事”替你交税，而是他们本身就不用交利息税。国家规定，法人账户购买的债券，是不用交利息税的，所以持有法人账户的机构，完全可以在债券付息前买入债券，然后在债券付息后加价卖给个人投资者，几天内就可以赚取差价收益。

最开始的时候，法人账户参与避税交易的少，所以个人避税的成本也不低，通常20%的利息税，通过付息前卖出付息后买入的方式，也只能节约10%的成本，剩下10%就被机构吃掉了。

由于越来越多的机构看上这块肉，导致天平开始向散户倾斜，避税的成本越来越低，20%的利息税，绝大多数都能被散户避掉，仅小部分变成机构的利润。2014年很多债券避税的成本不到0.3%，甚至部分债券，如12毅昌01，除息以后的净价反而低于除息以前的净价，相当于机构倒贴钱给散户避税了。

随着部分券商业务的发展，也出现了一些业务创新的券商，他们为债券投资者提供大宗交易代持避税。具体做法是，投资者和券商签订一个协议，在债券除息以前，将债券通过大宗交易的方式卖给机构，等债券除息以后，机构再通过大宗交易的方式，卖还给散户，并收取手续费，这个手续费现在通常也很便宜，大约0.2%左右。一些流动性不好的债券，如果投资者持有较多，担心避税前不容易卖出，避税后也不容易买回来，可以通过券商走大宗交易避税方式。

第二节 新股申购

什么是新股申购

新股发行（Initial Public Offerings，简称 IPO）是指企业通过证券交易所首次公开向投资者发行股票，以期募集用于企业发展资金的过程。

新股申购是指投资者参与 IPO 获得企业首发股票，并在二级市场卖出的过程。本来二级市场价格波动，并不能保证投资者参与 IPO 都能赚钱，但是中国股民对新股有较大的炒作热情，导致新股申购绝大多数都是挣钱的，这也导致新股申购实际的风险极低，而且新股申购周期较短，资金流动性好，成为低风险投资者所喜欢的现金管理工具。

新股发行历史

中国的新股发行制度从 1990 年到现在经历了以下几个阶段：

★新股认购证制度

股票认购证，是指赋予持有人一个权利，以发行价在特定期限内购买相关股票的权利。最早出现在 1992 年的上海，当时上海证券交易所成立后的 1 年多时间内，“老八股”在唱独角戏，因为股票供不应求，形成了“粥少僧多”的有价无市局面。当时主管股票市场的人民银行想出了一个主意：先发认购证，凭认购证摇号中签认购。1992 年，上海股票认购证发行结束后不到 2 个月，消息灵通者得悉当年的股票发行个数将增至 50 个，中签率远没有想象的那么低，于是黑市开始爆炒认购证，其中最高价居然暴涨至 1 万元。事实上，每百张连号的认购证在后面的实际收益应该在 50 万元左右。股票认购证成为很多早期股票投资者的第一桶金。

★银行储蓄存款挂钩 + 认购申请表

1993 年 8 月 18 日，国务院证券委颁发《关于 1993 年股票发售与认购办法的意见》，要求与银行储蓄存款挂钩发行申请表，按照居民在银行的定期存款余额，按比例配售申请表，然后对认购申请表进行公开摇号抽签，中签后按规定办理缴纳中签新股款的手续，或开办专项定期定额储蓄存单业务，按专项储蓄存单上的号码进行公开摇号抽签。

★全额预缴款方式

1996 年，新股认购实施上网定价和全额预缴款方式。上网定价发行方式是指主承销商利用证券交易所的交易系统，由主承销商作为股票的唯一卖方，投资者在指定的时间内，按现行委托买入股票的方式进行股票申购。全额预缴款发行方式是指投资者在规定的申购时间内，将全额申购款存入主承销商在收款银行设立的专户中，申购结束后转存冻结银行专户进行冻结，在对到账资金进行验资和确定有效申购后，根据股票发行量和申购总量计算配售比例，进行股票配售，余款转为存款或返还投资者的发行方式。

这种方式持续到 2001 年，后修改为上网竞价方式，但由于发行市盈率过高，又改为市值申购方式，到了 2006 年，IPO 修改为询价制及全额预缴款方式。

★市值配售方式

2002 年，新股发行制度改革为按市值配售发行，市值配售是指在新股发行时，将一定比例的新股由上网公开发行改为向二级市场投资者配售，投资者根据其持有上市流通证券的市值和折算的申购限量，自愿申购新股。按市值配售新股与新股发行市场化之间存在矛盾，不能充分体现一级市场的真实需求，扭曲了供求机制，大大削弱了一级市场定价机制的作用，使很多摇新资金离开，造成股市进一步“失血”。

2014 年，新股改革，在按市值配售的基础上增加预缴款方式，要求新股申购者既需要持有上市流通证券的市值，还要按委托买入股票的方式，将全额申购款存入主承销商的账户中。

2016 年新股改革，又恢复为纯市值配售制度。

新股申购的收益率从上世纪 90 年代到现在呈现逐渐下滑的趋势，但是在 2006 年以后以预缴款方式认购新股，收益率通常也能超过 8%，2007 年新股申购的收益率甚至超过 20%。作为低风险高流动性的资金管理工具，其收益率非常可观，这也使得中国股市长期存在专职新股申购的低风险投资群体，他们通常被称为“摇民”。

由于全额预缴款方式中，申购新股的收益完全依赖于摇新的资金量，为了保护中小投资者，限制大户专职摇新，证监会对每个账户认购股票规定了申购上限，这导致大资金量的投资者无法充分利用资金去摇新。也有人通过收集多个股东账户的方式，将大资金化整为零进行摇新。

为什么申购新股

新股申购维持了20多年的不败历史，也就是说坚持参与打新股的投资者都能赚到钱。当然，也存在个别新股破发，但是破发新股中签率不会很高，而且破发幅度也不会很大，所以不影响打新股的整体收益率。

新股申购的流动性很好，按照目前的新股申购政策，参与资金3天即可返回，和活期基本类似。

另外，新股高收益通常是在股市顶部，新股停发通常是在股市底部，所以新股停发的时候抄底股市，通常能抄到底部。

表2－4是历年新股收益的一个估算，供读者参考。

表2－4　历年新股收益率估算

年份	收益率	年份	收益率
2000	20%	2008	4%
2001	35%	2009	15%
2002	15%	2010	15%
2003	10%	2011	12%
2004	15%	2012	10%
2005	5%	2013	停发
2006	12%	2014	10%
2007	28%	2015	15%

新股申购的几个策略

★怎样配市值

按照目前市值配售的政策，沪市1万元市值可以配置1000股新股，深市5000元市值可以配置500股新股，上海和深圳的市值不能通用。配置市值的时候，要尽量分散，避免赚了新股赔了市值。可以选择低市盈率的价值股，例如上海的银行股。建议股票的配置，尽量分散在各种行业。可参考沪深300或者上证50等权重股来配置市值。

★打新股收益率是多少

影响新股收益率的指标主要包括两个，新股中签率（T+2日公布）和新股开板涨幅（打开涨停板后，相比发行价的涨幅）。

新股收益率=新股中签率×新股开板涨幅

例如，新股江苏有线，中签率1.239%，开板涨幅782%，则江苏有线新股收益率=1.239%×782%=9.69%，就是说100万元资金申购新股江苏有线，3天时间大约能赚9.69万元。

★几个账户申购

账户数量越多，利用率越高。因为每个账户申购有上限（例如1万股），所以富余的市值将不能参与申购。单账户市值20万~40万效率最佳，此时可以找到最合适的新股去申购，例如大部分资金去申购江苏有线这种大肉股，获取最佳收益率。

★怎样避免新股破发

第一，前几个新股涨幅很少，要小心破发。

第二，机构网下申购的积极性明显不足，要小心破发。

第三，论坛上很多人都不敢申购，要小心破发。

第四，新股破发不可怕，可怕的是"高中签率"的新股破发了。所以别人不愿意申购的新股，你也要坚决不申购！

第三节　现金管理

现金是指能够立即投入流通的货币或者货币等价物，是流动性最强的资产。现金的收益率通常不高，但这是低风险投资者必备的武器，因为拥有了现金，就拥有在市场极端恶劣情况下买入的权利。

现金管理是指对现金进行合理的管理，使其在高安全性及高流动性的前提下，还能获得一定的收益。现金管理的方法包括活期存款、通知存款、货币基金、短期理财产品、逆回购、新股申购。下面分别进行介绍。

活期存款

活期存款指无须事先通知，存款户即可随时存取和转让的一种银行存款。活期存款利率很低，类似于零收益，对于低风险投资者而言，通常除了日常生活费及用于应急的资金，不会将现金以活期存款的方式管理。

通知存款

通知存款是一种不约定存期，但是支取时需提前通知银行并约定支取日期和资金金额的一种存款方式。

通知存款通常有最低起存金额，例如工商银行人民币通知存款的最低起存金额为 5 万元。通知存款按提前通知期限的长短，划分为一天通知存款和七天通知存款两个品种。

通知存款的利率要高于活期存款利率，但仍然较低。

货币基金

货币基金是指专门投向风险小的货币市场的一种开放式基金，区别于其他类型的开放式基金，具有高安全性、高流动性、收益稳定性等特点，具有“准储蓄”的特征。货币基金有如下四个特点：

一是本金安全。货币基金合约一般都不会保证本金的安全，但由于其投资品种的安全性，决定了货币基金在现实中极少发生本金亏损的情况，所以货币基金经常被视为现金的等价物。

二是资金流动性强。货币基金买卖方便，资金到账时间短，流动性可与活期存款媲美。一般货币基金的赎回，两三天资金就可以到账。部分基金公司可实现货币基金 T+0 到账，例如华夏保证金理财货币、汇添富收益快线货币等货币基金。

三是收益率较高。多数货币市场基金具有国债投资的收益水平。货币市场基金除了可以投资一般机构可以投资的交易所回购等投资品种外，还可以进入银行间债券及回购市场、中央银行票据市场进行投资，其年净收益率一般可和一年定存利率相比，高于同期银行储蓄的收益水平。不仅如此，货币市场基金还可以避免通货膨胀的隐性损失，当银行存款利率扣除CPI后的实际利率很低甚至为负值时，货币市场基金可以及时把握利率变化及通胀趋势，获取稳定的较高收益。

四是投资成本低。买卖货币市场基金，通常认购费、申购费、赎回费都为零，资金进出非常方便，既降低了投资成本，又保证了流动性。

另外，一般货币市场基金还可以与该基金管理公司旗下的其他开放式基金进行转换。

随着互联网金融的发展，余额宝、百发等货币基金工具开始出现在人们的视线内。

余额宝是由第三方支付平台支付宝打造的一项余额增值理财服务，于2013年6月13日上线。通过余额宝，用户不仅能够得到较高的收益，还能随时消费支付和转出，并且无任何手续费。用户在支付宝网站内就可以直接购买基金等理财产品，获得相对较高的收益，同时余额宝内的资金还能随时用于网上购物、支付宝转账等。转入余额宝的资金在第二个工作日由基金公司进行份额确认，对已确认的份额开始计算收益。

“百发”是百度金融中心推出的首项理财计划，于2013年10月28日正式上线，与各金融机构共同定制具有高吸引力的金融产品。百发并不是一个产品，而是一个组合形式的理财计划。“百发”计划是一种互联网金融模式的创新，是一项组合形式的理财计划。

货币基金的收益率通常超过2%，大大高于银行活期存款利率，是一个不错的选择。

短期理财产品

理财产品是由商业银行和正规金融机构自行设计并发行的，将募集到的资金根据产品合同购买相应的金融产品，并在获取投资收益后根据约定分配收益的一种金融产品。

短期理财产品是指产品期限较短，强调投资稳健，基本可以做到保本或类似保本，同时收益率也大幅高于活期存款的现金管理工具。

目前各大银行推出的短期理财产品达到了上百款。其中，招商银行的“日日盈”，工商银行的“灵通快线”，上海银行的“易精灵”，都是很受欢迎的短期理财产品。

通常短期理财产品没有申购费和赎回费，收益按天支付。如果投资者赎回产品时资金能实时到账，这种产品又被称为 T+0 短期理财产品。

由于股票账户交易后的资金，必须晚上清算后才能使用，所以投资者想将账户中的余钱拿去购买银行的 T+0 理财产品，需要等到第二天才能进行银证转账操作，这就降低了现金管理的效率。

部分券商开展了保证金账户的 T+0 理财，例如华泰证券的“天天发”可以在股市收盘后将账户中的保证金转为理财产品，当投资者需要资金购买股票时，可以 T+0 支取，进一步提高了现金管理的效率。

逆回购

债券质押式回购交易，是指正回购方（资金融入）将债券质押给逆回购方（资金融出）进行的融资交易，双方约定在将来某一指定日期，由正回购方按约定回购利率计算的资金额向逆回购方返还资金，逆回购方向正回购方返回质押债券的融资行为。

逆回购是资金借出方，由于有债券质押，所以没有任何风险，是很好的现金管理工具。

目前，上海证券交易所和深圳证券交易所均提供逆回购交易，包含有1、2、3、4、7、14、28、91、182 天 9 个品种。

上海证券交易所逆回购交易品种的定义如表 2－5 所示。

表 2－5　上海逆回购代码、名称和借款周期

代码	名称	借款周期
204001	GC001	1 天

续表

代码	名称	借款周期
204002	GC002	2 天
204003	GC003	3 天
204004	GC004	4 天
204007	GC007	7 天
204014	GC014	14 天
204028	GC028	28 天
204091	GC091	91 天
204182	GC182	182 天

深圳证券交易所逆回购交易品种的定义如表 2－6 所示。

表 2－6　深圳逆回购代码、名称和借款周期

代码	名称	借款周期
131810	R－001	1 天
131811	R－002	2 天
131800	R－003	3 天
131809	R－004	4 天
131801	R－007	7 天
131802	R－014	14 天
131803	R－028	28 天
131805	R－091	91 天
131806	R－182	182 天

逆回购的操作非常简单，在股票交易软件中选择“卖出”，然后输入逆回购代码（如 204001），融资价格就是年化利率。上海证券交易所逆回购数量最低是 1000（张），代表 10 万元，每 10 万元递增；深圳证券交易所逆回购数量最低是 10（张），代表 1000 元，每 1000 元递增。交易成功后，账户内的资金被冻结。如果是 1 天逆回购，则 T＋1 日资金可用但不可取（可以购买任何证券品种，但无法银证转账），T＋2 日资金可用可取（可以银证转账）。

假设投资者卖出 204001，利率为 3.65%，金额为 100 万元，204001 的佣金为十万分之一，则做 1 天逆回购的收益率计算如下：

$$100\text{万} \times (3.65\%/365 - 0.001\%) = 90\text{元}$$

也就是说，扣除佣金后，投资者投入 100 万元做逆回购，1 天的收益是 90 元。

通常逆回购的收益率在 3% 左右，但是资金紧缺的时间（如年底），收益率甚至可以超过 30%。

| 第三章 |

可转债

第一节　可转债的基本特性

基本概念

可转债是指在一定条件下可以被转换成公司股票的债券，具备债权和期权的双重属性。持有人可以选择持有债券到期，获取公司还本付息的固定收益，也可以选择在约定的时间内转换成股票，享受股利分配或资本增值的收益。

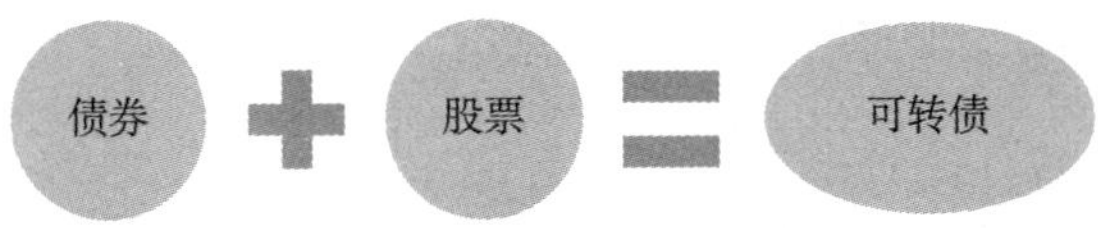

图 3－1　可转债的基本概念

（1）可转债本身是债券，拥有债券的一切属性。

（2）可转债持有者拥有将转债转换为股票的权利，所以可转债也是股票。

（3）选择可转债作为股票还是债券，由投资者决定。

所以，可转债拥有向下保底（债券），向上不封顶（股票）的特征。

债券特性

★可转债的票面利息较低

相比纯债而言，可转债的票面利息都比较低。2010 年后发行的可转债，票面利息最高的是南山转债，前两年 3.5%，后四年 4%。大部分可转债的票面利息都很低，通常在 1%～2%。

相比而言，企业债（纯债）的利息要高很多，绝大多数无担保的企业债，票面利率都超过 5%，部分高息企业债，票面利率可达到 8%。

由于可转债拥有股票的属性，对于发行方而言，投资者在债券收益方面必须有所让步。

★可转债到期赎回通常超过面值

通常企业债（纯债）到期都是按照面值兑付，但是可转债到期时，通常会高于面值兑付。例如，面值100元的中行转债113001（已提前赎回），到期赎回的价格是106元，相当于最后一年有6%的利息。

这是由于大部分可转债都会在到期日前被提前赎回，所以提高最后一年的利息，既可以吸引投资者，又能够减少发债方真金白银的利息支出。

★可转债的信用级别通常较纯债高一些

目前还没有违约的可转债出现，这是因为当发债的上市公司出现危机时，股票价格会下跌，但公司可以下调转股价，这样一旦股票超跌后出现反弹，可转债价格就随着股性上涨，此时上市公司可以提出强制赎回来促进转股。

也就是说，可转债相比纯债而言，多了债转股的途径。对于中国A股而言，再烂的企业也有壳资源的价值，那么对于可转债而言，违约的概率较纯债就大大降低了，甚至很多可转债持有者希望公司出点问题，这样下调转股价后，说不定还能大赚一笔。

股票特性

★可转债会约定一个转股价

例如，2014年11月，113001中行转债（已退市）的转股价是2.62元，每100元面值的可转债，相当于100元/2.62元=38.16股中国银行。

★遇到配股、送股、分红，大部分转债价格会自动下调

例如，中国银行2015年6月分红0.22元，如果113001没有退市，则中行转债的转股价格会下调到2.62-0.22=2.4元，相当于100元/2.4元=41.67股中国银行。

所以，股票分红不会损害可转债持有者的权益，而且下调转股价对应转股数量的增加。相比长期投资股票，然后做分红再投，投资可转债反而能规避红利税。

下调转股价

如图 3－2 所示，如果可转债对应的股票价格超过了转股价，那么当可转债对应的股票上涨的时候，可转债的价格也会上涨，这就是可转债的进攻性。

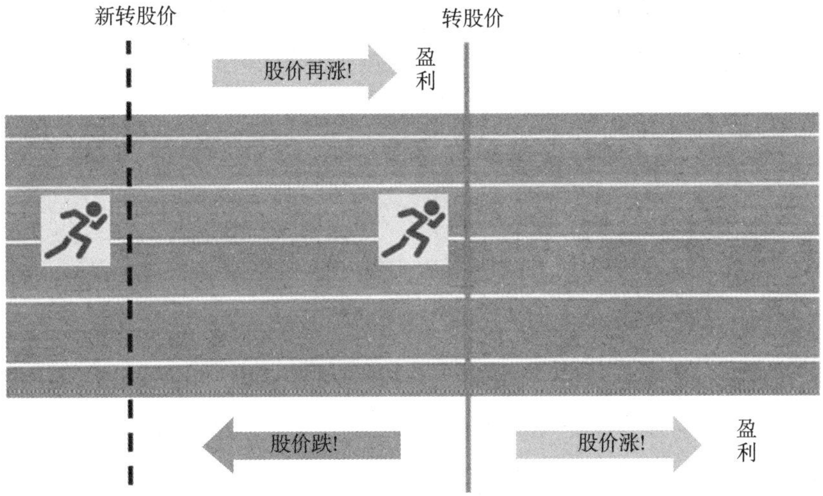

图 3－2　下调转股价的价值

可是如果股市连续下跌怎么办？是不是此时可转债只能当债券了，没有任何的攻击性？

答案是否。很多可转债条款是允许上市公司下调转股价的。如上图所示，当股票价格下跌以后，上市公司下调转股价，相当于起跑线重新划定，那么当股票价格涨回原来的位置以后，可转债投资者已经获利了。

聪明的投资者也许会问，可转债投资者明显占便宜了，那么谁吃亏了？答案是可转债对应股票的其他股东，因为下调转股价以后，可转债投资者转股后占有的股权变得更多，相当于摊薄了原有股东的权益。由于可转债下调转股价必须三分之二的股东表决通过才能有效，所以存在不通过的可能。

★下调转股价成功案例

113001 中行转债（已退市）在发行的募集说明书中对转股价格修正条

款有如下规定：

在存续期间，当该公司 A 股股票任意连续 15 个交易日的收盘价低于当期转股价格 85% 的情况，该公司董事会有权提出转股价格向下修正方案并提交该公司股东大会表决。

正是基于这样的条款，由于 2012 年中国银行的股票价格连续 15 个交易日低于中行转债转股价的 85%，即 2.92 元，中国银行在 2013 年初提出下调转股价的方案并获得股东大会的通过，并与 2013 年 3 月 26 日将转股价从 3.44 元下调到 2.99 元。

★下调转股价失败案例

根据 2013 年 3 月 13 日民生银行公告的可转债募集说明书的相关条款：

在“民生转债”存续期间，当民生银行 A 股股票在任意连续三十个交易日中有十五个交易日的收盘价低于当期转股价格的 80% 时，民生银行有权于上述事实发生之日起十个工作日内提出“民生转债”转股价格向下修正方案并提交股东大会审议表决。

截至 2014 年 1 月 9 日，民生银行 A 股收盘价已经连续十五个交易日低于“民生转债”当期转股价格的 80%（9.92 × 80% = 7.936 元/股），已满足“民生转债”转股价格向下修正的条件。因此，1 月 10 日，民生银行召开了第六届董事会第五次临时会议，审议通过了《关于“民生转债”转股价格向下修正的决议》，并将这一议案提交 2014 年第一次临时股东大会进行表决。这一方案须经参加表决的全体股东所持表决权的三分之二以上通过方可实施。股东进行表决时，持有“民生转债”的股东应当回避。

在股东大会的投票表决中，由于未获得参加表决的全体股东所持表决权的三分之二以上通过，《关于“民生转债”转股价格向下修正的决议》的议案未能获得通过。

提前赎回

为了保护发行人的利益，可转债一般都具有提前赎回条款。下面是 2007 年发行的南山转债中的提前赎回条款。

在本期可转债转股期内，如果公司A股股票连续20个交易日的收盘价格不低于当期转股价格的130%（含130%），公司有权按照债券面值103%（含当期计息年度利息）的赎回价格赎回全部或部分未转股的可转债。任一计息年度该公司在赎回条件首次满足后可以进行赎回，首次不实施赎回的，该计息年度不应再行使赎回权。

相应的，由于南山铝业价格持续高涨，南山转债发行人于2009年8月11日公告：

董事会通过《关于行使“南山转债”提前赎回条款的议案》：根据赎回条款的约定，公司A股股票自2009年7月14日至8月10日已连续20个交易日的收盘价格不低于当期转股价格（8.42元/股）的130%（含130%），已触发可转债的提前赎回条款。经公司董事会全体董事审议，决定行使“南山转债”的提前赎回权，全部赎回截至赎回日尚未转股的“南山转债”。

行使提前赎回权后，会强迫可转债的持有人将转债转换成上市公司的股票。由于中国的上市公司都有将规模做大的冲动，所以大部分发行可转债的公司，都会想一切办法让可转债提前转换为股票，因为这样就将债权融资转换成股权融资，实现了公司规模的扩张。所以A股市场上大多数可转债，都会在130元以上转股收场。

回售

为了保护可转债投资者的利益，很多可转债都设置了回售的条款。下面是110017中海转债（已退市）的回售条款：

在本次可转债最后两个计息年度，如果公司股票在任何连续三十个交易日的收盘价格低于当期转股价的70%时，债券持有人有权将其持有的可转债全部或部分按债券面值加上当期应计利息的价格回售给公司。

有了回售的权利，当公司股票价格满足回售条款时，发行人将面临两个选择，第一种选择是遵守回售条款，投资者以回售价将可转债回售给发行人。由于回售价通常高于可转债的面值，所以很多时候回售价格会是熊市中可转债的保底价格。第二种选择是在回售条款满足以前下调转股价，这样能增加可转债的期权价值。

可转债的历史业绩

图 3－3 是中证转债指数从 2004 年到 2014 年的 K 线图。中证转债指数从 2004 年的 115 点上涨到 2013 年的 278 点，涨 142%；同期上证指数从 1492 点上涨到 2115 点，涨 42%，中证转债指数跑赢上证指数。

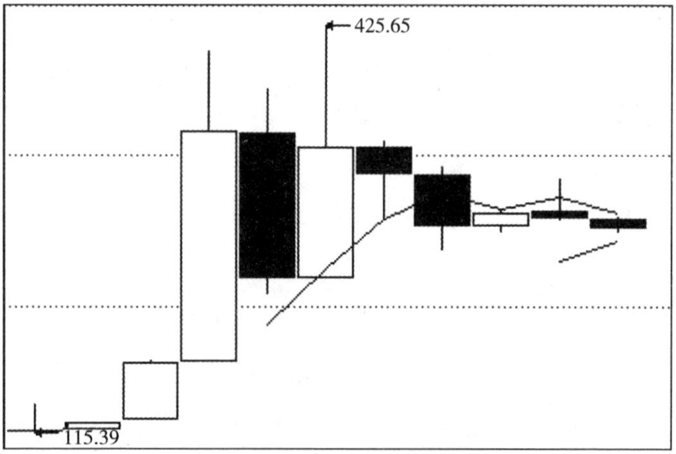

图 3－3　中证转债指数 K 线图（2004— 2014 年）

我们按年比较中证转债指数与上证指数及沪深 300 指数的相对关系，如表 3－1 所示，下面将中证转债指数的走势分为以下几个周期。

表 3－1　中证转债指数与上证指数及沪深 300 指数的对比

年份	上证涨幅	沪深 300 涨幅	中证转债指数涨幅	转债/上证相对涨幅	转债/沪深 300 相对涨幅
2004	-15.40%	—	1.03%	18.03%	—
2005	-8.33%	—	5.56%	19.13%	—
2006	130.43%	121.02%	37.69%	-40.21%	-37.70%
2007	96.66%	161.55%	103.13%	3.29%	-22.33%
2008	-65.39%	-65.95%	-32.35%	95.46%	98.68%
2009	79.98%	96.71%	42.63%	-20.75%	-27.49%
2010	-14.31%	-12.51%	-6.33%	9.31%	7.06%

续表

年份	上证涨幅	沪深 300 涨幅	中证转债指数涨幅	转债/上证相对涨幅	转债/沪深 300 相对涨幅
2011	-21.68%	-25.01%	-12.77%	11.38%	16.32%
2012	3.17%	7.55%	4.11%	0.91%	-3.2%
2013	-7.40%	-8.70%	-1.42%	6.46%	7.97%
总计	42%	130.30%	142%	70.42%	5.08%

★牛市行情

2006 年、2007 年和 2009 年是牛市，这三年，中证转债指数严重跑输上证指数及沪深 300 指数（仅 2007 年险胜上证指数）。这是因为可转债如果想获得超额收益，必须依赖股市的上涨，而可转债的转股溢价存在，使得可转债的涨幅必定跑输对应的正股涨幅，这也导致了可转债在牛市中跑不赢大盘。

★熊市行情

2008 年和 2011 年是熊市，这两年中证转债指数大幅跑赢上证指数和沪深 300 指数，这说明可转债有很好的安全性。因为当股市大幅下跌的时候，可转债的债性将会很好地保护投资者。当股价大幅下跌的时候，投资者可以将可转债当成普通债券赚取利息。

从 2004 年到 2013 年，可转债在穿越牛熊周期后，战胜了上证指数和沪深 300 指数，但是优势并不大。总体看，长期持有可转债的复合收益率并不高，但业绩波动较小，适合于保守的低风险投资者。

第二节　可转债的估值

可转债的估值主要看两大指标，第一是债性，第二是股性，这两个指标通常是呈现跷跷板的关系。当可转债的债性估值较高的时候，通常其股性要差一点；而当可转债的股性估值较高的时候，那么债性也会减弱。

可转债的债性可以分为防御性和进攻性。债性的防御性越好，下跌的空间越小，即使当出现影响债券市场的不利因素时，仍然能保证安全。例如短久期的可转债，因为马上到期，所以价格受市场利率的影响也小；而评级较高的可转债，不容易受到市场信用危机的冲击；有回售的可转债，则提供了又一个保底的措施，俗称“回售底”。另外，债性也有进攻性的一面，例如长久期、高收益率的可转债，一旦市场利率下行，单纯依靠债券自身估值修复的力量，就能够促使可转债价格上涨。

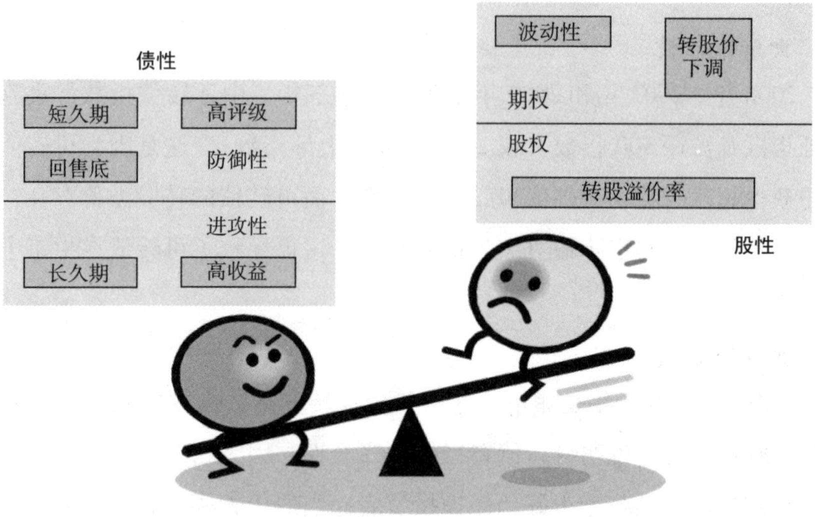

图 3－4　可转债股性和债性的估值

可转债的股性可以分为股权特性和期权特性。股权特性是指将可转债直接转换成股票的价值，通常用转股溢价率来衡量。期权特性，不是指目前投资者把可转债转股的价值，而是指投资者拥有转股这个权利，所获得的潜在价值。期权价值主要包含正股的波动率及转股价下调的概率两个指标。

债性估值

★到期收益率

是指投资者持有可转债到期，发行人按照募集说明书中约定的到期赎回价赎回可转债，投资者能够获得的投资回报率。

债券收益率是衡量可转债防御性的重要指标。可转债的债券收益率越接近相同年限的纯债，则可转债的防御性越好，下跌空间也越小。通常而言，基于相同期限纯债利率，可以倒推出可转债的债券底。

债券收益率为正的可转债，说明持有到期也不会亏钱，属于债性偏强的可转债；债券收益为负的可转债，说明持有到期不转股就会亏钱，属于债性偏弱的可转债。

★久期

久期是指可转债距离到期赎回的时间。

纯债久期长短和价格波动性成正比。例如，到期收益率相同的两个可转债，如果到期收益率都波动 1%，那么久期长的可转债价格波动幅度要大于久期短的可转债价格波动幅度。

★债券底

当可转债呈现债性的时候，一般下跌的最大空间是多少呢？我们知道，当债券的价格下跌的时候，收益率会提高，当收益率提高到久期和信用级别可比的纯债的收益率的时候，基本上可转债也就跌到底了。

例如，113001 中行转债（已退市）在 2014 年 1 月底的时候价格接近 95 元，对应的到期收益率大约是 5%，而此时中国银行发行的次级债到期收益率也差不多是 5%，那么可以说此时中行转债已经跌到了债券底。

不过债券底不是固定的，如果 2014 年 1 月中行的次级债继续下跌，收益率升高到 6%，那么中行转债的债券底也会向下走到 92 元左右，此时其到期收益率提高到 6%。

★回售收益率

是指投资者持有可转债到允许回售的时间，如果股价满足回售条款，投资者将可转债以回售价格卖给发行人获得的投资回报率。

回售收益率也是衡量可转债防御性的重要指标。回售收益率越高，说明因股价下跌导致可转债回售给发行人获得的投资回报率也越高。虽然到了回售期并不一定能满足回售条件，但也封死了可转债对应正股的下跌空间，或者说到达回售期后，如果可转债价格还低于回售价的话，此时即使正股下跌，对投资者也是有利的，这相比持有可转债到期赎回，又多了一层防护甲。

类似到期收益率的计算方法，回售收益率计算过程中，将到期日改为回售起始日，到期赎回价格改为回售价格。而久期是指可转债距离回售初始日的时间。而回售底是假设回售收益率等于纯债年化收益率倒推出来的可转债价格。

但要注意一点，相比债券底而言，回售底不是刚性的，因为可转债正股的价格很可能在低于转股价，但又不触发回售价格的狭窄区域震荡，此时可转债也处于债性区域，但是回售又没有触发，所以很有可能跌破回售底。例如，2014 年 1 月的 110019 恒丰转债（已退市），当时已经处于回售期，回售价格 105 元，但是债券价格仍然跌到 96 元，相比回售底折价接近 10%。

不过通常而言，股票价格不可能永远窄幅波动，所以跌破回售底（通常是已经处于回售期）的可转债，机会远大于风险。

股性估值

★转股成本

既然说可转债有股票的属性，那么我 110 元买入某个可转债，对应我多少钱买的股票呢？这就是转股成本的概念。

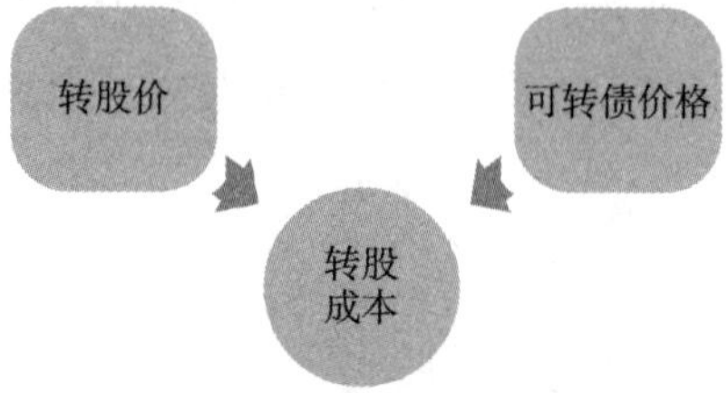

图 3－5 可转债转股成本

如图 3－5 所示，转股成本由投资者买入可转债的价格及可转债的转股价两个因素所决定，用公式表示为：

转股成本 =（转债价格/转债面值）× 转股价

例如某个可转债，转股价 10 元，可转债面值 100 元，可转债价格 150 元，则：

转股成本 = (150/100) ×10 =15 元

投资者花 150 元买入面值为 100 元的可转债，转股价 10 元，一张面值 100 元的可转债能转换 10 股股票（100 元/10 元）。投资者花费 150 元可以获得 10 股股票，很显然转股成本 =150 元/10 股 =15 元/股。

★转股溢价率

买可转债等于买该可转债对应的股票，但是转股成本并不是和正股的价格等同，比如上面的例子中，投资者 150 元买的可转债，对应的转股成本是 15 元/股，而此时股票的价格可能是 14 元/股，中间有一个差值，就叫作转股溢价率。

图 3 –6　可转债转股溢价

如图 3 –6 所示：

正股价格 + 转股溢价 = 转股成本

或者：

转股溢价 = 转股成本 – 正股价格

例如上面的例子，转股成本是 15 元/股，正股股价是 14 元/股，那么：

转股溢价 =15 –14 =1 元/股

为什么叫转股溢价而不是转股折价？这是因为当可转债进入转股期（允许转股）后，如果出现转股折价，也就是转股成本比正股价格还低，投资者可以直接买入可转债，并转换成股票，然后在市场中卖出，获取套利收益。

比如前面的例子，如果正股价格是 16 元/股，那么投资者 150 元买入可转债，转股后卖出，每股就赚了 1 元，大家都会这么做，此时就会抬高可转债的价格，也就是 150 元买不到可转债了，或者压低正股的价格，也就是 16 元卖不出去了。最终套利的力量，会使得转股溢价重新大于 0。

转股溢价率 = 转股溢价/正股股价

例如上面的例子，正股股价 14 元/股，转股溢价 1 元/股，则：

转股溢价率 = 1/14 = 7.14%

转股溢价率越小，说明可转债的进攻性越好。例如转债的转股溢价为0，则说明买转债和买股票成本一样，那么未来股票上涨，可转债可以完全同步上涨。

转股溢价越大，说明可转债的进攻性越差。例如某个可转债，转股成本是20元，股价10元，转股溢价率100%。此时即使正股从10元涨到20元，对应的可转债都可以不涨，只是转股溢价率从100%减少到0。

所以转股溢价，实际上是可转债投资者为了获取防御性而损失的进攻性，就好比拿利剑去进攻对方手中的盾牌，如果盾牌很薄（转股溢价率很低），则利剑就可以很容易刺穿盾牌并继续攻击；但是如果盾牌很厚（转股溢价率很高），就必须要花很大的力气刺穿盾牌才能继续攻击，此时也许只有当股市大行情出现时，可转债投资者才能跟随获利。

★转股价下调

转股价下调可以增加可转债的股性。前面讲了，如果可转债的转股溢价率非常高，那么这个可转债的进攻性将变得非常弱，即使股市出现很大的上涨，有可能也无法撬动可转债价格的上涨。

但是如果转股价下调了呢？

首先是降低了转股成本，对于相同的正股价格，转股成本越低，转股溢价率也就越低，所以下调转股价也就降低了转股溢价率，从而增加了可转债的进攻性。

当股市大跌的时候，所有可转债都希望能下调转股价，但是愿望能不能实现，主要由以下几个因素来决定。

转股价低于净资产的可转债，通常没有下调的空间，这是因为绝大多数可转债的条款都有规定，主动下调转股价不能低于最近一期财报的净资产。

根据这个特征，我们可以得出一个结论，转股价比净资产的价格高得越多，下调的空间也就越大。通常转股价在制定的时候，是参考公司股票价格的，所以也就是PB（市净率）越高的股票，下调转股价的概率越大。

另一方面，民营小企业资金面通常比较紧张，而借贷成本也较高，这就会促使管理层在股价低迷时下调可转债的转股价来促进转股。

★正股波动率

正股波动率是指可转债对应正股历史上的波动情况。如果转债A对应的股票A一年内的最低点是5元，而最高点是10元，说明该股票波动性较大，波动率达到100%；如果一年内的最低点是5元，但最高点只有5.5元，说明该股票波动性较小，波动率只有10%。

由于可转债具有债权和期权双重特征，因此正股波动性越大，对可转债持有者越有利。股票波动性大，有可能是向上波动，也可能是向下波动。如果正股价格是向上波动，则可转债投资者可以兑现期权的收益，幅度越大，期权收益越高；如果正股价格向下波动，则可转债投资者可以兑现债权的收益，即使正股大幅下跌，可转债的债性回报率仍然能够保证。也就是说，正股波动越大，相当于提供给可转债投资者的赌注也越大，而这个赌注，赢了归投资者，输了不需要赔钱，那当然是赌注越大越好了。反之，如果正股波动性很小，则依靠可转债获取超额收益的可能性就小。

整体估值

说完可转债的股性估值和债性估值以后，大家可能有疑问，可转债的整体估值如何判断？图3-7是可转债的估值模型。

以可转债的转股价为分界线，可以将可转债的估值分为股性区域和债性区域两部分。

当正股的价格低于可转债的转股价时，可转债进入债性区域。此时即使正股大幅下跌，可转债价格也不会继续下跌，因为下面有回售底和债券底支撑。转股成本和可转债价格相关，也不会继续下跌，所以随着正股价格的不断下跌，转股溢价率会不断加大。处于债券区域的可转债，如果转股溢价过大，那么正股大涨时，转债的价格也不可能马上跟上。

当正股的价格高于可转债的转股价时，可转债进入股性区域。此时正股上涨，可转债价格几乎同步上涨，转股溢价不断缩小，但是随着可转债价格的上涨，距离回售底和转债底的距离也会越来越远，债性也会越来越

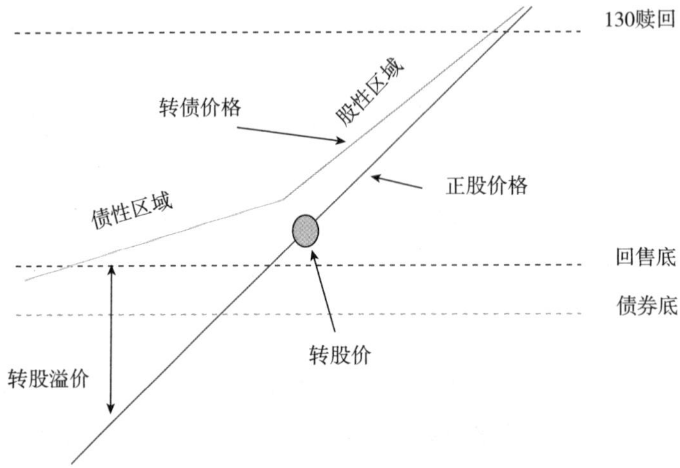

图 3-7　可转债的估值

弱，当正股大跌时，转债价格通常会跟随同步大幅下跌。

当可转债价格超过 130 元时，上市公司可以随时要求提前赎回可转债，此时可转债的投资人必须在限定的时间内将可转债转换成股票，也就是可转债的债券性质和期权性质都会大幅打折，此时如果转股溢价仍然较大的话，可转债投资者将面临不小的风险。

象限图

如图 3-8 所示，根据可转债价格和转股溢价率，将可转债的投资价格分为四个象限。

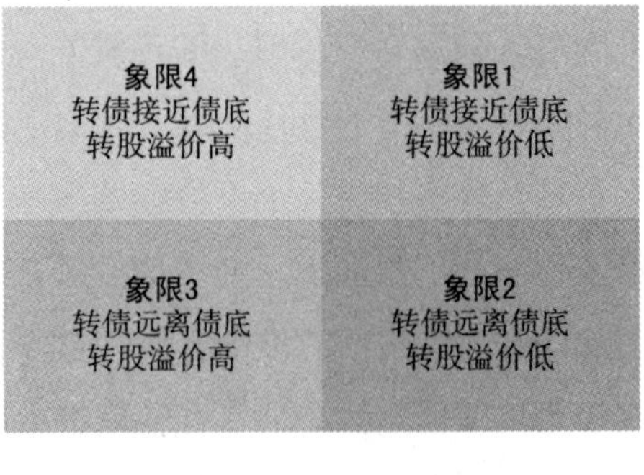

图 3-8　可转债投资象限图

★象限1：可转债价格接近债底，转股溢价率低

此时可转债的债性和股性双强，这是千载难逢的机会，可以重仓。例如，2014 年 7 月，113001 中行转债的价格为 103 元左右，转股溢价率只有 1%，说明此时中行转债的股性和中国银行股票区别很小，此时中行转债的债券底大约是 99 元，可转债价格距离债券底非常接近，即使股市出现大崩盘，中国银行的股票大幅下跌，中行转债最多也就下跌 4% 左右，基本上算是保底了。

下有保底，上不封顶，此时不重仓，更待何时？所以笔者于 2014 年 7 月开始重仓 113001 中行转债，并在后面的行情中获得了超额收益。

★象限2：可转债价格远离债底，转股溢价率低

此时可转债债性弱，股性强，意味着投资可转债已经获利，到了兑现的时候。例如，2014 年 11 月 A 股一轮行情启动，大部分可转债价格脱离债底，涨到 130 元以上。

130 元强制赎回价格是一个关键节点，因为可转债价格超过 130 元，上市公司是有权强制赎回的，一旦提出强制赎回，可转债投资者必须转股卖出，造成正股卖盘增加，股价走弱，连累可转债价格同步走弱。所以，可转债价格超过 130 元，可以考虑逐步减仓。

不过此时很可能出现转股溢价为负的情况，此时可以短期套利，本书第六章第四节会详细介绍。

★象限3：可转债价格远离债底，转股溢价率高

这种情况通常是因为市场情绪造成的，例如转股溢价低的可转债纷纷上涨，引起转股溢价率高的可转债也跟随上涨，并逐渐脱离债券底部。

遇到这种情况，应及早兑现利润出局，因为一旦市场情绪转换，这些转债将是杀跌的首选。

★象限4：可转债价格接近债底，转股溢价率高

此时可转债处于债性区域，安全性高，进攻性不足。例如，110017 中海转债（已退市），股价长期低于转股价，一直被当作纯债看待。

不过象限 4 的债券，也有阶段性兑现利润的机会。第一种情况是市场大涨，造成可转债整体上涨，象限 4 的可转债进入象限 3，那么可以卖出兑现利润。第二种情况是下调转股价，可转债会从象限 4 直接进入象限 1，例如 110017 中海转债最终下调了转股价，进攻性大幅增加。第三种情况是凭借股市超级行情，由于正股大涨而消灭高转股溢价。

第三节　可转债的投资模型

可转债投资模型包括两方面内容，第一是选债模型，第二是持仓模型。

在战场上，统帅必须考虑两方面内容，第一是排兵，第二是布阵。排兵就是选择合适的部队上战场，而布阵是不同的部队之间的相互配合。

选债模型其实就是排兵，单纯从某个可转债本身的性价比出发，考虑是不是值得买入。而持仓模型就是布阵，考虑不同可转债品种之间的组合，并针对不同的市场行情，思考如何发挥最大的效率。

选债模型包括三种类型：

一是债券彩票型，针对象限 4 的可转债，可转债接近债券底部，但是转股溢价高。

二是博弈转股价型，也是针对象限 4 的可转债，但是更关注转股价格下调的概率。

三是正股替代型，针对象限 1 和象限 2 的可转债，最关注转股溢价。

持仓模型包括两种类型：

一是三五二阵形。

二是可转债 + 正回购。

选债模型——债券彩票型

债券彩票型可转债，是指选择债券收益率高的可转债品种，例如 2013 年 12 月的南山转债、中海转债、博汇转债等，他们的债券回报率都超过 5%，接近同期限纯债的投资回报率。但是这些品种都有一个特点，就是转股溢价率高，进攻性较弱，所以大部分时间只能吃债券利息，但是也有可能遇上一轮大行情，就好像中了彩票一样，赚到额外的收益。

这种类型的可转债，有以下五个特征：一是债券到期收益率高；二是回售收益率高；三是转股溢价高；四是 PB 较低，无法下调转股价；五是市场炒作信用风险。

最典型的债券彩票型可转债要数南山转债。2008 年底和 2004 年初，南山转债两次年化收益率都超过 7%，收益率不逊色当时的纯债，这两次南山转债的价格都跌破 90 元，市场中也有信用风险的传闻，但如前面所述，可转债的信用风险实际上很小，最终的结局是，这两次南山转债都涨过 130 元，都提前赎回了。其实彩票型可转债的中奖概率一点也不小，历史上大部分可转债的结局都是提前赎回。

另一个例子是恒丰转债，2014 年初，恒丰转债价格下跌到 96 元，并处于回售期，此时正股涨跌都会牵引转债价格上涨，最终由于股市行情启动，恒丰纸业的股票选择向上突破，最终恒丰转债也涨过 130 元，提前赎回了。

债券彩票型可转债的投资策略是，一边安心吃利息，一边等待正股突发暴涨的机会，如果遇上了，就获取超额的彩票收益；即使遇不上，持有到期也是一笔不错的买卖。

该策略适合用投资者的防御型仓位，可以部分替代纯债的功能。

选债模型——博弈转股价型

可转债下调转股价对于投资者而言是极大的利好，能够增加可转债的进攻性，但下调转股价需要满足四个条件。

（1）正股下跌的幅度要足够大，并满足下调转股价的条件。通常波动性越大的股票，越容易实现下调转股价的条件。

（2）下调后的转股价不能低于公司的净资产。转股价跌破净资产的可转债，就没有下调的余地。

（3）公司有很强的融资需求，不希望到期赎回可转债，而希望提前转股。

(4) 大股东一股独大，这样股东大会讨论的时候不容易被否决。

满足第一个条件的，通常是小盘股，因为中国股市中，小盘股的波动性要大大高于大盘股。满足第二个条件的，必须是高 PB 的股票，因为 PB 低的话，股价跌破净资产，就会对下调转股价造成困难。满足第三个条件的，通常是想做大又缺钱的公司。

所以，以下调转股价和波动性为核心的博弈策略，就是寻找缺钱的小盘高 PB 转债。表 3 -2 是下调转股价的几个例子。

表 3 -2 可转债下调转股价情况汇总

可转债	下调转股价时间	调前转股价（元）	下调后转股价（元）	下调幅度
石化转债	2011 年	9.5	7.28	23.4%
巨轮转 2	2012 年	8.05	5.47	32.0%
重工转债	2012 年	6.05	4.93	18.5%
中行转债	2013 年	3.44	2.99	13.1%
民生转债	2014 年			否决

大部分下调可转债的决议最终都通过了，唯独民生转债失败，原因是民生银行股权分散，小股东认为可转债下调转股价摊薄自己的收益而否决。

选债模型——正股替代型

有一部分可转债，转股溢价一直很低，甚至接近 0，如果投资者看好该转债对应的正股，可以通过转债来代替投资正股。

如图 3 -9 所示，2014 年 7 月开始，113001 中行转债的转股溢价率开始低于 2%，甚至一度接近 0，此时看好中国银行股票的人，可以选择拿中行转债替代中国银行股票。

既然是正股替代，那么就比较一下转债和正股，有哪些优势和劣势？

优势 1：持有可转债，相比持有正股，可以多赚债券利息。

例如持有中行转债 1 年，如果没有被强制赎回，那么持有人可以拿到 1.36%（1.7% ×0.8）的债券利息。这部分收益是独立于转股溢价率的，

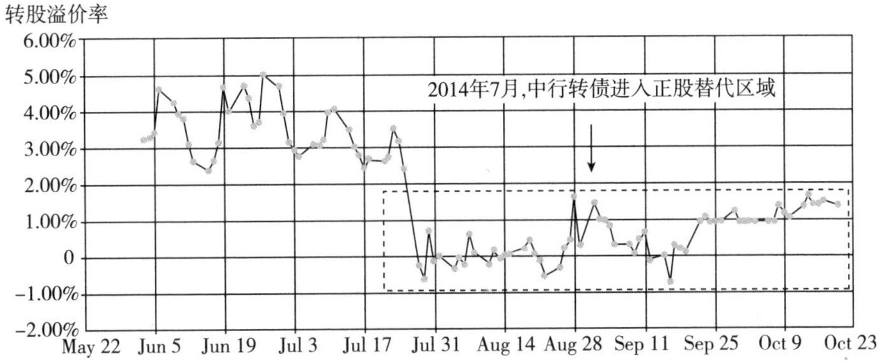

图 3-9　可转债正股替代模型（中行转债）

也就是说持有转债比持有正股多赚一笔债券利息。

优势 2：持有可转债，相比持有正股，不交红利税。

按照可转债的合同，正股分红会下调转股价，下调部分相当于税前分红额。例如中国银行一年分红 0.2 元（税前），那么可转债转股价就下调 0.2 元。投资正股，是拿不到 0.2 元分红的，如果持有不到 1 年，需要缴纳 20% 的红利税，也就是只能拿到 0.16 元；即使持有超过 1 年，也需要缴纳 5% 的红利税。而投资可转债，转股价却能完整下调 0.2 元，相当于规避了红利税。

优势 3：持有可转债，如果正股价格远超过转股价，分红还会带来额外的收益。

还是以中行转债为例，2014 年的转股价是 2.62 元，假设中国银行股票价格涨到了 5.24 元，此时转股溢价率为 0，那么转债价格就是 200 元。

假设此时中国银行分红 0.22 元，股票除权，可转债下调转股价，转股价 2.4 元，股价 5.02 元。如果此时转股溢价率还是 0，那么转债价格应该是多少？

转债价格 = (5.02/2.4) ×100 元 = 209 元，也就是相同的转股溢价率，分红后，可转债价格升高了，即分红后可转债投资者多赚了 4.5% 的利润。

优势 4：持有可转债，下跌保底。

即使出现了极端情况，中行转债仍然提供保底的能力，投资者最后可以 106 元的价格赎回，而股票下不保底。

优势5：可转债可以做正回购。

中行转债可以做正回购，融资成本3%，资金可以直接用于任何用途，例如打新股。而拿中行股票通过融资融券做抵押，融资成本8.6%，资金用途还被限制，要打新股还必须绕标的，非常麻烦，且增加额外的成本。

优势6：可转债交易成本低。

股票交易，卖出需要缴纳0.1%的印花税，股票的交易佣金也远高于可转债的交易佣金。

当然，拿中行转债替代中国银行股票，也可能存在劣势，例如市值打新的政策下，中行股票可以拿来做打新股的市值，而中行转债是不行的。

综合可转债和正股的优缺点，投资者可以根据自己的需求，选择是否用转债来替代正股做投资。

持仓模型——三五二阵形

足球是攻守兼备的运动，每次出战之前，主教练会选择合适的阵型。投资也是一样，假如我们的对手是市场先生，那么选择合适的阵型，就能够胜多败少，战胜市场，保持财富稳健增长。下面介绍一下可转债投资的三五二阵型。

可转债投资三五二阵型，是指30%防御性转债，50%平衡性转债，20%进攻性转债，并且根据市场的变化随时调整。

防御性转债，是指YTM大于3%的可转债。如果是公司评级不够，则需要更高的收益率，但是对转股溢价不要求，通常转股溢价大于20%，例如2014年1月的南山转债。这种转债，当作债券持有也有不错的收益率，如果正回购的话，债券利息大于正回购支付的利息。防御性转债，相当于足球场上的后卫球员，主要的作用是防守。

平衡性转债，是指YTM大于0的可转债，但要求转股溢价率低于5%。例如2014年1月的中行转债、国电转债，投资者持有到期，不会亏损，但是如果做正回购的话，需要补贴一部分利息。平衡性转债，相当于足球场上的中场球员，攻守兼备，是攻防转换的最佳选手。

进攻性转债，是指转股溢价低于2%，甚至为负数的可转债，例如2014年7月的中行转债。投资者希望正股上涨获得收益，如果正股下跌较多的话，持有转债也会有一定的损失。进攻性转债，相当于足球场上前锋球员，是进攻破门的先锋。

选择可转债三五二阵型与市场先生对阵，有以下几种情况。

当市场先生进攻时（大盘下跌），平衡性转债下跌变成防御性转债（中场球员回撤到底线），进攻性转债下跌变成平衡性转债（前锋球员回撤到中场），此时，需要抓住时机将部分防御性转债转换为平衡性转债，一旦市场出现转机（球权回到我们手中），则马上打防守反击，则轻松破门。例如2012年12月，将防御性的中行转债换成平衡性的石化转债，反弹中可以多赚8%。

当市场先生防守时（大盘上涨），平衡性转债上涨为进攻性转债（中场球员进攻到对方的禁区），此时需要抓住时机将部分进攻性转债转换为平衡性转债，一旦进攻失败，市场先生打反击，则能迅速防住对方的攻势，不至于被市场先生轻松破门（大盘大跌造成收益的巨大损失）。例如2013年2月，将进攻性的工行转债换成平衡性中行转债，在市场大跌中，可以少损失10%左右。

有部分投资者采取全攻全守的阵型。一种投资者，是极端保守型的投资者，他们买入100%仓位的防御性转债，把所有队员都放置在禁区附近，防范市场先生的进攻（害怕大盘跌），虽然不容易丢球，可是当市场出现转机时（拿回球权时），却没有能力反击。例如满仓新钢转债，基本上错过2012年底的反弹行情。另一种投资者，是极端进取型的，发现机会后，100%仓位的进攻性转债，就好比所有队员都冲向对方禁区，期望快速破门得分，而忽略了市场先生的反击能力，一旦球权丢了，就一败涂地，容易被对方反击得分。例如2014年有人满仓同仁转债，就有可能遭遇较大的损失。

所以，采用转债三五二阵型，通过防守反击的策略，应该可以大概率战胜市场先生。类似的，足球场上的强队，也是攻守平衡，并擅长打防守反击。

当然，如果某个特殊时刻，某个可转债同时具备防御、中场、进攻，例如2014年7月的中行转债，那么什么也别说，重仓买入吧，最强明星阵容的球队出场，你还怕失败吗？

持仓模型——可转债+正回购

在固定收益一章中我们介绍过正回购，其实可转债也能提供正回购质押，操作的方法和债券正回购完全一致。

AAA评级的可转债，质押率可以达到70%，按券商0.9标准券可用计算，最大仓位可以到250%，大大提高了转债的进攻性。

但是可转债上杠杆也是有风险的。当转债价格处于股性区域，也就是转债保底不强的时候，杠杆转债的风险会很大，因为杠杆放大了收益，同时也放大了风险。

选择杠杆转债，安全线是债券收益率超过3%，这样债券收益基本上能够完全覆盖正回购成本。另外，尽量不要选择长久期转债，因为转债久期越长，转债债券底的波动性也越大，加杠杆风险也越大。

下面介绍笔者操作的一个可转债+正回购的投资案例，该案例2014年8月曾发布于社交媒体雪球。

中行转债是我的老朋友，2013年差不多拿了一整年，虽然收益有限，但也帮我回避了2013年的股债“双杀”。2014年初为了抄底其他品种暂时离开了一段时间，不过现在我又买回中行转债，下面说一下它的好处。

第一，中行的业绩尚好。2014年1季度报，同比利润增速13.41%，分红率7.2%，两者相加就是20.61%，在整个银行股板块中业绩中等偏上。

第二，中行估值很低，动态市盈率只有4.17倍，市净率0.83。对应的市盈率，浦发4.25，招行4.65，交行4.44，工行4.3。

第三，中行转债相比中国银行正股，估值更低。因为：(1) 中行转债基本上转股平价。(2) 中行转债相比中国银行正股，多1年的债券利息1.7%（每年6月2日支付利息），所以相比中国银行股票，持有10个月可以多赚 1.36%（扣税以后）。(3) 中行正股吃股息要扣税，中行转债可以避掉股息税。

第四，中行转债更安全，因为 103.4 元的价格，对应的债券收益率是 2.26%，久期 1.84，最差就是 1 年多赚个小钱，到期回售。

第五，中行转债可以做正回购，最大可以放大到本金的 250%，按回购年平均利率 3.5% 计算：(1) 最差到期回售，收益 =2.26% ×2.5 - 3.5% ×1.5 =0.4%，不到 2 年时间，还能勉强保本。(2) 如果真有小牛市，中行的股票涨 30%，中行市盈率重上 5 倍以上，那么杠杆后的收益率超过 70%。

看了这些，你觉得中行转债是不是很有吸引力呢?

笔者 2014 年 8 月重仓 113001 中行转债，成本在 103 元附近，并做了正回购。2014 年 11 月，中国银行股票启动，中行转债价格果然涨到了 130 元以上，最高涨到了 150 元以上，笔者的中行转债一部分轮动到石化转债（三五二模型），后来在 130 元附近清仓。

| 第四章 |

分级基金

第一节　什么是分级基金

基本概念

分级基金又叫“结构型基金”，是指在一个投资组合下，通过对基金收益或净资产的分解，形成两级（或多级）风险收益表现有一定差异的基金品种，并根据份额类型分别给予不同的收益分配。

分级基金的产品逻辑如图 4－1 所示：

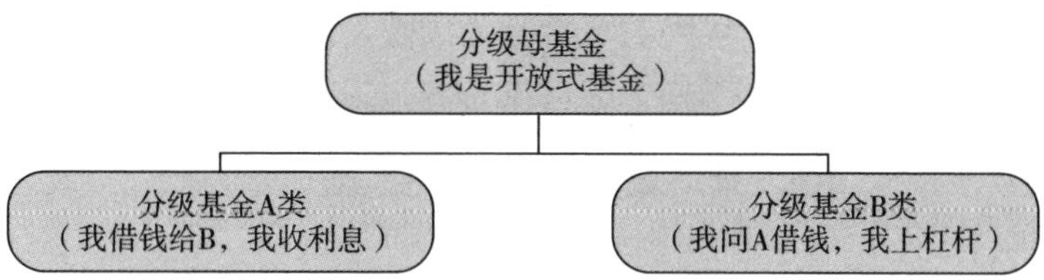

图 4－1　分级基金产品逻辑

大部分分级基金，实际上包含三种类型的基金，分级母基金、分级基金 A 类和分级基金 B 类。

分级母基金就是普通的开放式基金，投资者可以在产品发行的时候认购母基金。在产品开始运营后，可以申购母基金，也可以赎回母基金。

分级母基金的资产按基金合同约定的比例，划分为分级基金 A 类和分级基金 B 类，A 类和 B 类净值之和等于母基金的净值。母基金、分级基金 A 类、分级基金 B 类都有各自的交易代码。

以富国创业板分级基金为例，母基金的代码为 161022；创业板 A 的代码为 150152；创业板 B 的代码为 150153。A∶B＝5∶5，也就是每十份创业板母基金，可以拆分为五份创业板 A 加上五份创业板 B。

假设 150152 净值为 1.1 元，150153 净值为 1.3 元，则：

161022 净值＝0.5×1.1＋0.5×1.3＝1.2 元

分级基金 A 类，相当于借钱给别人炒股，而借钱的对象，就是分级基金B。分级母基金的净值涨跌和分级基金A类没有任何关系，分级基金A类每年只能拿到固定的收益。

分级基金B类，相当于借钱炒股，可以享受母基金上涨的全部收益，但也必须承担母基金下跌的全部亏损。另外，分级基金B类每天都要向分级基金A类支付利息，并承担母基金的所有管理费用，分级基金A类不承担任何母基金的管理费用。

基本操作

★母基金认购、申购和赎回

投资者可以通过场内基金的界面实现母基金的认购、申购和赎回操作，如图4－2所示，基金代码填写母基金代码，例如161022。

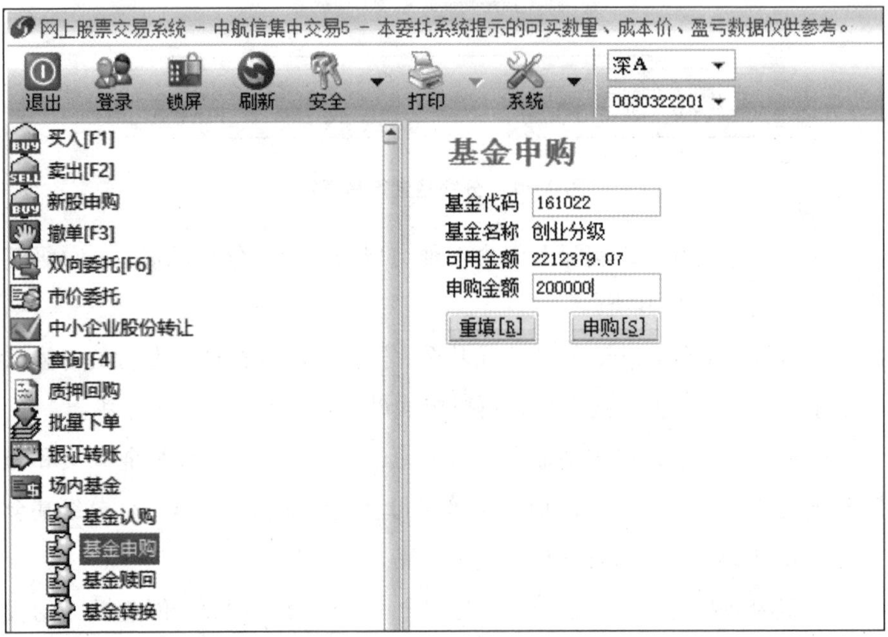

图4－2　分级基金的申购

所有分级母基金的认购、申购和赎回，都会有相应的费率，表4－1是富国创业板分级的申购及赎回费率。

表 4-1　分级基金的费率

前端收费的申购费率			前端收费的赎回费率
申购金额（M）			固定的 0.5%
M < 100 万	100 万 ≤ M < 500 万	M ≥ 500 万	
1.2%	0.8%	1000 元	

★场内交易

投资者可以通过交易软件场内买入或者卖出分级基金 A 类或者分级基金 B 类。例如一个稳健型的投资者希望买入 10 万份创业板 A，则可以通过交易软件买入 10 万份 150152；另一个进取型的投资者希望买入 10 万份创业板 B，则可以通过交易软件买入 10 万份 150153。

深圳的分级基金，投资者不能直接通过二级市场交易母基金，只能通过申购或者赎回的方式交易。而上海的分级基金，投资者既可以通过申购或者赎回的方式交易，还可以直接在场内进行交易。

★基金拆分和合并

基金拆分：投资者可以将证券账户中的分级基金母基金拆分成为分级基金 A 类和分级基金 B 类。

基金合并：投资者可以将证券账户中的分级基金 A 类和分级基金 B 类合并成为分级母基金。

如图 4-3 所示，在基金拆分或者合并的界面中，输入母基金代码，例如 161022，就可以实现基金的拆分和合并了。

折算

★定期折算

分级基金 A 类借钱给 B 类炒股，那么如何收取利息呢？

按照分级基金的合同，分级基金 A 类的净值每天都会增长，到了某一天，基金公司会将净值超过 1 以上的部分，以母基金的方式返还给分级基金 A 类的投资者，这就是分级基金的定期折算。

分级基金 A 类的投资者拿到了母基金的份额，可以选择赎回，也可以

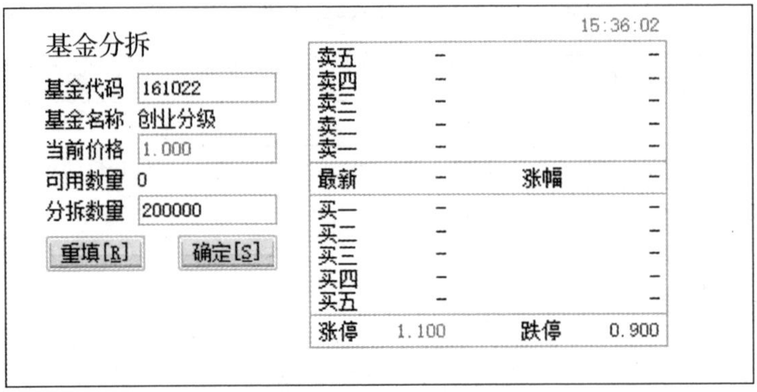

图 4－3　分级基金的分拆

选择分拆卖出，下面举一个例子说明定期折算。

David 持有 150152（创业板 A）共 10 万份，到了 2016 年 1 月 4 日，150152 定折，其净值从 1.055 元（5.5% 收益率）回归到 1 元，此时 101022（创业分级母基）的净值是 1.2 元，那么 David 通过定折可以拿到的份额 N 是多少？

N＝10 万×0.055/1.2＝4583 份

此时 David 可以赎回这部分母基金，假设赎回时净值还是 1.2 元，赎回费 0.5%，则赎回拿到的钱 M 是多少呢？

M＝4583×1.2×(1－0.5%)＝5472 元

也就是说，David 持有创业板 A 一年的投资收益是 5.472%，这个数字比理论值 5.5% 少一些，这是因为赎回母基金支付的赎回费造成的。

当然，David 从定期折算到拿到母基金赎回，还要承担 4583 份母基金 2 天的净值波动，假如 David 运气不好，这两天母基金净值下跌 5%，则 David 赎回拿到的钱 M 是多少呢？

M＝ 4583×1.2×0.95×(1－0.5%)＝5199 元

也就是说，David 投资创业板 A 一年只赚到了 5.199% 的投资收益，低于理论值。不过也许 David 运气好，这两天母基金净值上涨了，那么 David 还能多赚一点。

★基金下折

分级基金 A 类借钱给 B 炒股，B 把钱亏光了怎么办？为了防止分级基金亏损过大造成分级 A 亏损，当分级 B 的净值跌破阈值的时候，此时必须把分级基金的大部分资产划拨给分级 A 的持有者处置，这就是分级基金的下折。

下面拿借钱炒股的例子来说明分级基金的下折。假设 A 借 100 元给 B 炒股，B 自己出 100 元，那么账户中总共有 200 元。B 炒股亏损，200 元亏损到 125 元，此时 A 不干了，因为再亏损可能把 A 的本金都亏掉了，于是 A 把自己的 100 元拿回来，剩下 25 元还给 B，这样 A 的资金就安全了。后面 B 还可以继续向 A 借钱，但是因为 B 只有 25 元的本金，则 A 只借给 B 25 元，剩下的 75 元资产则由自己处置，比如卖出。

大部分分级 B 的下折线就是净值 0.25 元，下面举一个实际的例子说明分级基金下折的步骤。

假设某分级 A 净值 1.06 元，分级 B 净值 0.24 元，A∶B＝5∶5，母基金净值 0.65 元，触发下折了。下折前，分级 A 和分级 B 各 1 万份。下折以后，分级 A、分级 B、母基金的净值都归 1。

（1）分级 B 的净值归 1，但是分级 B 份额变成 2400 份，分级 B 持有者资产不变。

（2）分级 A 的净值归 1，为了保证比例一致，新分级 A 的份额也变成了 2400 份，而老分级 A 的资产减去新分级 A 的资产，就是分级 A 持有者下折后分到的母基金，母基金份额＝1.06×10000－1×2400＝ 8200 份。

分级基金下折后的基本步骤如下：

T 日：分级基金 B 类的净值低于下折点，触发下折，基金公司发布不定期折算的公告。

T＋1 日：不定期折算的基准日，假设收盘时 A 类的净值为 X，B 类的净值为 Y，基金公司依此进行折算，这一天停止分级基金的拆分、合并及申购、赎回操作。

T＋2 日：停牌一天，晚上分级 B 的持有者份额缩水，分级 A 的持有者分到新的 A 类和母基金。

T＋3 日：重新开放分级基金的拆分、合并及申购、赎回操作。

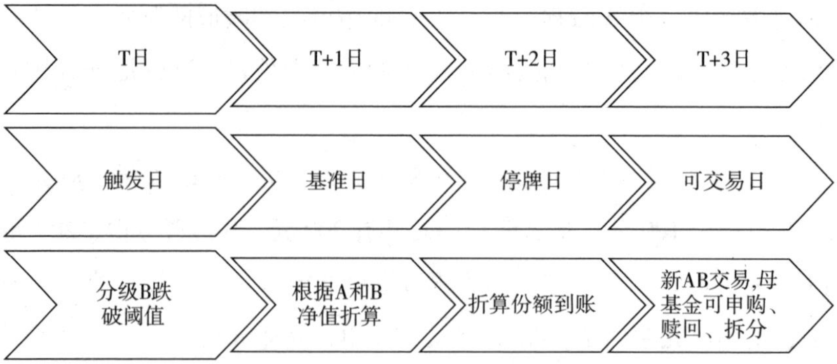

图4－4　分级基金下折流程

★基金上折

分级基金A类借钱给B炒股，B能不能把赚的钱拿出来？

下面还是拿借钱炒股的例子来说明分级基金的上折。假设A借100元给B炒股，B自己出100元，那么账户中总共有200元。B炒股赚钱，200元变成了300元，此时B取走100元，这个时候账户又变成了200元，其中100元是B向A借的。

下面举一个实际的例子说明分级基金上折的步骤。

假设某分级A净值1.06元，分级B净值2.04元，母基金上折阈值1.5元，A∶B＝5∶5。母基金净值1.55元，触发上折了。上折前，分级A和分级B各1万份；上折以后，分级A、分级B、母基金的净值都归1。

（1）分级A的净值归1，份额还是1万份。分到的母基金份额＝$1.06\times10000-1\times10000=600$份。

（2）分级B的净值归1，份额还是1万份。老分级B的资产减去新分级B的资产，就是分级B持有者上折后分到的母基金，母基金份额＝$2.04\times10000-1\times10000=10400$份。

下面描述一下分级基金上折后的基本步骤

T日：母基金净值高于上折点，触发上折，基金公司发布不定期折算的公告。

T＋1日：不定期折算的基准日，假设收盘时A类的净值为X，B类的净值为Y，基金公司依此进行折算，这一天停止分级基金的拆分、合并及

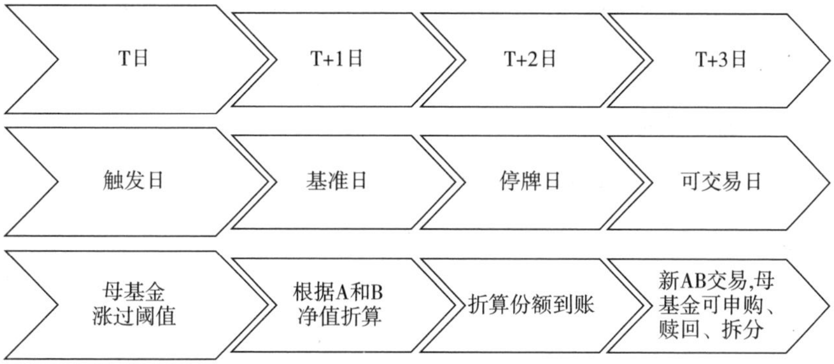

图 4－5　分级基金上折流程

申购、赎回操作。

T＋2 日：停牌一天，晚上分级基金 A 和 B 的持有份额不变，并分得母基金。

T＋3 日：重新开放分级基金的拆分、合并及申购、赎回操作。

第二节　分级基金 A 类

基本概念

分级基金的 A 类具有类似债券的特征，所以成为低风险投资者所喜爱的品种。根据分级 A 类的存续时间，可分为有期限 A 类基金（少数）和永续 A 类基金（大多数）。

有期限 A 类基金和债券没有太多区别。假设持有 100 份净值为 1 的分级基金 A 类，约定收益率是“一年期定期存款利息 +3.5%”，存续期是三年，这和持有一张面值 100 元的三年浮息债（ +3.5%）的收益率完全相同，投资的方法可以参考债券章节，此处不再介绍。

永续 A 类基金的期限是永久的，相当于永续债，可以看成是“存本取息”。

部分投资网站会实时根据A类基金的价格、剩余年限等信息，计算其收益率，如表4-2所示。投资者可根据收益率、剩余年限、利率、折价率，合理选择投资品种。

表4-2 部分可交易分级基金A类

代码	名称	现价（元）	涨幅	成交金额（万元）	净值（元）	折价率	利率	收益率	剩余年限
150071	盛世A	1.089	0	0	1.1140	2.24%	6.50%	7.70%	1.25
150098	同庆800A	1.025	0.39%	230.32	1.0390	1.35%	6.50%	7.55%	1.40
150085	中小板A	1.020	-0.10%	215.56	1.0417	2.08%	6.50%	7.22%	3.36
150117	房地产A	1.065	0.66%	484.50	1.0620	-0.28%	7.00%	6.98%	永续
150152	创业板A	0.952	0	1118.31	1.0190	6.58%	6.50%	6.97%	永续
150145	300高贝A	0.965	-3.02%	16.59	1.0270	6.04%	6.50%	6.93%	永续
150059	银华金瑞	0.942	0.32%	2653.75	1.0010	5.89%	6.50%	6.91%	永续
150104	华安300A	1.006	1.93%	0.04	1.0640	5.45%	6.50%	6.90%	永续
150150	800有色A	0.900	0	14.49	1.0020	10.18%	6.20%	6.90%	永续
150130	医药A	1.037	0.39%	949.65	1.0232	-1.35%	7.00%	6.90%	永续
150047	银华瑞吉	1.088	0	0	1.0690	-1.78%	7.00%	6.87%	永续
150083	广发100A	1.010	0	30.72	1.0643	5.10%	6.50%	6.87%	永续
150051	信诚300A	0.883	0.68%	654.03	1.0020	11.88%	6.00%	6.81%	永续

无期限的分级A真的是永续债吗

通常我们认为，无固定期限的分级基金A类，相当于和分级基金B类签订了一个还息不还本的合同，也就是说永续型分级基金A类，每年只能通过定期折算将净值超过1的部分折算成母基金，但本金是永远拿不回来的。但事实真的如此吗？

对于大部分分级基金，A与B之间的比例是5∶5，而分级B的低折线是0.25元，如果分级A的净值为1元，分级B净值跌破0.25元，意味着母基金的净值跌破（1+0.25）/2=0.625元，也就是母基金下跌37.5%，这时分级B就会触发下折。

再考虑分级B支付给分级A的利息，按一年6%成本计算，如果熊市维持一年，则分级A的净值为1.06，只需要母基金下跌(1.06+0.25)/2=0.655元，也就是母基金下跌34.5%即可触发下折。熊市维持的时间越长，母基金需要下跌的幅度越小就能触发下折。

翻看中国A股的历史，市场波动还是很大的，2000—2005年，股市从2200点跌到998点，如果这个时间有分级基金，必然触发下折。2005—2010年，股市有一波从6124点到1664点的下跌，这波熊市，分级基金可以下折2次。2010—2015年，股市从3478点下跌到1849点，触发银华金利、金瑞等分级基金下折。2015年6月末到7月初的跳水行情，也有超过十只分级基金触发下折。

从历史经验看，A股基本每隔5年就有一波不小的熊市，分级基金A类完全可能在此期间内实现低折，所以无期限的分级基金A类并不是永续债，也许用5年期的债券来模拟更为合适。

永续分级基金A类收益率的计算

目前永续分级基金A类在收益率的约定上，都是采用浮息的计算方式，例如创业板A，其分红就约定为“1年期存款+3.5%”。目前的一年期存款利率为2%，那么当前创业板A的分红率就是5.5%。如果央行将一年期存款利率上调到2.5%，那么过了定期折算日以后，创业板A的分红率就上调到6%。

由于分级基金A类的价格相比净值有折价或者溢价，所以实际收益率和约定利息不一致。首先我们忽略分级基金下折的影响，对于永续的分级基金A类，假设A类基金的净值为$P1$，A类基金的价格为$P2$，当前约定的分红率为m，则该A类基金的年华收益率是多少呢?

如果我们不考虑当期分红，$P=m\times P1/P2$，因为$m\times P1$就是我买这个分级A一年能获得的收益，而$P2$是我支付的价格，所以$m\times P1/P2$就是我以目前的价格购买该分级A，每年获得的回报率。

考虑到分红后分级A净值归1的影响，再计算一个分级A收益率的修正值：

$P = m \times 1/(P2 + 1 - P1)$

$m \times 1$ 就是我买这个分级 A 一年能获得的收益，$P1 - 1$ 是本期的分红，$P2 - (P1 - 1) = P2 + 1 - P1$ 就是投资分级 A 的实际成本（扣除本年的分红），所以 $m \times 1/(P2 + 1 - P1)$ 就是考虑分红的投资回报率。

举一个例子，创业板 A 的净值 1.05 元，价格 0.95 元，当期约定分红率 5.5%，那么

（1）不考虑分红 $P = 5.5\% \times 1.05/0.95 = 6.079\%$。

（2）考虑分红 $P = 5.5\% \times 1/(0.95 + 1 - 1.05) = 5.5\%/0.9 = 6.111\%$。

从上面公式可以看出，不考虑分红计算的收益率要低于考虑分红计算得出的收益率，不过两者相差仅 0.032%。

如果考虑低折对永续分级 A 的影响，则计算过程类似前面所述债券的收益率计算方法，也就是 Yield 公式，其中久期是近似值，就是预期多长时间该分级 A 会低折。

Yield（settlement，maturity，rate，pr，redemption，frequency，basis）

其中，settlement 是当前日期；maturity 是债券到期日；rate 是票面利息；pr 是债券价格；redemption 是债券面值；frequency 是付息类型，1 为按年付息；basis 可以省略。

假设，创业板 A 的净值 1.05 元，价格 0.95 元，当期约定分红率 5.5%，5 年低折，用 Yield 公式计算出来的数字是 8%。

还有一种简化的计算方式，上面的例子中，创业板 A 的折价率 = $(1 - 0.95/1.05) = 9.52\%$。

如果 5 年低折，那么每年可以赚到的折价 = $9.52\%/5 = 1.9\%$。

那么投资创业板 A 可以得到的总收益率 = $6.079\% + 1.9\% = 7.979\%$，这个结果和 Yield 公式计算得到的 8% 非常接近。

不过当低折的时候，考虑分到的新 A 类依然折价，而且母基金有赎回费，所以要扣除一部分折价空间，这个数字大约是 4%，那么上面的例子，实际每年可以赚到的折价 = $(9.52\% - 4\%)/5 = 1.1\%$，那么创业板 A 收益率 = $6.079\% + 1.1\% = 7.179\%$。

由于低折的时间本身就是近似值，所以对于分级 A 的收益率也不可能

计算出一个准确的收益率。大家知道了方法，可以按照自己认可的参数和模型进行评估。

信用分析

分级基金 A 类包括两种类型，有下折保护的分级 A 和无下折保护的分级 A。

无下折保护的分级 A（例如 150022），当对应的分级 B 跌破阈值的时候，分级 A 的净值将会随着母基金净值的下跌而下跌，所以是不保底的。对于这种类型的分级 A，需要更高的投资回报率才能弥补风险。

最关键的一点是，无下折保护的分级 A，对应的分级 B 是可以参与上折的，当上折发生以后，相当于分级 B 兑现了利润，可是当股市再度下跌的时候，亏损却需要分级 A 来承担，所以对于无下折的分级 A 而言，长期投资的风险不容忽视。

有下折保护的分级基金 A 类，相当于担保债（拿母基金的资产做担保），当基金下折发生时，类似于违约发生，此时分级 A 可以通过清算担保品（赎回分配给 A 的母基金），来保护自己的利益。

当股市波动不是非常剧烈的时候，有下折的分级 A 其信用风险堪比国债，因为分级 A 在下折后拿到的母基金可以在 2 天后赎回。但是极端情况出现的时候，分级 A 仍然存在信用风险，这种极端情况在 2015 年 7 月 8 日发生了，当时临近下折的分级 A 全面跌停，市场开始怀疑分级 A 的信用风险，这是为什么呢？

（1）2015 年 7 月初，大部分股票天天跌停板，虽然分级 A 下折后拿到的母基金 2 天后可以赎回，但也可能净值遭受巨大的损失。

（2）市场超过 40% 的股票停牌，分级基金面临流动性风险，如果大量的分级 A 投资者赎回资产，可能造成分级基金无股可卖，即使可交易的股票，也可能开盘封死跌停而无法卖出，两方面的原因，最终有可能造成基金巨额赎回，分级 A 的投资者无法快速将担保品兑现掉。

所以有下折的分级 A，其信用风险需要综合考虑普通情况和极端情况。

笔者认为可以类比企业债 A + 到 AA 的信用评级。

投资误区

误解 1：买分级 A 和银行存款是一样的，本金随时可以拿回来，每年定期折算拿利息。

这是对分级 A 最大的误解，很多投资者抱着这样的心态买入分级 A，结果没过多久亏损了 10%，这才大呼上当。

分级 A 最大的特征是永续性，也就是保息不保本，虽然每年定期折算拿到的母基金份额是固定的，但是市场利率波动，股市情况变化，都会影响分级 A 的价格。图 4 – 6 是银华稳进（150018）上市后一段时间净价的 K 线图，可以看得出其价格最大波动的幅度有 30%，所以投资分级 A，绝对不能期望短期内不亏损。

图 4 – 6　银华稳进的 K 线图（净价）

但是，从另一方面来思考，如果把分红计算上，长期看分级 A 一定是赚钱的。考虑到复权价格（算是分红），即使 2010 年底买在了最高点，但是过了 2 年到 3 年，投资者也能解套。

图 4－7　银华稳进的 K 线图（全价）

误解 2：分级 A 保息不保本，由于是永续的，跌起来可以无底洞，涨起来也会涨上天，应追涨杀跌。

虽然单纯从收益率角度来分析，永续分级 A 是很难找到估值的中枢，但是分级 A 也有自己的锚，下面进行介绍。

（1）单纯从永续债券的角度来寻找分级 A 的锚，会发现区间实在太大了，因为按 6% 的投资回报率计算，如果分级 A 跌掉 50%，回报率也才上升到 12%，并不能说非常吸引人，所以收益率这个锚对于分级 A 来说，并不坚固。

（2）基金下折可以为分级 A 提供更强大的锚，如果分级 A 折价 50%，那么下折可以兑现的收益率大约有 100%（0.5 元价格，1 元净值）。如果下折在 5 年内发生，相当于每年兑现 20%，还是很有吸引力的。也许正是因为下折提供的锚，分级 A 的折价率从没有超过 30%。

（3）分级 A 和分级 B 是一个整体，由于母基金可以合并分拆成 A + B，所以当 A 出现大幅折价的时候，B 必然要大幅溢价；同样，当 A 出现大幅溢价的时候，B 会出现大幅折价。分级 B 的折价溢价，也会随着市场情绪变化而变化，所以分级 A 很难长期保持高折价或者高溢价。分级基金 A 和

B之间的配对价值，可以为分级A提供一个短期的锚。

投资策略

★策略一：参考债券，以收益率为核心

分级A本质上是固定收益产品，有下折的分级A，信用风险基本上都是一样的。按照债券的投资逻辑，肯定是哪个收益率高买哪个。

很长一段时间，分级A都是这样定价的，大部分分级A的收益率都是接近的，而不论分级A的约定收益是在一年期存款利率上加3%、3.5%还是4%。此时，通常+3%的分级A以较大的折价交易，而+4%以上的分级A，折价会很小，甚至是溢价交易。

如果忽略分级A的下折，这会是最简单也是最有效的策略。但随着A股市场波动的加剧，以及部分高息分级A，例如+5%分级A（150221中航军A）的出现，单纯以收益率为核心的投资策略出现了问题，主要原因如下：

（1）同样的收益率，对于+3%的分级A会是折价交易，而对于+5%的分级A会是溢价交易。

（2）当出现下折的时候，持有折价的+3%的分级A会获得额外的收益，持有溢价的+5%的分级A，下折反而会出现亏损，因为下折相当于A借给B的钱大部分会收回来，那么投资者溢价买入的分级A，大部分按照净值收回，造成投资者直接的损失。

分级A的市场交易者也慢慢意识到这个问题，于是+3%的分级A的收益率和+5%的分级A收益率开始出现分化：+5%的分级A收益率开始大幅超过+3%的分级A的收益率，因为需要弥补可能出现下折所造成的损失。

★策略二：关注下折，以折价率为核心

既然分级A的折价率越高，一旦出现下折，投资者可以赚到的额外收益率也越高，所以很多分级A投资者根据折价率来投资分级A，哪个A的折价率高买哪个，希望通过未来的下折来赚取超额收益。

关于分级基金下折的详细分析，参考本章第五节。

★策略三：以母基金折溢价为核心

由于分级基金分拆与合并规则的存在，分级A和分级B出现了关联性。

当分级基金出现溢价的时候，套利者可以申购母基金，分拆成分级A和分级B卖出套利，此时分级A会受到套利卖盘的打压，造成分级A价格的下跌，所以笔者不建议在分级基金出现较大溢价的时候购买分级A。关于分级基金溢价套利的详细分析，参考本章第三节。

但是事物都有两面性，正是由于溢价套利盘的出现，可能造成分级A价格被打压得超过预期。当分级基金溢价套利接近尾声的时候，也许就到了分级A短期的买入点。

当分级基金出现折价的时候，套利者可以在场内分别购买A和B，然后合并成母基金并赎回，此时分级A会有套利买盘抬轿而上涨，构成分级A的短线买点。关于分级基金折价套利的详细分析，参考本章第四节。

母基金折价买A等套利盘抬轿，也要适合而止，因为折价套利盘可能造成分级A价格被拱得过高，那么此时又可能成为分级A卖出的最佳时机。

★策略四：综合考虑前三种策略

前三种策略单独考虑，都不是最佳策略，最好能够综合考虑上面三种方法，长期以第一种及第二种策略为主，短期以第三种策略为主，至于具体怎么估值，并没有固定的方法和套路，读者可以尝试给每一种策略适当的权重，来实现三个策略的统一估值。

第三节　溢价套利

起因

分级基金溢价，是指母基金净值小于分级A价格×份额占比与分级B价格×份额占比之和。下面笔者以富国创业板分级基金为例子，描述分级基金溢价的现象。

假设 161022（母基金）晚上公布的净值是 0.9 元，150152（创业板 A）的市场价格是 1.05 元，150153（创业板 B）的市场价格是 0.85 元。

我们都知道，分级基金 A 和 B 是可以合并成母基金的，那么按照市场价格买入 5000 份 150152 和 5000 份 150153，可以合并成 10000 份 161022。

合并后的成本 = 5000 × 1.05 + 5000 × 0.85 = 9500 元，每份的成本是 0.95 元。

聪明的读者可能会发现，算出来的成本 0.95 元比 161022 的实际净值 0.9 元要高 0.05 元，这个差价是不是有赚钱的机会呢?

既然 161022 是开放式基金，就可以按照净值 0.9 元申购，然后再拆分成 A + B，假如能按照当前的市场价格卖出，就能卖 0.95 元（合并和分拆是可逆操作），这 0.05 元岂不是赚到手了？这就是分级基金溢价套利的起因。只要当分级母基金的净值小于 A 加 B 合并后的价格，就存在溢价套利的空间。

看到这里，聪明的读者又会提出疑问，类似 161022 这种母基金的净值都是每天晚上才公布，而 150152 和 150153 都是场内实时交易的，我怎么知道母基金晚上净值会是多少?

实际上，大部分分级基金都是指数基金，例如 161022 富国创业分级，其跟踪的指数就是创业板指数 399006。如果昨天 161022 的净值是 0.9 元，今天的 10 点钟，399006 指数涨了 3%，假设 161022 的仓位是 90%，那么可以估算出今天 10 点钟 161022 的净值 = 0.9 + 0.9 × 3% × 90% = 0.9243 元。

如果此时 150152 的价格是 1.05 元，150153 的价格是 0.87 元，则合并成本为(1.05 × 50% + 0.87 × 50% 借) = 0.96 元。

此时市场价格相对净值溢价为 0.96/0.9243 − 1 = 3.86%。

计算分级基金的实时溢价率还是比较费事的，有部分专业网站提供相关数据，可供投资者参考。

流程简介

溢价套利的流程可以总结为三个字“申、拆、卖”。笔者以深交所的分级基金为例，具体流程如图 4－8 所示：

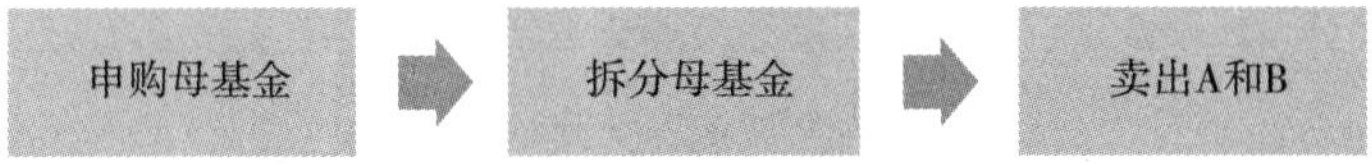

图 4－8　分级基金溢价套利流程

第一步，申购母基金。

投资者通过交易软件“场内申购”母基金，这里要特别注意，只有场内申购的母基金，才能在到账后拆分，而场外申购的母基金，必须做一次场外转场内的操作，才能拆分。

第二步，拆分母基金。

T 日“场内申购”的母基金，T＋2 日可以到账，通常的流程是母基金到账后进行拆分，也就是 T＋2 日拆分。不过也有部分券商可以实现 T＋1 日分拆，此时母基金尚未到账，所以这种方式又被称为分级基金的“盲拆”。可是，我们怎么知道该拆分成多少份呢？

其实可以通过 T 日基金净值，反算自己得到的申购份额。例如，161022 的净值是 0.9 元（T 日），David 申购了 10 万份，申购费率是 1.5%，那么：

申购份额＝10 万×（1－1.5%）/0.9＝109444 份，所以在 T＋1 日 161022 未到账的时间内，在基金分拆的界面中填写的份额为 109444 份，如此就实现了盲拆。支持分级基金盲拆的券商，又称为“文艺券商”，例如华泰证券等。

第三步，卖出 A 和 B。

拆分需要 T＋1 日才能到账，如果盲拆，T 日申购，T＋2 日即可卖出，如果非盲拆，则 T 日申购，T＋3 日才能卖出。

风险点

★风险一：踩踏

生活中常见这样的例子，你看到一篇游记，讲述一个世外桃源，景色非常优美，当你开着车去了以后，发现人山人海，连吃饭的地方都没有，放眼望去一片狼藉，于是你决定回家，可是回家的路被堵得水泄不通，结果进退两难了。

套利分级基金溢价也是如此，当你看到这是机会的时候，别人也同样看到了这个机会，于是大家都去申购母基金，拆分，然后卖出 A + B。本来每天几千万的交易量，结果涌进来几个亿的资金，价格体系完全被破坏，大家都想赶快把拆分后的分级 A 和分级 B 卖掉。

分级 A 是固定收益产品，价格低到一定程度肯定能卖掉，而分级 B 的锚是不稳固的，很容易就被套利大军砸到跌停板，结果套利不成反被套住。申购母基金的时候明明是溢价，等分拆到账后，硬是被套利者砸成了折价，卖出反而亏钱了。

踩踏风险是溢价套利最大的风险。

★风险二：净值波动

当投资者 T 日申购母基金以后，结果刚好遇上股市大跳水，母基金净值损失惨重，即使 T + 2 日拆分还有溢价，但最终还是亏损，因为溢价套利最快也是 T + 2 日上午开盘卖出，必须承担 T + 1 日股市波动的风险。

策略

★如何防止踩踏

这是做分级溢价套利最关键的一点，如果做错了，最终的结果就是套利不成反被套住。

（1）寻找分级 B 交易量大的品种。因为分级 A 是固定收益品种，抗套利盘打压的能力也会较强，如果分级 B 的交易量够大，则消化套利盘的能力也就越强。就像上面的旅游区的例子，如果本身接待能力很强，就不会出现大批人去参观而无法接待的问题。

（2）最好当大部分分级基金出现溢价的时候再参与。对于一枝独秀的溢价品种，尽量保持谨慎。例如，如果一篇游记推荐好几个景区，那么由于人群被分散到各个景区，就不容易出现踩踏事件。十几个分级基金同时溢价，那么分到每个基金的套利盘也是有限的。而独一家溢价的品种，会遭遇所有套利资金的集中狙击。

（3）最好在市场情绪比较狂热的时候做溢价套利。比如政府针对环保产业出了重大利好，此时就会有投机资金去抢环保 B，溢价就容易保持；而市场一旦冷却并理性化，分级溢价就会消失。玩分级基金溢价套利，收割的“韭菜”就是那些投机资金，没有这些投机资金，套利很难成功。

（4）避免分级 A 高估的溢价套利。例如溢价套利 161022（创业分级），如果此时 150152 的价格较低，在 A 中的整体估值靠前，那么你就不用担心这家的分级 A 价格被砸穿，无论有多少套利盘都会有人接盘，因为价值在那里，分级 A 的投资者都是很理性的 。如果此时 150152 的价格较高，在 A 中的整体估值靠后，那么就别希望有人替你接盘，150152 的价格被砸穿是必然的，直到砸出 150152 的价值为止。

（5）选择有名的分级基金套利。不同分级基金的市场知名度是不一样的，比如 150153 创业板 B，是许多投机创业板的人所喜爱的品种，这些品种出现溢价的时候，对套利盘的承接能力要强些。而部分冷门分级基金，喜欢投机 B 的人非常少，那么当套利大军杀到的时候，有可能找不到“韭菜”，只好套利者之间对砍了。

★套利失败如何退出

做分级溢价套利，失败是难免的，做几次能吃到一口大肉就不错了。当我们申购并拆分了母基金后，发现场内分级 A 和分级 B 的价格已经面目全非了，怎么办？

（1）估算一下套利大军的数量，估算一下分级 B 一天的成交量，如果分级 B 的交易量比套利大军的数量大很多，可以等到下午卖出，因为有可能套利盘卖光了以后，溢价重新拉起。

（2）如果发现分级 B 成交量有限，套利盘可能一天都卖不完，这个时候估算一下合并赎回的成本，通常赎回费是 0.5% 。假如分拆 A + B 卖出的亏损小于合并赎回的费用，就坚决卖出。千万不要因为套利没吃到肉，或者有小亏损就守着不卖，最终导致套利套成了股东。

（3）如果分拆 A + B 卖出的亏损大于合并赎回的费用，可以考虑原路返回，也就是把拆分掉的 A + B 再合并成母基金，然后赎回。

交易费用

★申购费

如果溢价套利花费的申购费用较多的话，那么套利失败后的亏损也越多。因为如果真的套利失败而原路合并赎回的话，那么申购费和赎回费就亏掉了。例如申购费 1.5%，赎回费 0.5%，一次套利失败就会亏损 2%。

所以，笔者建议尽可能选择申购费低的品种做溢价套利。有两种类型的低申购费，一种是大额申购，例如 161022，如果 500 万元以上资金申购，只需要 1000 元，成本只有 0.02%，而小额申购成本要 1.5%，大资金优势明显；另一种是基金公司为了做大规模，申购费设置得很低，或者免申购费，这个时候要多一个心眼，一个公园如果免门票，会不会人山人海？这些免申购费的分级基金，很容易成为小资金套利者的首选，最终难免出现踩踏。

那么，不满足大额申购的小资金怎么做溢价套利呢？笔者认为，踩踏和申购费用之间，还是以避免踩踏为首选，宁可出一些申购费，也不要随便申购那些免申购费的分级基金。

★赎回费

赎回费也关系到溢价套利的风险成本，因为套利失败，是需要原路合并赎回的，所以尽可能选择赎回费低的分级基金做溢价套利。

不过和申购费类似，如果太多的人选择赎回费低的去套利，那么赎回费高的反而可能人少，不容易发生踩踏事件。

案例

下面以 161022 创业板分级为例，讲述分级基金溢价套利的例子。

图 4－9 是集思录网站对 161022 母基金溢价情况的一个统计，从 2014 年 9 月到 2015 年 7 月，161022 出现了 4 次溢价套利的机会：

（1）2014 年 12 月初，161022 有一波大的溢价，峰值超过了 20%，并持续了好多天。这波溢价机会的产生，是因为 2014 年 11 月底股市出现快速上涨，部分投机者希望购买分级 B 来快速致富，造成了所有分级基金持续近两周的溢价。

（2）2015 年 1 月初，161022 有一波小的溢价，峰值超过 10%，但时间少于一周。这波溢价可能是因为 2015 年初创业板和主板风格转换造成的。

（3）2015 年 3 月和 5 月，有两拨溢价，起因都是创业板 B 上折。请大家注意，本图中两个超高的溢价点是不存在的，那是上折后母基金净值归一造成的伪溢价。上折后出现溢价也是普遍情况，笔者在后面会专门描述上折套利的原理和策略。

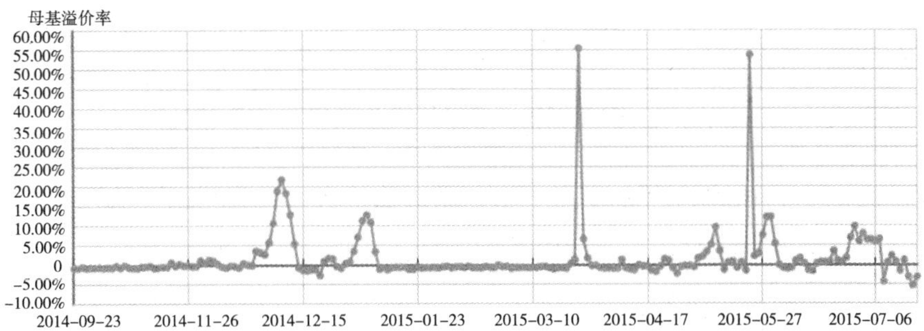

图 4－9 创业分级母基金溢价率（161022）

读者们会发现，溢价套利动辄 10% 以上的套利空间，简直是大肥肉，这个肉容易吃到吗？160122 创业分级的溢价套利，主要看 150153 创业板 B 对套利盘的承接能力，图 4－10 是 150153 的 K 线图，我们看看如果你套利，能否全身而退并吃到大肉。

2014 年 12 月初的溢价套利，维持的时间很长，即使当套利大军杀过来的时候，由于“韭菜”投机资金足够强大，居然还能不被砸跌停，但是套利者碾压的力量是非常强大的，“韭菜”被收割几次以后，也终于撑不住了，最终 150153 的价格回归正常。这波溢价套利，只要敢参与，至少有 10% 的利润，如果溢价初期就套利，甚至可以做好几拨，收益率可超过 30%。

2015 年 1 月初的溢价套利，维持的时间明显变短，当发现溢价起来再入场套利，马上两个跌停板砸下来，150153 价格又回到了起点，溢价变折价。毕竟一个月以前“韭菜”刚被收割一轮，而这次不同于一个月前的全

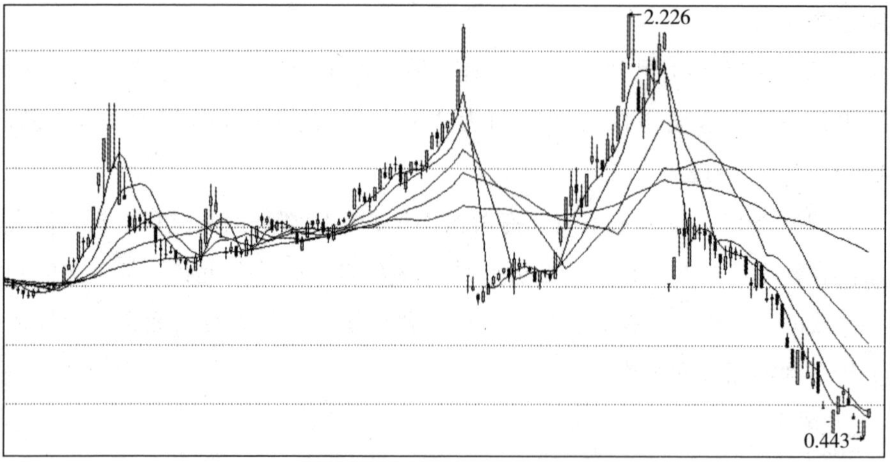

图 4-10　150153 的 K 线图

面溢价，而是 161022 等几个中小创分级的独角戏，当套利大军杀过来的时候，踩踏事件也就难免了。这次溢价套利，几乎没有人能赚到钱。

后面两次上折溢价，最好的买入点是上折前，这里不再叙述。

从案例中我们可以发现，溢价套利的关键就是兵贵神速！拆分资金晚到一天，就可能被按在跌停板上出不来；晚到几天，则一片狼藉，溢价变折价。

我们知道，盲拆的速度要快一天，所以选择能提供盲拆的“文艺券商”就显得至关重要。另外，不要图申购费便宜而选择场外申购，因为场外转场内要耽搁几天，最后的结果是申购费确实省掉了，但黄花菜也凉了。

第四节　折价套利

起因

分级基金折价，是指母基金净值大于分级 A 价格 × 份额占比与分级 B 价格 × 份额占比之和。笔者下面以富国创业板分级基金为例，描述分级基金折价的现象。

假设 161022（母基金）晚上公布的净值是 1 元，150152（创业板 A）的市场价格是 1.05 元，150153（创业板 B）的市场价格也是 0.85 元。

我们都知道，分级基金 A 和 B 是可以合并成母基金的，那么按照市场价格买入 5000 份 150152 和 5000 份 150153，可以合并成 10000 份 161022。

合并后的成本 = 5000 × 1.05 + 5000 × 0.85 = 9500 元，每份的成本是 0.95 元。

聪明的读者会发现，算出来的成本 0.95 元比 161022 的实际净值 1 元要低 0.05 元，这个差价是不是有赚钱的机会呢？

161022 是开放式基金，所以可以从市场中买入 A 和 B，成本是 0.95，然后再按 1 元的净值赎回，这 0.05 元岂不是赚到手了？这就是分级基金折价套利的起因。只要当分级母基金的净值大于 A 加 B 合并后的价格，就存在折价套利的空间。

类似溢价套利，折价套利也需要计算实时折价率，就是根据前一日的净值和当天的指数涨幅计算实时折价率，计算方法和溢价套利完全一致，这里不再赘述。

流程

折价套利的流程可以总结为三个字“买、合、赎”。笔者以深交所的分级基金为例，具体流程如图 4 - 11 所示：

图 4 - 11　分级基金折价套利流程

第一步，买入 A 和 B。

投资者需要按照分级基金 A 与 B 之间的比例关系分别买入。

例如 161022 创业分级 A 与 B 之间是 5∶5 的关系，那么要合并出 10 万份 161022，必须 150152 创业板 A 和 150153 创业板 B 各买入 5 万份。而 161826 中证转债 A 与 B 是 7∶3 的关系，那么要合并出 10 万份的 161826，需要买 7 万份 150143 转债 A 级和 3 万份 150144 转债 B 级。

第二步，合并母基金。

按照交易规则，T 日买入的分级 A 和分级 B，实际到账是 T+1 日，所以通常的流程是 T+1 日做母基金的合并操作。不过，也有部分券商可以实现 T 日合并，此时买入的 A 和 B 还处于冻结状态，所以这种方式又被称为分级基金的“盲合”。支持分级基金盲拆的券商，通常也会支持盲合。

第三步，赎回母基金。

合并需要 1 日才能完成，所以 T 日买入的，如果是盲合，则 T+1 日可赎回。如果非盲合，则 T 日申购，T+2 日才能赎回。

风险点

风险一：指数波动。当投资者 T 日买入 A+B 以后，如果刚好遇上股市大跳水，净值的跌幅超过了合并的折价，那么合并赎回套利也会亏钱。对于盲合，套利者需要承担 2 日股票市场的波动风险；对于非盲合，套利者需要承担 3 日股票市场的波动风险。

风险二：母基金净值不准。有时候根据计算，明明买入 A+B 是折价的，但是晚上一看母基金净值，居然比预测值低很多，折价变溢价，套利也会失败。

母基金净值不准有以下两个原因。

一是仓位。分级基金刚上市的时候，有一个建仓期，因此仓位很难估计；而分级基金临近下折的时候，为了避免下折后巨额赎回，基金经理也可能减仓。另外，当很多人做合并赎回套利的时候，如果前一天赎回的份额较多，会造成第二天分级母基金的仓位被动超过 100%。

二是停牌股。母基金通常会包含一些停牌股，按照基金估值的方法，通常按照行业指数做估值，但是指数的计算规则，停牌股并不公允，而是直接按零计算，也就是说分级基金净值的涨跌幅等于指数的涨跌幅再加上停牌股的公允涨跌幅。所以，大部分分级基金在上涨行情中，净值会超预期上涨，在下跌行情中，净值也会超预期下跌。

策略

折价套利的策略相对比较简单，由于风险较小，所以也很难出现大的折价，主要关注以下三点。

（1）折价套利要考虑赎回费，所以必须折价率超过赎回费才有套利空间。

（2）由于折价套利通常持续时间较长，要考虑循环套利的效率问题，应尽量选择赎回 T+2 资金可用的券商，最好还能支持盲合，这样 3 天就能完成一次套利。

（3）当停牌股较多的时候，当日上涨可参与折价套利，因为晚上净值可能有惊喜；当日下跌则需要谨慎，因为晚上净值可能让你失望。

案例

笔者下面以 160625 证保分级为例，说明折价套利的方法步骤。

图 4－12 是集思录网站对 160625 母基金折价情况的一个统计。从 2015 年 7 月 4 日到 21 日，160625 连续 12 天出现折价套利的机会，7 月 10 日折价率甚至达到 5%，这是因为那几天多家分级 B 下折，造成未下折的分级 B 投资者心态出现恐慌，低价卖出 150178 证保 B 造成的。

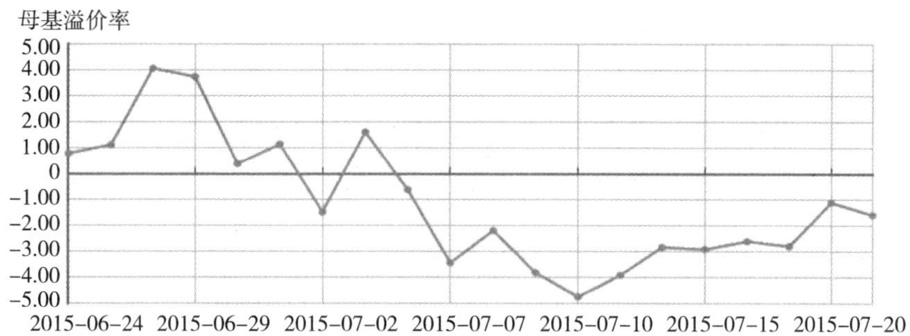

图 4－12　160625 母基金折价率

下面我们看看 150178 证保 B 与其母基金 160625 挂钩指数 399966（800 非银）的对比走势图。其中蜡烛图是 150178 的走势图，曲线图是

399966 的走势图。

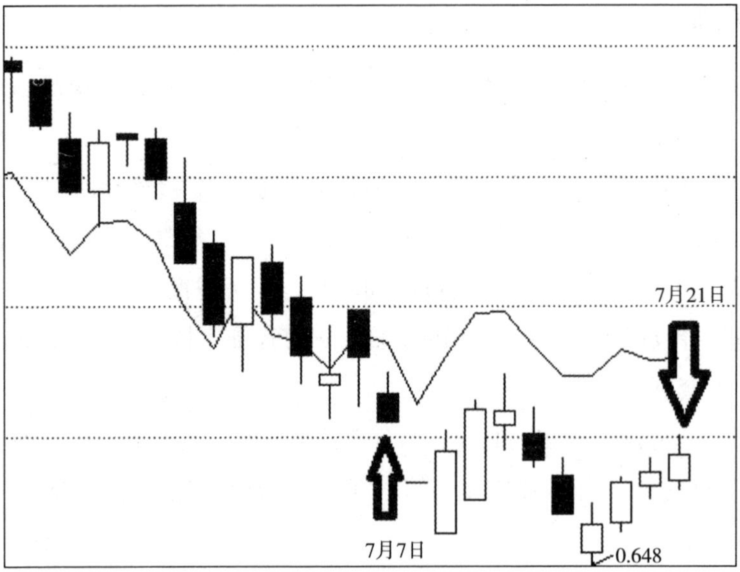

图 4－13　150178 与非银指数 K 线对比

可以看出 150178 证保 B 的走势和 399966（800 非银）的走势保持正相关性，但是到了 2015 年 7 月 7 日，150178 走势明显弱于 399966，从此开始了 160625 证保分级的折价之路。

由于 150178 证保 B 投资者恐慌卖出，160625 证保分级出现折价，套利盘开始买入 150177 证保 A 和 150178 证保 B 做折价套利。150177 证保 A 的交易情绪本来是稳定的，由于套利盘的涌入，150177 的价格被不断推高，几个交易日竟然上涨了 15%，如图 4－14 所示。

从 399966（800 非银）7 月 7 日后的走势可以看到，该指数基本持平，那么这段时间买入 150177 和 150178 做折价套利的投资者，是可以赚到折价的。以三天一个套利周期计算，这些天总的套利收益可以超过 10%。

另外，还有一种折价套利的变种模式，那就是直接买分级 A，等着套利盘抬轿子，过几天再卖给后来的折价套利者。例如 7 月 8 日起购买 150177 证保 A，几天后卖出，收益也相当高。但是这么做要控制好卖点，毕竟靠套利盘支撑起来的分级 A 价格是不可靠的，一旦折价套利空间缩

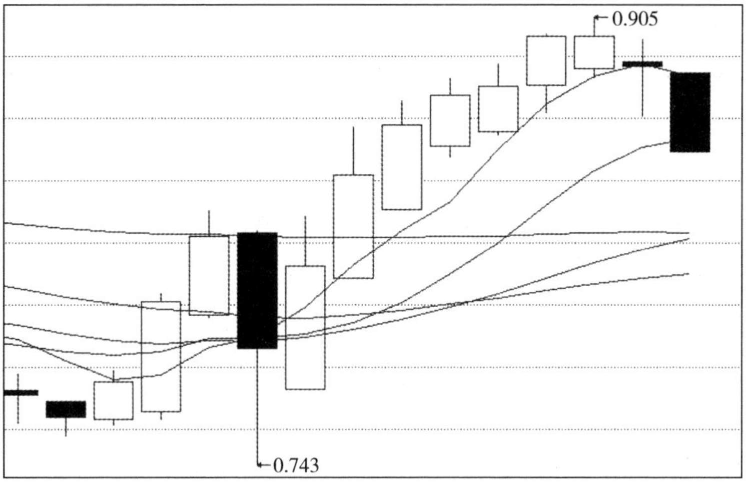

图 4－14 150177 的 K 线图

小，则对应的分级 A 将面临回调的压力。例如 2015 年 7 月 21 日，由于折价收敛，150177 出现较大幅度的回调。

第五节 下折套利

起因

由于分级基金 A 类存在永续性的特点，虽然基金合同约定了分级 B 必须每年支付分级 A 利息，但是分级 A 的本金可以被分级 B 投资者永远占用下去。当市场利率高于分级 A 的利息收益时，分级 A 会通过折价的方式，来抹平两者的收益差距。

大多数时间，分级 A 的折价是吃不到的，即使定期折算后分级 A 的价格被强制回归为 1，复牌后分级 A 也会通过迅速下跌，甚至直接无量封跌停板，恢复到定折之前的折价率。

但是当一个特定事件发生时，分级 A 的折价率可以兑现，那就是基金下折。

笔者下面以富国创业板分级基金为例，描述分级基金下折的现象。

假设 161022（母基金）晚上公布的净值是 0.65 元，150152（创业板 A）的净值是 1.06 元，市场价格是 0.9 元，150153（创业板 B）的净值是 0.24 元，市场价格是 0.4 元。

由于 150153 的净值低于 0.25 元，触发下折了，为了简化计算，假设下折后的折算日价格和净值仍然不变，那么：

（1）150153 净值归 1，1 万份折算成 2400 份；

（2）150152 净值归 1，1 万份折算成 2400 份；

（3）1 万份 150152 分到的母基金 = 1.06 × 1 万 − 1 × 2400 = 8200 份。

下折后，150152 和 150153 恢复交易，150152 价格跌到 0.8 元，那么套利 1 万份 150152 能赚到多少钱呢？赎回费按 0.5% 计算。

下折套利收益 = 2400 × 0.8 元 + 8200 × 1 元 × 0.995 − 0.9 元 × 1 万 = 1079 元

收益率 = 1079 元/0.9 元 × 1 万 = 11.99%

上面的例子中，下折以前，分级 A 的折价率 = 0.9/1.05 = 14.28%，下折以后，分级 A 的折价率 = 0.8/1 = 20%，明明折价率升高了，但为什么套利还赚了接近 12% 呢？

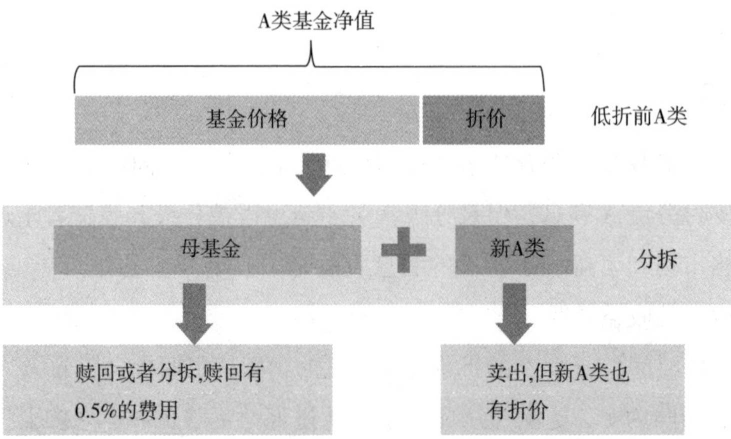

图 4－15　下折套利原理

原因如图 4－15 所示，下折后，分级 A 的折价率大部分以母基金的形式返还，母基金只需要支付0.5%的赎回费，就能够按照净值赎回，所以即使新的分级A亏钱，但总体还是盈利的，这就是分级基金下折的套利空间。

流程

以150152创业板A为例，下折套利的基本流程如下所述：

（1）150153创业板B净值逼近下折阈值，而此时150152创业板A仍然有不菲的折价，套利者可以预先买入150152，等待下折，也可以等150152触发下折后的基准日，再买入150152。

（2）T日：150153创业板B净值低于下折点，触发下折，基金公司发布不定期折算的公告。

（3）T+1日：不定期折算的基准日，根据收盘时150152创业板A的净值和150153创业板B类的净值，基金公司对150152进行折算。

（4）T+2日：停牌一天，晚上折算后的150152创业板A（缩股）和161022创业分级母基金到账。

（5）T+3日：投资者可以选择卖出折算后的150152创业板A，并赎回161022创业分级母基金。

（6）T+5日（或者更久）：161022赎回款到账。

风险点

★风险一：下折落空

如果在基准日（T+1日）购买分级A，则不存在下折落空的风险，否则会存在下折落空的情况。2014年5月，150018银华稳进多次盘中下折，但最终收盘都没有下折成，后来大盘走牛，下折的机会一去不复返。

当分级B逼近下折的时候，配对的分级A通常会上涨，一旦下折预期变弱，分级A的价格也会随着下跌。

解决分级A下折落空的最佳途径是和权益仓位对冲，具体内容后面会有详细描述。

★风险二：指数波动

分级A下折后，T+2和T+3日套利者必须承担母基金净值的波动，不过相比折价套利而言，下折套利拿到的母基金并不是100%仓位，通常在75%~90%，所以净值波动的风险也要小一些。

不过要注意的一点是，由于下折套利后可能出现大量的母基金赎回，基金经理会预先减仓应对，如果分级基金规模较大，而对标指数的成分股的流动性不够好，那么基金的减仓行为很可能对指数造成打压，所以分级基金下折后，净值下跌的概率会稍大些。

★风险三：母基金巨额赎回

当股市出现极端情况时，例如每天千股跌停，那么基金下折后无法减仓应对赎回，很可能造成母基金巨额赎回。

按规定，巨额赎回是指当开放式基金的当日净赎回量（赎回申请总数扣除申购申请总数后的余额）超过基金规模的10%时，基金管理人可以在接受赎回比例不低于基金总规模10%的情况下，对其余的赎回申请延期办理。

2015年7月8日，多个分级A触发下折，但是分级A的价格不涨反跌，下折前折价率超过20%，就是因为当时股市的流动性严重不足，每天千股跌停，并且40%的股票停牌，使得市场怀疑分级A下折后股票无法卖出，出现巨额赎回。

虽然有巨额赎回的规定，但是股票型基金从未发生过巨额赎回，巨额赎回的风险仍然不能不防范。

策略

（1）不急于参加下折套利。这是因为分级基金逼近低折时，由于分级B的价格较低，且分级B投资者亏损较大，加上赌徒翻本心态的存在，他们反而会加大分级B的买入力度，这就导致了母基金溢价，此时会吸引套利盘进来，打压A类价格，出现分级A类折价不降反升的现象，所以最好等分级母基金挂钩指数距离下折阈值5%以内再重仓参与。

（2）下折确定后，通常还有不小的折价率，此时需要考虑低折后母基金可能遭遇大比例的基金赎回，母基金需要砸盘出货，这会压低净值。如果母基金持仓的流动性较好，可以大胆参与下折后的套利。如果下折后的空间不大，且存在母基金出货难的问题，则可以考虑在 T + 1 日（基准日）卖出分级 A。

（3）下折完成后，新 A 类上市通常低估，这是因为套利者砸盘导致，在下折后新分级 A 的跌停板打开后买入，通常上涨的概率大于下跌的概率。

案例

★案例 1：150059 银华金瑞（后来改名为资源 A 级，150060 改名为资源 B 级）

如图 4 – 16 所示，150060 银华鑫瑞 2013 年 12 月 19 日破位大跌，折价率逼近 1 年内的高点，达到 5.64%，而查看 150060 银华鑫瑞的净值（表 4 – 3），我们发现其净值只有 0.271 元，距离 0.25 元的低折线仅一步之遥。这一天是买入 150059 银华金瑞的最佳时间点，因为从银华金瑞本身的定位来看，即使不考虑低折，收益率在 A 类中也是靠前的，所以不存在低折落空导致价格下跌的风险。

2013 年 12 月 20 日，股市继续大跌，按照母基金跟踪的指数，尾盘可以确定 150059 银华金瑞低折，这一天尾盘集合竞价买入，也是好的买入点（T 日）。

2013 年 12 月 23 日，是不定期折算的基准日，这一天尾盘最高价买入，依然能获得套利收益。详细的计算过程如下所示：

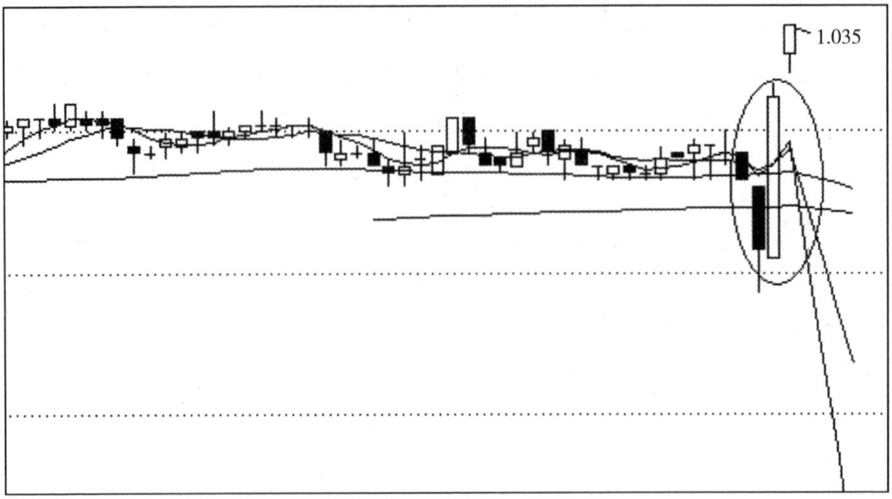

图 4-16 银华金瑞交易价格

表 4-3 银华鑫瑞基金净值 （单位：元）

截止日期	单位净值	累计净值
2013-12-30	0.973	0.237
2013-12-27	0.981	0.239
2013-12-26	0.971	0.236
2013-12-25	1.005	0.244
2013-12-24	1.002	0.244
2013-12-23	1.000	0.243
2013-12-20	0.245	0.245
2013-12-19	0.271	0.271

T+1 日（2013 年 12 月 23 日），150060 银华鑫瑞的净值是 0.243 元，150059 银华金瑞的净值为 1.063 元，假设套利者买入 1 万份 150059。

（1）150060 的净值归 1，但是份额折算为 2430 份，150060 持有者资产不变。

（2）150059 的净值归 1，为了保证比例一致，新分级 A 的份额也变成了 2430 份，而老分级 A 的资产减去新分级 A 的资产，就是分级 A 持有者下折后分到的母基金，母基金份额 = 1.063 × 10000 − 1 × 2430 = 8200 份。

（3）T+3 日（12 月 25 日），投资者可以赎回 8200 份 161819 中证资

源，赎回费 0.5%。由于期间资源指数上涨，161819 净值上涨到 1.003 元。

（4）T+3 日，150059 平均交易价格 0.932 元。

买入 1 万份 150059 参与下折套利，能赚多少呢？先计算卖出价 P：

P = 新 150059 价格 × 折算后份额 + 161819 中证资源净值 × 161819 份额 × (1 − 0.5%) = 2430 × 0.932 + 8200 × 1.003 × 0.995 = 10448 元

假设 1：12 月 19 日逼近下折点，以收盘价 1.003 元买入银华金瑞 1 万份，则收益率为：

Y = 10448/1.003 × 10000 = 4.17%

假设 2：12 月 20 日收盘计算跌破下折点，以收盘价 1.025 元买入银华金瑞，则收益率为：

Y = 10448/1.025 × 10000 = 1.93%

假设 3：12 月 21 日不定期折算日，以收盘价 1.035 元买入银华金瑞，则收益率为：

Y = 10448/1.035 × 10000 = 0.95%

★案例 2：150295 改革 A

如图 4−17 所示，150295 改革 A 在 2015 年 7 月 8 日触发下折，这一天的收盘价格是 0.766 元。

7 月 9 日（T+1 日），150295 的净值是 1.0057 元，150296 的净值是 0.3305 元，假设套利者买入 1 万份 150295。

（1）150296 的净值归 1，但是份额折算为 3305 份，150296 持有者资产不变。

（2）150295 的净值归 1，为了保证比例一致，新分级 A 的份额也变成了 3305 份，而老分级 A 的资产减去新分级 A 的资产，就是分级 A 持有者下折后分到的母基金，母基金份额 = 1.0057 × 10000 − 1 × 3305 = 6752 份。

（3）T+3 日（7 月 13 日），投资者可以赎回 6752 份 160136 改革基金，赎回费 0.5%。由于期间国企改革指数上涨，160136 净值上涨到 1.1313 元。

（4）新的 150295 在 7 月 14 日打开跌停板，开板价格 0.831 元。

买入 1 万份 150295 参与下折套利，能赚多少呢？先计算卖出价 P：

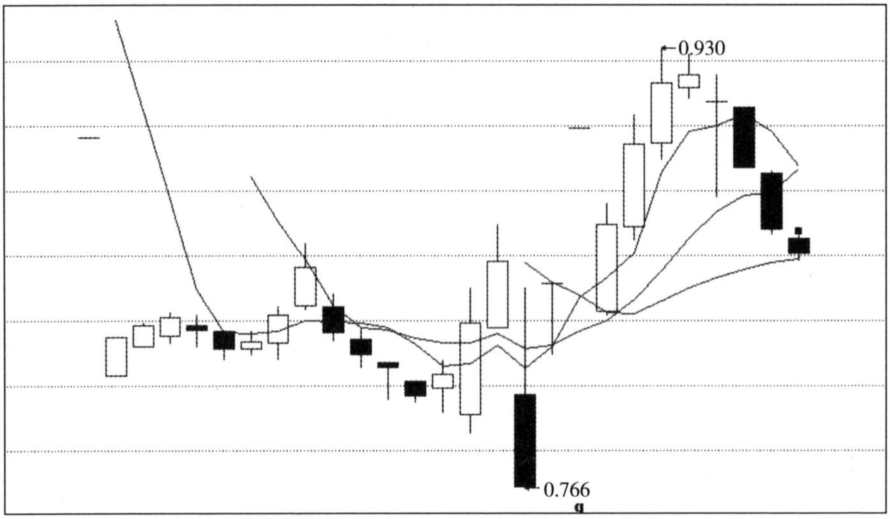

图 4－17　改革 A 的 K 线图

P＝新 150295 价格×折算后份额＋160136 改革基金净值×160136 份额×（1－0.5%）＝3305×0.831＋6752×1.1313×0.995＝10346 元

2015 年 7 月 8 日以 0.766 元买入 150295 改革 A 1 万份，则收益率为：

Y＝（10346/0.766×10000－1）＝35.06%

为什么案例一和案例二的收益率差那么远？案例一发生在 2013 年 12 月 20 日，A 股指数在底部，波动很小，而当时分级基金品种较少，2% 左右的低风险投资机会都会受到套利者的追捧。案例二发生在 2015 年 7 月 8 日，当时股市正处在恐慌性下跌阶段，现金成为最稀缺的资源，而当时市场普遍预期分级基金下折后会触发巨额赎回，所以才出现这样的机会。不过案例二中改革基金在下折后遇上“国家队”救市，后面两天大幅反弹，如果扣除母基金净值涨幅，下折收益率则刚超过 20%。

笔者认为，案例一的情况属于正常情况，案例二的情况属于市场崩溃后的异常情况。当然 2015 年 7 月 8 日手上留有现金的投资者，如果参与分级 A 的下折，真是捡到了大金蛋。

第六节 上折套利

起因

当股市不断上涨后，分级 B 的杠杆越涨越小，而且由于很多投资者恐高的心态，分级 B 的投资者倾向于卖出兑现利润，这就造成了分级母基金的整体折价。

如图 4 – 18 所示，163114 申万环保的母基金溢价率，很明显在上折前保持折价的。

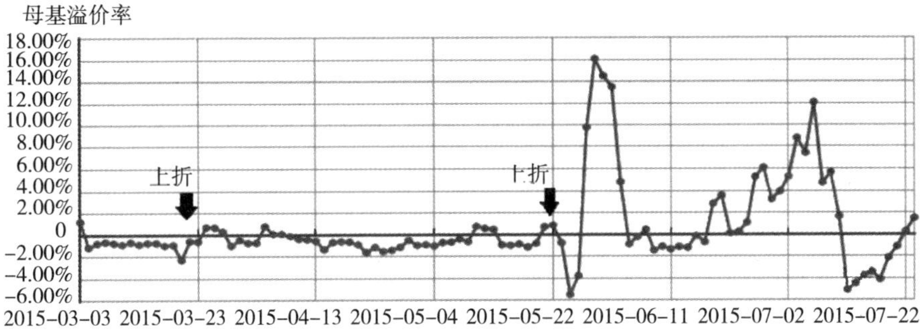

图 4 – 18 申万环保母基金溢价率

由于上折前母基金保持折价，必然有很多人做折价套利，这就会把分级 A 的价格拱上去。图 4 – 19 是 150184 环保 A 的 K 线图，尤其是第一次上折前，环保 A 是一直上涨的，价格脱离了整体分级 A 的估值体系。

那么，当分级基金发生上折以后，会发生什么事情呢？

（1）分级 B 的杠杆重新恢复为 2 倍，会受到喜欢杠杆交易的投资者的追捧。

（2）分级 B 的价格重新归 1，并分配母基金，类似很多上市公司的大比例送股（10 送 10）。虽然是左手换右手的游戏，但是绝对价格降低，必然会受到“不明真相群众”的追捧。就好比很多人买股票，喜欢买低价

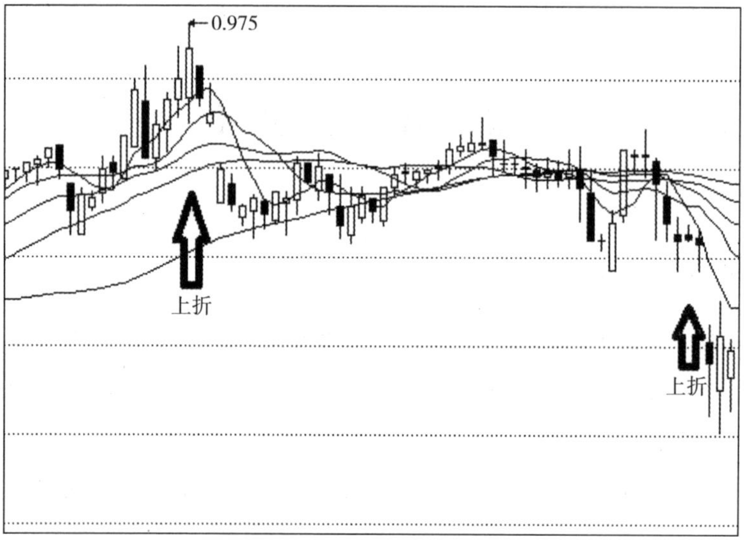

图 4－19　环保 A 的 K 线图

股，也有类似的投资者，喜欢买绝对价格低的分级 B。

（3）由于分级 B 重新被追捧，很可能造成母基金整体从折价变成溢价。

（4）由于分级 B 投资者分到母基金，可能拆分后留 B 卖 A，造成分级 A 从高估状态恢复合理估值，也就是分级 A 价格会下跌。

从 163114 申万环保的母基金溢价率看，确实出现了上折后母基金折价变溢价的现象；而从 150184 环保 A 的 K 线图看，也确实出现了分级 A 价格被打压的现象；再看 150185 环保 B，则很明显在上折后出现连续上涨的行情。

上折套利怎么赚钱呢？如图 4－21 所示。

（1）如果上折前有折价：

上折前母基金净值＝老 A 类价格＋老 B 类价格＋折价

（2）如果上折后有溢价：

新 B 类价格＋新母基金净值＋新 A 类价格－溢价＝上折前母基金净值

（3）如果上折前后指数不变，那么：

新 B 类价格＋新母基金净值＋新 A 类价格－溢价＝老 A 类价格＋老 B

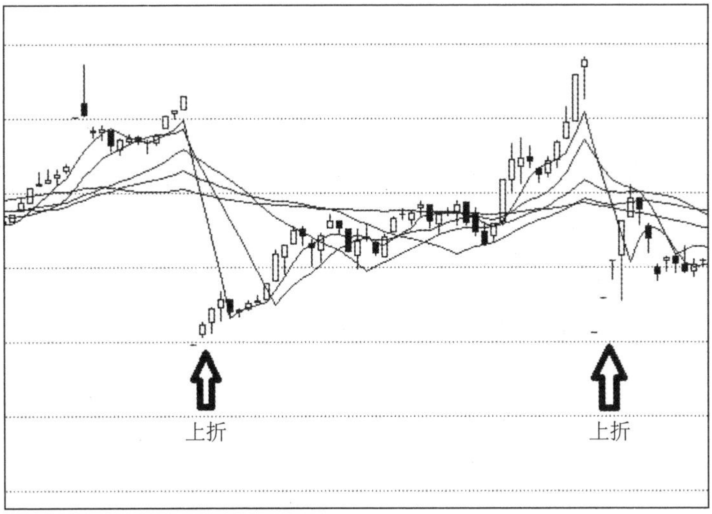

图 4－20　环保 B 的 K 线图

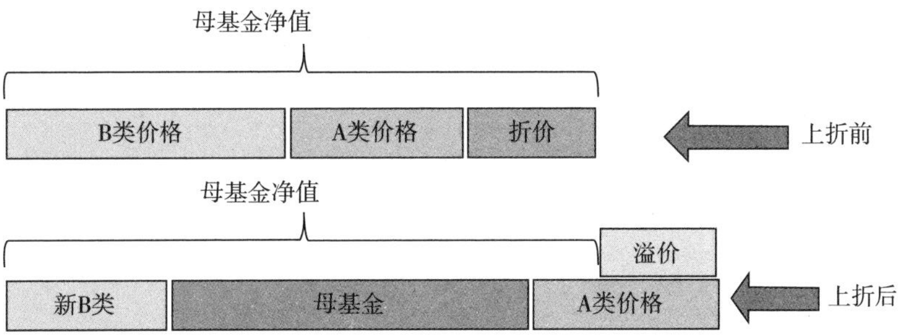

图 4－21　上折套利

类价格＋折价

则：

新 B 类价格＋新母基金净值－老 B 类价格＝（老 A 类价格－新 A 类价格）＋折价＋溢价

等式的左边，是上折前买入分级 B 的投资者所获得的利润。参与分级 B 的上折，主要包括三块收益，分别是上折以前的折价，上折以后的溢价，以及分级 A 下跌的价格。

其实上折后如果溢价，折算后拿到母基金还能够拆分溢价卖出，这又是另一笔收益。以上所述，就是分级基金上折前买入分级 B 能够套利的起因。

流程

下面笔者以150153创业板B为例，描述上折套利的基本流程：

（1）150153创业板B净值逼近上折阈值，而此时161022母基金仍然有不菲的折价，套利者可以预先买入150153，等待上折，也可以等150153触发上折后的基准日，再买入150153。

（2）T日：150153创业板B净值低于上折点，触发上折，基金公司发布不定期折算的公告。

（3）T+1日：不定期折算的基准日，根据收盘时150153创业板B类的净值，基金公司对150153进行折算。

（4）T+2日：停牌一天，晚上折算后的150153创业板B（净值归一）和161022创业分级母基金到账。

（5）T+3日：投资者可以选择卖出折算后的150153创业板B，如果此时母基金溢价，拆分161022创业分级母基金。

（6）T+4日（或者更久）：等待拆分后的150153创业板B打开涨停卖出，并卖出150152创业板A。

风险点

★风险一：上折落空

如果在基准日（T+1日）购买分级B，则不存在上折落空的风险，否则会存在上折落空的情况。2015年4月7日，150131医药B逼近上折，150130医药A担心上折后可能的溢价套利盘打压，价格开始下跌，但是4月9日大盘暴跌的时候，医药B下跌的幅度比净值跌幅更快，150130医药A大幅反弹，就是因为上折落空的预期。当然4月10日指数大涨，上折预期重新开始，医药B上涨幅度也超过了净值涨幅。

★风险二：指数波动

分级B上折后，T+1、T+2和T+3日套利者都必须承担母基金净值的波动。如果母基金溢价，或者分级B涨停，尤其是约定收益率+3%的分级 A，通常上折后第一天，分级 A 跌停，分级 B 涨停，所以 T+3 日分级 B 也不能出货；而如果母基金溢价，拆分的资金也要等到 T+4 日才可用。所以上折套利，大约要承担 4 日的母基金净值波动，相比溢价、折价、下折三种套利，上折套利承担的短期风险是最大的。

★风险三：市场预期的变化

通常能触发分级 B 上折，股市总是处于一个上涨周期内，但是也有可能上折点附近刚好遇上股市大变盘，那么整个套利逻辑将发生颠覆，此时很可能出现分级基金上折后，母基金依然折价的情况，这意味上折套利失败了。

策略

（1）尽量选择母基金折价的分级 B。虽然上折后母基金溢价是大概率事件，但是具体溢价多少很难估计，而且也不排除极端情况折价的可能。所以，如果分级 B 上折前母基金溢价了，说明已经有早走一步的套利者，在分级 B 快上折的时候，把分级 B 的价格拉高，此时再买入分级 B 参与上折，风险已经变大、收益变小，不再适合低风险投资者参与。

（2）尽量选择分级 A 高估的分级 B。分级 A 和分级 B 的价格之间是跷跷板的关系，分级 B 上折有一部分利润是分级 A 跌出来的。假设上折之前分级 A 已经低估，那么上折后将很难再赚到分级 A 的差价，甚至当遇上股市变盘，反而会被分级 A 反咬一口，也就是分级 A 的价格上折后不跌反涨，分级 B 最后反而亏钱。

选择上折前分级 A 高估的分级 B 参与上折，可以稳妥地吃到分级 A 的差价收益。

本质上策略 1 和策略 2 是一致的，因为通常上折前保持母基金折价，分级 A 容易高估（折价套利拱上去）；而上折前母基金溢价，分级 A 容易低估（溢价套利砸下来）。

（3）尽量选择分级 A 约定收益率高（例如 +4% 以上）的分级 B 做上折。根据分级 A 的定价规律，约定收益率越高，分级 A 的折价率越小，甚至溢价。而分级 B 的合理溢价率也越小，甚至折价。

选择支付给分级 A 约定收益率低（例如 +3%）的分级 B 做上折，上折前分级 B 本身已经有较大溢价（对应分级 A 较大折价），那么上折完成后，新的分级 B 也需要保持较高的溢价才能保本，但按照不定期折算的规则，上折后新分级 B 的价格强制等于净值，也就是溢价率被强制归零，那么套利者必须第二个涨停才能保本，这又需要多承担一天大盘的波动，而且市场情绪说变就变，第一个涨停好封住，但是第二个涨停遭遇市场情绪的变化，很容易打开，那么母基金的溢价率也会出现变数。

而选择支付给分级 A 约定收益率较高（例如 +4% 以上）的分级 B 做上折，上折前分级 B 很可能是折价或者溢价很小，那么上折完成后，新的分级 B 只需要涨一点就能保本。如果此时分级 B 涨停，母基金已经溢价，套利者已经可以卖出获利，这样风险敞口就限定在了 T+3 日，风险更小。

案例

笔者下面以 163114 环保分级为例，讲述分级基金上折套利的方法和步骤。

2015 年 3 月 17 日（T 日），163114 环保分级触发上折，尾盘环保 B 收盘 2.019 元。假设套利者尾盘买入环保 B 1 万份。

2015 年 3 月 18 日（T+1 日），163114 净值 1.5337 元，按照 3 月 20 日基金公司公布的不定期折算公告，每份环保 B 可以分到 1.00668 份 163114。

2015 年 3 月 19 日（T+2 日），环保 B 停牌。

2015 年 3 月 20 日（T+3 日），环保 B 复牌涨停，套利者可以拆分母基金 163114。

2015 年 3 月 23 日（T+4 日），环保 B 涨停打开，假设套利者以开盘价 1.205 元卖出环保 B，以开盘价 0.92 元卖出环保 A，那么总的套利收益率是多少呢？

套利者拆分可以获得 1.00668 × 1 万/2 = 5033 份环保 B 和 5033 份环

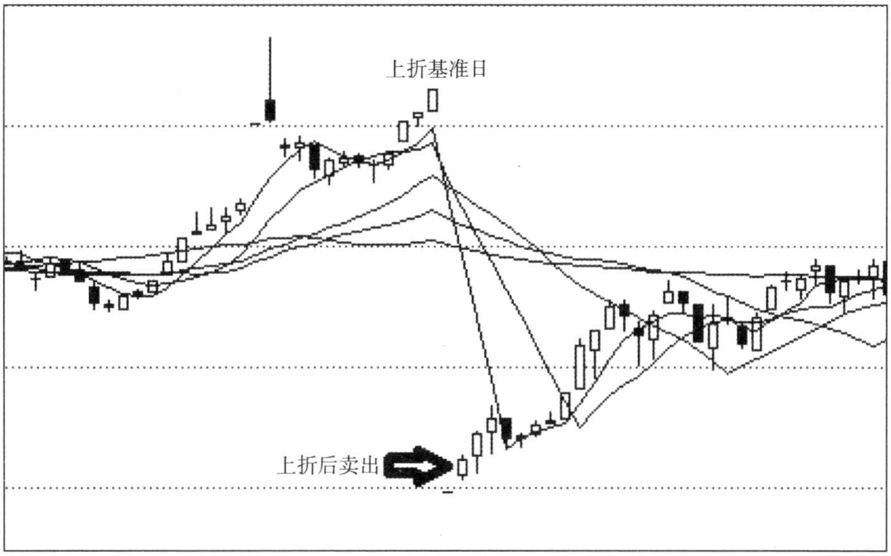

图 4-22 环保 B 的 K 线图

保 A。

先计算卖出价 P：

P =（10000 +5033）×1.205 元 +5033 ×0.92 元 =22745 元

则收益率为：

Y =（22745/2.019 ×10000 -1）=12.66%

3 月 17 日中证环保指数收盘 1868 点，3 月 23 日中证环保指数开盘 1950 点，指数上涨 4.4%。由于上折前 150185 环保 B 的杠杆率是 1.5 倍，那么指数上涨对于上折收益的贡献为：

4.4% ×1.5 倍 =6.6%

那么，上折获得的超额收益为：

12.66% -6.6% =6.06%

周期是四个交易日。

第五章

封闭式基金

第一节　认识封闭式基金

封闭式基金概述

封闭式基金，是指基金的发起人在设立基金时限定了基金单位的发行总额，在筹足总额后，基金即宣告成立并进行封闭，并在一定时期内不再接受投资者新的投资（申购），也不允许投资者撤资（赎回）。

投资者日后买卖基金，都必须通过券商在二级市场上进行竞价交易。由于投资者无法按基金净值进行申购和赎回，因此交易价格会受到市场供求关系的影响，并偏离其基金净资产值。

1999 年 6 月以前，我国的封闭式基金处于起步阶段，在新股申购方面具有优惠政策，当时的市场以炒作为主，封闭式基金单价较低，很容易被炒作而溢价，所以高溢价是那个时候封闭式基金的特征。

1999—2002 年，随着封闭式基金的不断上市，市场炒作的现象有所缓解，另外，封闭式基金在新股申购方面的特权被取消，不再被追捧，交易价格也逐渐从溢价变成了折价交易。由于封闭式基金全部折价交易，到 2002 年 9 月，再没有新的封闭式基金能够在市场上顺利发行。

2002 年以后，封闭式基金的折价率不断上升，到 2004 年平均折价率突破 30%，并于 2005 年下半年到达 50% 的高峰，并一直持续到 2006 年 10 月初。

2006 年 10 月后，封闭式基金的折价率从最高峰 50% 左右开始下降，并随着到期日的不断临近，整体折价率也不断缩小。

封闭式基金折价的原因

封闭式基金长期处于折价状态，并不是 A 股市场所特有的现象，美国、中国台湾都出现过封闭式基金折价的现象，被称为“封闭式基金折价之谜”。

就A股市场封闭式基金折价的原因，笔者认为主要有三个。

（1）基金公司主要在发行期对封闭式基金进行宣传，当发行成功后，由于基金规模不再变化，基金公司也不需要再继续营销，尤其是2002年以后，基金公司不再发行封闭式基金，而是大力发行和宣传开放式基金，这导致绝大多数基金投资者仅知道开放式基金，而不知道封闭式基金，参与的人少了，导致封闭式基金缺乏买家，因此产生了高折价。

（2）同一家基金公司既存在封闭式基金，也存在开放式基金，由于开放式基金做好了能吸引更多资金申购，而封闭式基金的规模保持不变，从基金管理人的角度出发，会将更多的资源向开放式基金倾斜，例如将能力更强的基金经理分配给开放式基金。当同一个基金旗下封闭式基金在一段时间内跑输开放式基金时，持有人会怀疑封闭式基金给开放式基金做托，高价接盘同门开放式基金的股票，这样的怀疑理论，严重打击了封闭式基金投资者的心态，因此产生了高折价。

实际上通过比较，封闭式基金净值的增长并不逊色于开放式基金，基金管理人的道德风险并没有大家想象的那么严重。一方面，国内对基金行业的监管非常严格，基金管理人没有必要以身试法；另一方面，基金并不是业绩越好规模就增长越快。投资者普遍有一个投资误区，就是赚了钱见好就收，亏了钱不肯割肉，这导致开放式基金业绩出众的，反而赎回比申购的更多，所以基金管理人并没有足够的动力去刻意提升开放式基金的业绩。

另外，由于封闭式基金封闭操作，资产管理更加容易，所以其平均业绩相比于开放式基金混合型的业绩，甚至更加优秀。部分优秀的封闭式基金，例如基金兴华、基金泰和等，更是大幅跑赢大盘指数。

（3）封闭式基金投资者只能通过二级市场交易来变现，当场内投资者想退出时，必须找到其他投资者接盘才行。由于了解封闭式基金的投资者很少，所以二级市场交易时必须通过一定的折价，才能吸引敏锐的低风险投资套利者参与，流动性折价也是封闭式基金折价的一个原因。

封闭式基金的历史业绩

由于封闭式基金高折价现象（高峰达到50%），造成了封闭式基金的巨大投资价值。图5－1是深圳封闭式基金（399305）从2005年低点到2013年底的K线图，整个周期下来，399305相对于2005年低点，从640点上涨到4941点，涨672%；同期上证指数相对于2005年低点，从998点上涨到2101点，涨111%，封闭式基金远远跑赢上证指数。

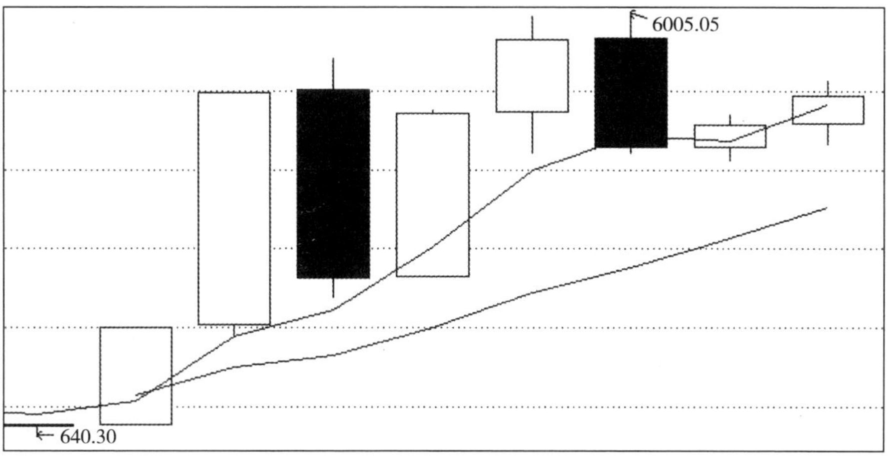

图5－1　深圳封闭式基金（399305）指数K线图

（2005年1月1日—2013年12月27日）

我们按年比较深圳封闭式基金指数与上证指数及沪深300指数的相对关系，如表5－1所示。下面将封闭式基金的走势分为以下几个周期。

表5－1　封闭式基金指数与上证指数及沪深300指数的对比

年份	上证涨幅	沪深300涨幅	深圳基金指数涨幅	封基/上证相对涨幅	封基/沪深300相对涨幅
2005	-8.33%	—	0.11%	9.21%	—
2006	130.43%	121.02%	158.72%	12.28%	17.06%
2007	96.66%	161.55%	149.16%	26.70%	-4.74%
2008	-65.39%	-65.95%	-47.24%	52.44%	54.95%
2009	79.98%	96.71%	79.74%	-0.13%	-8.63%

续表

年份	上证涨幅	沪深 300 涨幅	深圳基金指数涨幅	封基/上证相对涨幅	封基/沪深 300 相对涨幅
2010	-14.31%	-12.51%	19.82%	39.83%	36.95%
2011	-21.68%	-25.01%	-24.43%	-3.51%	0.77%
2012	3.17%	7.55%	6.86%	3.58%	-0.64%
2013	-7.40%	-8.70%	8.18%	16.83%	18.49%
总计	66.00%	130.30%	672.00%	365.06%	235.21%

★2005—2007 年大牛市

399305 指数从 640 点涨到 5404 点，最大涨幅 744%；而上证指数从 998 点上涨到 6124 点，最大涨幅 513%。封闭式基金在牛市中跑赢了上证指数，也跑赢了沪深 300 指数。虽然 2007 年封闭式基金指数没有跑赢沪深 300 指数，但是由于 2007 年封闭式基金做了大比例的分红，如果将封闭式基金的分红再投，则收益率更高，实际收益率要超过沪深 300 的涨幅。

★2008 年大熊市

封闭式基金跑赢上证指数和沪深 300 指数超过 50%，这说明封闭式基金在市中的表现远远强于大盘。

★2009— 2013 年的震荡市

上证指数和沪深 300 指数在 2009 年大幅反弹后，后面 4 年逐年回落，但是封闭式基金依然保持强势。2009 年封闭式基金小幅跑输沪深 300 指数，2011 年和 2012 年基本跑平沪深 300 指数，2010 年和 2013 年大幅跑赢沪深 300 指数，整体来说，战胜了沪深 300 指数 。

从 2005 年初到 2013 年底，封闭式基金在穿越牛熊周期后，完胜上证指数和沪深 300 指数，并且体现出了牛市不弱于大盘，熊市和平衡市大幅战胜大盘的特性，所以是非常好的低风险高收益的投资品种。在我的财务自由之路上，最初的资金积累就是依靠 2005 年至 2007 年的封闭式基金大牛市实现的。

第二节　封闭式基金的估值

封闭式基金的估值主要依据净值、折价、到期时间等因素，通常包含以下几个指标：

净值预测

封闭式基金净值的公布方式，与开放式基金是不同的。开放式基金每天晚上都会公布净值，而封闭式基金只有每周末才会公布净值。

投资封闭式基金，必须通过合理的方式，对其净值进行预测。通常封闭式基金在季报中会公布其10大重仓股和行业投资组合。封闭式基金的半年报和年报，会公布其所有股份的持仓。所以，可以依据这些公开的信息，通过计算机程序来对封闭式基金的净值进行实时预测。

当然，不是每个投资者都有能力写计算机程序来预测封闭式基金的净值。部分网站提供封闭式基金净值预测的实时数据，投资者可以参考。

由于基金经理会对仓位进行调整，基金季报的投资组合一定不同于基金当前的投资组合，所以封闭式基金的净值预测，一定会与实际净值有偏差，甚至偏差较大。

还有一种方法对于封闭式基金的净值做预估，叫作“影子基金预测法”。由于大多数基金公司，相同风格的基金，在投资组合的选择上通常会同进同退，所以可以找到同一家基金公司内与目标封闭式基金投资风格一致的开放式基金，我们称这个开放式基金为封闭式基金的“影子基金”，通过影子基金每日净值的变化情况，来估算封闭式基金的净值变化情况。

投资者对封闭式基金的净值预测得越准确，则越能够找到短期内相对价值低估的封闭式基金。

折价率

折价率 =1 - 基金价格/基金预测净值，是衡量封闭式基金价格低估程度的指标。折价率越高，说明该基金打折销售的幅度越大。但通常来讲，封闭式基金作为一个板块，其折价率保持同向波动，要么同时扩大，要么同时缩小。

剩余年限

剩余年限 = 封闭式基金约定到期日 - 当期日期，是衡量封闭式基金折价何时归零的指标。由于封闭式基金的封闭期结束后，通常转换为开放式基金，那么，随着封闭式基金到期时间的临近，其折价率就会不断缩小。当封闭式基金到期封转开后，基金持有人可以选择按净值赎回，相当于折价率归零。

年化折价率

年化折价率 = 折价率/剩余年限，是衡量封闭式基金折价回归速度的指标。例如，同样是 20% 的折价率，如果剩余年限是 2 年，意味着平均每年有 10% 折价的缩小，但如果剩余年限是 4 年，则意味着平均每年只有 5% 折价的缩小。

分红率

分红率 = 基金可分配红利/基金价格。封闭式基金合同会约定，基金净值大于 1 的部分，如果利润已经兑现，必须将其中 90% 或以上部分通过红利分配给基金持有人。

封闭式基金的分红能够提高其折价率，为投资者带来额外的收益。我们假设一只封闭式基金的净值是 2 元，价格是 1.5 元，那么该基金的折价率是 1 - 1.5/2 = 25%。如果该封闭式基金分红 1 元，净值和价格分别进行除权，净值变成 1，价格变成 0.5（投资者拿回 1 元分红），则折价率变成 1 - 0.5/1 = 50%，折价率大幅提高了。

分红可以提升封闭式基金的价值，是因为分红部分相当于直接将净值返回给持有人（没有折价），那么必然导致剩余的净值折价率提升。所以，有分红预期的封闭式基金，相比没有分红预期的封闭式基金，折价率也会低一些。

第三节　封闭式基金的投资策略

投资封闭式基金有三种策略。

长期持有策略

通常而言，封闭式基金作为一个整体，低估程度不会相差太大，那么长期看，净值的增长会对封闭式基金的价格产生决定性影响。从2000年到2013年，业绩优异的封闭式基金，净值增长甚至是业绩较差封闭式基金的3倍。

那么，如何寻找“牛基”呢？通常考虑下面几个因素，一是基金公司的品牌，大牌基金公司投研能力更强，如果一个基金公司的投资业绩整体优异，那么其旗下的封闭式基金也是可以信赖的；二是基金公司持有该封闭式基金的份额比例，因为基金公司持有自家基金的比例越高，说明越重视这只封闭式基金；三是基金经理的能力，可以查看该基金经理的历史成绩，通常而言，历史成绩优异的基金经理更加可信赖。

对于封闭式基金的长期投资者而言，短期的折价率反而不是特别重要，只要不是相差太过悬殊，就不需要改变自己投资的基金。

封转开策略

当封闭式基金临近到期日时，基金管理人会组织基金持有人召开大会，审议并通过封闭式基金转开放式基金的相关议项。

通常而言，封闭式基金到期前会有两次停牌，第一次是在持有人大会召开前停牌，在封转开议项通过后复牌；第二次是按照封转开扩募合同规定停牌，然后进行封转开的资金扩募，当扩募结束后，基金会封闭运行一段时间，作为新资金的建仓期，然后新的开放式基金开放申购和赎回，老封闭式基金持有者可以按净值赎回基金份额，完成封转开的折价套利。

通常而言，第一次停牌的周期大约是 1 个月至 2 个月，基金的折价率不会有显著下降；第二次停牌的周期大约是 2 个月到 4 个月，由于停牌时间较长，通常停牌以前封闭式基金的折价率还剩余 2% ~4%，如图 5 -2 所示，通常买入的时机在第二次停牌前。

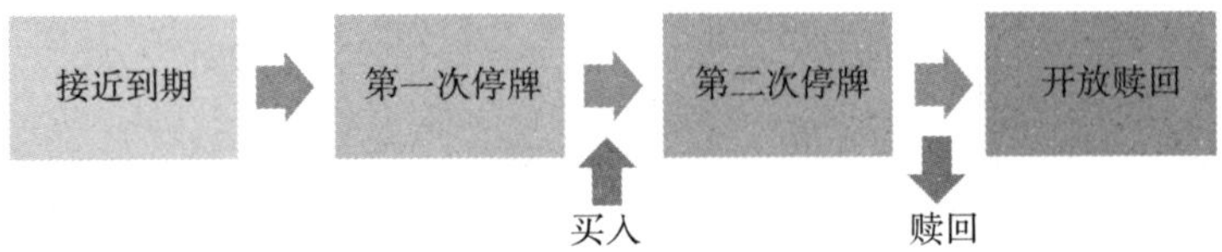

图 5 -2　封转开投资策略示意图

由于封转开停牌时间较长，中间又涉及扩募，所以净值的变化很难预测，并不能保证每次封转开套利都是赚钱的。当封转开期间，基金的净值下跌超过停牌前折价时，投资者可能亏钱；但如果基金净值是上涨的，投资者可以获得超过折价的收益率。

考虑到股票长期趋势是上涨的，所以总体来讲，封转开期间净值一定是涨多跌少，因此，大多数情况下封转开的套利收益会大于停牌前的折价。

轮动策略

由于封闭式基金短期的价格受到短期净值及年化收益率影响较大，短期内净值上升较快，年化折价率较高的封闭式基金，容易受到投资者的追捧。

这种投资策略也被称为“换基策略”，通过不断在各种封闭式基金之间切换，来获取超额的收益率。这种类型的投资通常需要具备以下三个能力：一是准确的净值预测能力；二是要实时盯盘，捕捉价格的变化；三是资金量不能太大，否则封闭式基金流动性有限，冲击成本会造成换基收益的下降。

由于换基收益从本质上讲是封闭式基金持有人之间的博弈，存在换基超额收益的投资者，必然存在换基超额亏损的投资者。如果您的技术不佳，就不要尝试频繁的换基操作。记住一句话，“打牌的时候，如果您不知道谁是埋单的傻瓜，那么您就是！”

第六章

股票套利

第一节　停牌股套利

当开放式基金的重仓股停牌后，基金会通过公允价值对停牌股进行估值，通常而言是按照行业指数的变化进行估值，也就是以停牌期间行业指数的波动，来估算停牌股当前的公允价值。例如，某商业股停牌期间，商业指数上涨20%，那么对于该商业股的公允价值估计，就是以停牌价格加上20%的涨幅来计算。

由于部分停牌股是突发利好停牌，如资产重组，通常在复牌后都会大幅上涨，且涨幅会远超过停牌期间行业指数的波动幅度，此时停牌股的公允价值就是低估的，也就是说持有停牌股的开放式基金，其公开的净值比实际的内含价值要低。如果此时该开放式基金是开放申购的，就可以申购该开放式基金，等到其重仓的停牌股复牌后，它的实际净值得到了体现（净值上涨），再赎回基金，套取停牌股复牌前后开放式基金的净值差。

下面介绍三个停牌股套利的案例，分别是博时稳定债券B基金套利中国石油、平安大华策略先锋混合基金套利白云山A、华安可转债债券B基金套利重工转债。

案例一：博时稳定价值债券套利中国石油

表6-1是博时稳定价值债券在2007年10月24日—11月5日的净值变化情况。博时稳定价值债券是一只做新股申购的债券基金，基金的净值波动一直很平稳。2007年10月26日，中国石油网上申购，笔者参与了新股申购，并且获配相应的新股中国石油，申购款于2007年10月31日晚上返还。

2007年11月1日和11月2日，是套利博时稳定价值债券的最佳时间点，此时博时债券已经获配中国石油新股，但是仍按照发行价估值，所以基金的净值没有任何波动。2007年11月5日，中国石油上市，当晚博时稳定价值的净值上涨2.5%，申购者可以在11月5日至11月6日赎回该基金，一周时间内套利收益2.5%。

表6-1 2007年10月24日—11月6日博时稳定价值债券净值变化

日期	份额净值（元）	份额累计净值（元）
2007-11-06	1.051	1.089
2007-11-05	1.052	1.090
2007-11-02	1.027	1.065
2007-11-01	1.028	1.066
2007-10-31	1.028	1.066
2007-10-30	1.028	1.066
2007-10-29	1.027	1.065
2007-10-26	1.027	1.065
2007-10-25	1.027	1.065
2007-10-24	1.028	1.066

案例二：平安大华策略先锋混合套利白云山A

2012年12月24日，广州药业与白云山A换股吸收合并通过证监会审核，按照相关约定，1股白云山A将强制转换成0.95股广州药业股票。

2013年3月13日是白云山A最后一个交易日，收盘价格是23.60元，广州药业收盘26.54元，此后广州药业一路上涨，于2013年5月15日上涨到了40.24元。

通过查找持股白云山A的基金，投资者会发现平安大华策略先锋混合基金持有白云山A的比例最多，占净值9.74%，表6-2是平安大华策略先锋混合2013年1季度公告的前十大股票投资明细。

表6-2 平安大华策略先锋混合2013年1季度公告

序号	股票代码	股票名称	数量(股)	公允价值（元）	占基金资产净值比例(%)
1	601668	中国建筑	1,319,700	4,447,389.00	9.78
2	000522	白云山A	181,656	4,432,406.40	9.74
3	600332	广州药业	77,534	2,536,137.14	5.58
4	601328	交通银行	314,400	1,480,824.00	3.26

续表

序号	股票代码	股票名称	数量(股)	公允价值(元)	占基金资产净值比例(%)
5	600261	阳光照明	147,654	1,475,063.46	3.24
6	000513	丽珠集团	32,000	1,440,000.00	3.17
7	600750	江中药业	58,880	1,342,464.00	2.95
8	600396	金山股份	215,077	1,335,628.17	2.94
9	601009	南京银行	142,580	1,286,071.60	2.83
10	600739	辽宁成大	92,700	1,267,209.00	2.79

注：报告期末按公允价值占基金资产净值比例大小排序的前十名股票投资明细。

2013 年 3 月 21 日，平安大华策略先锋混合基金发布公告，以中证协行业指数作为计算依据，对白云山 A 进行估值。

由于广州药业在白云山 A 停牌期间的涨幅远远大于医药行业指数的涨幅，所以平安大华策略先锋混合基金所持有的白云山 A 被严重低估了。

根据中国证监会《关于进一步规范证券投资基金估值业务的指导意见》及《中国证券业协会基金估值小组关于停牌股票估值的参考方法》的相关规定，经与基金托管人中国银行股份有限公司协商一致，自 2013 年 3 月 20 日起，平安大华基金管理有限公司（简称本公司）以中证协 SAC 行业指数作为计算依据，对旗下平安大华策略先锋混合型证券投资基金持有的因特殊事项而停牌且潜在估值调整对前一估值日基金资产净值的影响在 0.25% 以上的股票白云山 A（证券代码：000522）采用“指数收益法”进行估值调整。

本公司将综合参考各项相关影响因素并与基金托管人协商，自该股票复牌且其交易体现了活跃市场交易特征后，恢复按市价估值方法进行估值，届时不再另行公告。

特此公告。

平安大华基金管理有限公司

二〇一三年三月二十一日

2013 年 5 月 7 日，广州药业发布公告，关于“广州白云山制药股份有限公司投资者做好跨市场转登记相关工作的提示性公告”，由于广州药业登记在上海证交所，白云山 A 登记在深圳证交所，所以需要进行跨市场转换，这预示平安大华策略所持有的白云山 A 股票，将会转换成广州药业股票，基金公司也将按照广州药业的股票价格来计算基金的净值，此后的几天是套利资金进入平安大华策略先锋混合基金的最佳时机。

如表 6－3 所示，平安大华策略先锋混合基金的净值在 2013 年 5 月 7 日以后保持平稳，但是突然在 2013 年 5 月 16 日净值大幅上涨约 5%。2013 年 5 月 18 日，广州药业发布了换股合并白云山 A 的完成结果和新增股份上市公告，这也说明了平安大华策略基金已经完成换股，并按照广州药业的价格对基金净值进行重新估值。套利者应该于 2013 年 5 月 20 日赎回平安大华策略基金。假设 2013 年 5 月 8 日申购了该基金，则通过该笔套利，投资者可以获得约 7% 的收益。

表 6－3　平安大华策略净值变化

日期	单位净值（元）	累计净值（元）	涨跌数
2013－05－27	1.178	1.208	11.02%
2013－05－24	1.168	1.198	10.07%
2013－05－23	1.152	1.182	8.56%
2013－05－22	1.161	1.191	9.41%
2013－05－21	1.164	1.194	9.70%
2013－05－20	1.153	1.183	8.67%
2013－05－17	1.146	1.176	8.01%
2013－05－16	1.125	1.155	6.02%
2013－05－15	1.074	1.104	1.22%
2013－05－14	1.066	1.096	0.46%
2013－05－13	1.073	1.103	1.12%
2013－05－10	1.069	1.099	0.75%
2013－05－09	1.068	1.098	0.66%
2013－05－08	1.071	1.101	0.94%
2013－05－07	1.061	1.091	0

案例三：华安可转债债券 B 基金套利重工转债

2013 年 5 月 17 日，中国重工发布“重大事项停牌公告”，拉开了资产重组的大幕。中国重工的股票和可转债开始连续停牌。

2013 年 9 月 5 日，5 月起停牌的中国重工披露最新一期重大事项进展公告。除“涉及军工重大装备总装业务，属境内资本市场重大无先例事项”等此前已披露内容外，公司对于复牌时间的说明，则由此前的“力争尽早复牌”变为“不晚于 9 月 30 日，有望近日复牌”。

与此同时，中国重工还同时发布“关于举办大型投资者交流会的公告”，称“为进一步加强投资者沟通交流工作，让投资者了解公司的生产经营、资本运作、产业调整和发展战略，将于近期在北京、上海、深圳三地举办大型交流会”。而投资者交流会的最早时间为 9 月 11 日 15 时（上海），最晚一场为 9 月 16 日 15 时（深圳）。

这些公告预示中国重工马上就会复牌，由于此前军工股票已经开始热炒，因此预计中国重工复牌大概率会上涨。

查看持有中国重工的基金，未发现有持股比例很高的开放式基金，于是套利者将目光转向了重工转债。重工转债停牌前价格为 109.82 元，也可能会大幅上涨。

寻找重仓重工转债的开放式债券基金，发现有非常多的债券基金重仓重工转债，其中一个债券基金叫“华安可转债债券”，如表 6－4 所示，查看它的 2013 年半年报，发现重工转债的持仓占到了 21.8%。

表 6－4　华安可转债债券基金 2013 年 2 季度报告

序号	债券代码	债券名称	数量(张)	公允价值(元)	占基金资产净值比例(%)
1	113002	工行转债	1,765,030	193,058,981.40	26.80
2	110018	国电转债	1,796,130	193,048,052.40	26.80
3	110015	石化转债	1,849,510	184,618,088.20	25.63
4	110023	民生转债	1,733,590	180,206,680.50	25.02
5	113003	重工转债	1,436,200	157,005,384.00	21.80

注：期末按公允价值占基金资产净值比例大小排名的前五名债券投资明细。

套利投资者可以于 2013 年 9 月 6 日申购该基金。2013 年 9 月 11 日中国重工公告复牌，当天重工转债从 109.82 元上涨到 133.02 元，上涨幅度超过 21%。

2013年9月11日，重工转债上市后已经能体现该基金的价值，套利投资者可以赎回该基金。如表6－5所示，2013年9月10日至11日，该基金一天的净值上涨了2.96%，这个涨幅基本是重工转债上涨所贡献的。不过由于参与套利的人非常多，摊薄了净值上涨的收益，使得该基金的净值增长未达到应有的涨幅。

表6－5 华安可转债债券基金净值变化

日期	单位净值（元）	累计净值（元）	涨跌
2013－09－11	1.112	1.112	2.96%
2013－09－10	1.080	1.080	1.03%
2013－09－09	1.069	1.069	2.69%
2013－09－06	1.041	1.041	0.19%
2013－09－05	1.039	1.039	0.29%

停牌股套利策略

停牌股套利的机会不会很多，但由于停牌股复盘的波动性非常大，所以套利的空间也很丰厚，建议尽可能参与。

利用开放式基金套利停牌股，要注意以下四个方面：

（1）寻找持有该停牌股的开放式基金，并挑出净值占比最高的基金，这样计算出来的套利收益最大。

（2）尽量选择合适的时间进入，这个时间点不能太早，否则要承担很长时间基金净值的波动。但进入的时间也不能太晚，因为等停牌股发布复盘公告时，通常是马上复盘，此时已经没有机会套利了。

（3）停牌股复盘后，要马上赎回，不论盈亏。

（4）尽量避免选择热门的套利基金。如果大量的资金参与某一只开放式基金进行停牌股套利，最终套利收益会被摊薄。要寻找不被人注意的冷门基金进行套利。

第二节　吸收合并换股

起因与流程

吸收合并换股是公司合并的一种形式，是指一家公司吸收其他公司。公司提出换股吸收合并通常有如下两个原因：

（1）希望通过换股上市获得 A 股上市资格，方便未来再融资。

（2）解决同业竞争。

吸收合并换股，通常需要经过以下七个流程：

（1）双方公司董事会同意；

（2）双方债权人同意；

（3）分类别的股东大会同意；

（4）双方所在地政府同意；

（5）合并过程中涉及到国有资产，可能需要国资委的批准；

（6）涉及外资并购问题，必须经过商务部的审批；

（7）中国证监会的批准。

现金选择权

为了使换股吸收合并的决议得到通过，通常在吸收合并换股的方案中包含现金选择权。所谓现金选择权，就是指当上市公司拟实施资产重组、合并、分立等重大事项时，相关股东按照事先约定的价格，在规定期限内将其所持有的上市公司股份出售给第三方的权利。

现金选择权制度是保护中小股东的一种手段，也为低风险投资者带来了套利的机会。现金选择权包含四种类型，它们的作用也各不相同，下面分别进行描述。

第一，异议现金选择权。是指在吸收合并换股方案的投票中，只有投反对票才能获得现金选择权。由于很多套利投资者为了获得现金选择权，必须在吸收合并换股方案中投反对票，投的人多了，可能导致方案不通过。

第二，无异议现金选择权。是指在吸收合并换股方案实施过程中，无论投资者在股东大会上投赞成票还是反对票，都有资格在换股上市前实施现金选择权。

第三，二次现金选择权。是指上市公司承诺，在新股上市的当天，如果新股破发，换股上市的投资者可以按照发行价将股份卖给上市公司或者第三方。

第四，隐含二次现金选择权。部分上市公司虽然没有承诺二次现金选择权，但是承诺当开盘价低于发行价时，上市公司将大比例增持公司股份，这相当于隐含了二次现金选择权。例如，东电 B 换股浙能电力的方案中，浙能电力承诺上市三日内，如果股价跌破发行价，上市公司将使用 15 亿元人民币进行增持，直到资金耗尽，这相当于承诺新股破发收购 50% 的流通股，实际上相当于派送了发行价的现金选择权。

吸收合并换股套利实例

吸收合并换股上市分为两种类型：一种是换股后首发上市，另一种是换股后增发上市。

吸收合并换股首发上市的表现如表 6－6 所示。由于上市首日不设置涨跌停板，所以上市首日的股价表现相差很大。大多数吸收合并换股首发上市是不发行新股的，但是中国交建换股路桥建设，既包含换股上市，也包含新股 IPO。

表 6－6　吸收合并换股首发上市表现（相对于换股停盘前价格）

换股股票	现金选择权类型	换股比例	停盘日期	停盘前价格（元）	换股上市日期	换股首日价格（元）	换股涨幅（%）	同期沪深 300 涨幅（%）
湘火炬换股潍柴动力	无异议现金选择权	3.53:1	2006－12－18	8.90	2007－04－30	70.00	123	81.5

续表

换股股票	现金选择权类型	换股比例	停盘日期	停盘前价格（元）	换股上市日期	换股首日价格（元）	换股涨幅（%）	同期沪深300涨幅（%）
山东铝业换股中国铝业	无异议现金选择权	1:3.15	2007－01－09	24.03	2007－04－30	20.07	163	77.9
上电股份换股上海电气	无异议现金选择权	1:7.32	2008－11－12	28.06	2008－12－05	6.00	56.5	19.0
上海医药吸收合并	异议现金选择权	1:1	2010－02－03	14.73	2010－03－09	16.20	10	1.7
太行水泥换股金隅集团	二次现金选择权	1:1.2	2011－02－01	13.80	2011－03－01	15.00	30.4	7.2
攀钢钢钒换股攀钢钒钛	2年后二次现金选择权	1:1	2009－04－23	9.72	2009－05－06	8.60	－11.5	5.0
唐钢股份换股河北钢铁	异议现金选择权	1:1	2009－12－15	7.09	2010－01－25	6.60	－6.9	－7.1
路桥建设换股中国交建	无异议现金选择权	1:2.69	2012－02－20	16.43	2012－03－09	6.99	14.4	4.9
广汽长丰换股广汽集团	二次现金选择权	1:1.6	2012－03－06	17.82	2012－03－29	9.80	－12	－7.6
美的电器换股美的集团	异议现金选择权	1:0.3447	2013－08－14	14.02	2013－09－18	40.50	－0.4	3.3
东电B换股浙能电力	隐含二次现金选择权	1:0.886	2013－11－06	0.825美元，合5.1元	2013－12－19	8.50	47.7	－0.9

跟踪A股市场2006年后吸收合并首发上市11只股票的表现，假设在换股上市停盘前一天的收盘价买入股票，换股上市首日开盘价卖出股票，则其中8只股票换股上市后的涨幅超过了同期沪深300指数的涨幅，分别是潍柴动力、中国铝业、上海电气、上海医药、金隅集团、河北钢铁、中国交建、浙能电力，其中相比换股前涨幅超过30%的有5只股票。有3只股票换股上市后的涨幅弱于沪深300指数，分别是攀钢钒钛、广汽集团、美的电器，其中损失最大的是广汽集团，换股后相比换股前跌12%。

通过对比我们发现，不论牛市还是熊市，参与首发上市的吸收合并换股，并持股到新股上市日，大多数情况收益非常高。不仅在熊市中能跑赢指数，即使在大牛市中，仍然跑赢了指数。

同时，分析失败案例，最大亏损案例仅亏损12%，所以，参与首发上市的吸收合并换股，风险非常小。

由于中国股市新股上市首日通常被爆炒，而破发时亏损又很少，这导致首发上市的吸收合并换股也继承了新股上市的特征，那就是大概率暴涨，小概率亏钱。

另外，有二次现金选择权的吸收合并换股，从条款上更好地保护了换股的投资者，有非常大的参与价值。

吸收合并换股增发上市的表现如表6－7所示。增发换股上市，是指证监会核准后，参与换股的股票停牌并完成换股，而被换股的股票继续交易，等完成换股后，以增发股的方式上市。例如，包头铝业换股中国铝业，2007年12月18日包头铝业停盘，中国铝业继续交易，等包头铝业的股份换股成中国铝业后，2008年1月4日在A股市场上交易，类似增发股上市。

表6－7　吸收合并换股增发上市表现（相对于换股停盘前价格）

换股股票	换股比例	停盘日期	停盘日价格（元）	停盘日折价（%）	增发上市日期	增发上市价格（元）	换股涨幅（%）	同期沪深300涨幅（%）
包头铝业换股中国铝业	1∶1.48	2007－12－18	49.04	9.6	2008－01－04	40.32	21.7	12.4
新湖创业换股新湖中宝	1∶1.85	2009－07－31	23.62	5.4	2008－09－04	11.30	－11.5	－18.2
白云山A换股广州药业	1∶0.95	2013－03－13	23.27	8.3	2013－05－23	36.00	47	3.0

跟踪A股市场三只吸收合并增发上市股票的表现，假设在换股上市停盘前一天的收盘价买入股票，换股上市首日开盘价卖出股票，通常参与换股的股票，按换股比例折算成被换股的股票，都会有一定的折价，通常折价在5%～10%。

由于折价的保护，使得所有吸收合并增发上市的股票，停盘到上市的换股收益，都超过了同期沪深 300 指数的表现。

所以参与吸收合并增发上市的股票，有些类似参加封闭式基金的封转开，并且停盘前的折价率通常较大，停盘时间也较短，非常值得参与。

第三节　要约收购

要约收购是指收购人通过向目标公司的股东发出购买其所持该公司股份的书面意见表示，并按照依法公告的收购要约中所规定的收购条件、价格、期限以及其他规定事项，收购目标公司股份的收购方式。

要约收购的流程

要约收购包含部分自愿要约与全面强制要约两种类型。部分自愿要约是指收购者依据目标公司总股本确定预计收购的股份比例，在该比例范围内向目标公司所有股东发出收购要约，预受要约的数量超过收购人要约收购的数量时，收购人应当按照同等比例收购预受要约的股份。

要约收购的流程如下所述：

第一步：预受要约申报。

首先，收购方刊登《上市公司要约收购报告书》，说明要约方式和要约条件，包括要约收购的时间周期，要约收购的价格及要约收购股份的比例。

流通股股东有权在要约收购期内正常交易，被收购公司不停牌的，可以正常转托管。也可以对所持股份进行预受要约申报，但申报确认后不能卖出。如果预受要约申报确认后还想卖出，应解除预受要约后再卖出。

第二步：要约收购生效。

对于全面要约收购，当预受要约数量达到一定比例，则被收购的股票将不再满足上市条件，公司将履行股票终止上市的有关程序。

对于部分要约收购，收购方不以终止被要约方股票退市为目的。通过承诺一定的收购比例，如果接受要约收购的股票数量多于承诺收购数，则按比例进行要约。

第三步：余股收购。

余股收购仅针对全面要约收购流程，开始日是在证券发布终止上市公告的次一交易日，申请方式与之前要约收购方式一样。对所持股份进行预受要约申报。

要约收购案例分析

笔者在下面列举了5家要约收购的案例，如表6－8所示，其中有苏泊尔、金马集团、重庆啤酒三家公司要约成功，水井坊、全柴动力两家要约失败。

表6－8　要约收购收盘日表现

要约收购股票	要约比例	要约是否成功	要约价格（元）	停盘日期	停盘日价格（元）	停盘日折价
苏泊尔	22.74%	成功	47	2007－12－20	44.6	5.1%
水井坊	全面要约	失败	21.45	2012－04－24	21.29	0.8%
全柴动力	全面要约	失败	16.62			
金马集团	全面要约	成功	13.46	2013－07－18	13.41	0.4%
重庆啤酒	30.29%	成功	20	2013－12－04	18.81	6.0%

通过分析可以发现，要约收购报告书公布后，股票价格会迅速逼近要约价格。此后，如果相关行业股票处于平衡走势，则通常要约收购会成功；但如果相关行业股票是处于牛市或者熊市，则要约收购存在失败的可能。

例如水井坊的案例，由于同期白酒股走牛，导致水井坊要约收购期间，股价在大多数时间高于要约收购价格，最终要约收购失败。而全柴动力，则是由于收购方熔盛重工所处行业严重不景气，导致其终止要约收购，结果全柴动力的股价“雪崩”，差不多跌到要约收购价格的50%。

全面要约收购套利风险并不小，尤其是存在熊市中收购方毁约的风险，所以笔者不建议在证监会核准前买入。但当证监会核准后，通常收益又很小。所以，看似风险很低，但是综合考虑收益和成本，实际价值并不是很大。

部分要约收购，通常在要约方案公布后还有较大的折价，但是要约比例不容易确定，而且要约完成后，余股的价格也不好确定，所以收益率也不是很高，而且需要仔细甄别机会。

第四节　认沽权证

认沽权证，就是看跌的权利，是指在行权的日子，持有认沽权证的投资者可以按照约定的价格卖出相应的股票给上市公司。

如果上市公司提供大比例的认沽权证，这意味着到了行权日，如果上市公司的股价低于行权价，则认沽权证的持有者会大量收购股票，然后行权卖给上市公司套利，最终导致股价接近认沽权证行权价。而上市公司为了避免大量收购流通股，也会想一切办法出利好，来托住股价，这就是认沽权证套利的原理。

下面列举了3家公司的案例，如表6－9所示，分别是上海机场、华菱管线、攀钢钒钛。

表6－9　认沽权证套利表现

股票	认沽比例	认沽权证存续时间	认沽权证行权价（元）	实施日期	实施首日价格（元）	相对行权价折价	股价超过行权价日期
上海机场	75%	1年	13.12	2006－03－02	11.8	10%	2006－05－16
华菱管线	71.9%	2年	4.9	2006－03－01	4.1	16.3%	2007－01－16
攀钢钒钛	100%	2年	10.55	2009－05－06	8.6	18.5%	2010－12－21

上海机场股改后一段时间股票价格低于行权价，2个月后价格超过认沽权证行权价。华菱管线股改后，大约10个月价格才超过行权价，攀钢钒钛则等了1年多后，依靠注入矿产资源的利好才超过认沽权证的行权价。

认沽权证套利，不适合牛市初期操作，上海机场、华菱管线、攀钢钒钛在获配认沽权证的初期，其股价一直弱于同期沪深300指数，但是这种套利的确定性较强。当感觉市场高估时，资金退出后做认沽权证套利，则是较安全的一种模式。

第五节　可转债转股套利

利用转债追涨停

当可转债处于股性区域的时候，根据价值考量，可转债应该和正股同涨同跌。但当股票价格大幅波动，尤其是强势封涨停板的时候，可转债的价格不一定能迅速跟上，这是因为：

（1）可转债的卖出方没有看到股票价格，当看到转债价格大涨，就挂单逢高卖出。

（2）可转债的买入方通常是低风险投资者，很少去盯盘，也不喜欢追高。

这就造成了某些时刻，当可转债对应的正股涨停板了，可转债的转股溢价仍然是负数，此时买入可转债并转股，相当于低于涨停板买入正股，第一天正股股票平开都能盈利，而涨停后大部分股票会继续高开，则可能盈利更多。

下面是一个可转债追涨停的例子。

2014年10月30日下午1时15分，国电电力突然大涨并迅速封死在涨停板，如图6－1所示。

此时，国电转债的价格并没有迅速追上，如图6－2圆圈所示位置，正股已经涨停，转债仍然有2%的折价，此时是非常好的买入机会。

第二天，国电电力继续高开上涨，前一天买入国电转债的投资者可以获利出局。

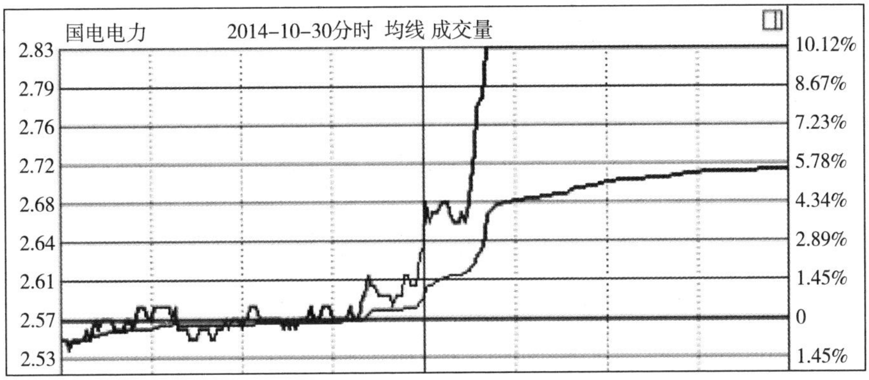

图6－1 国电电力K线图

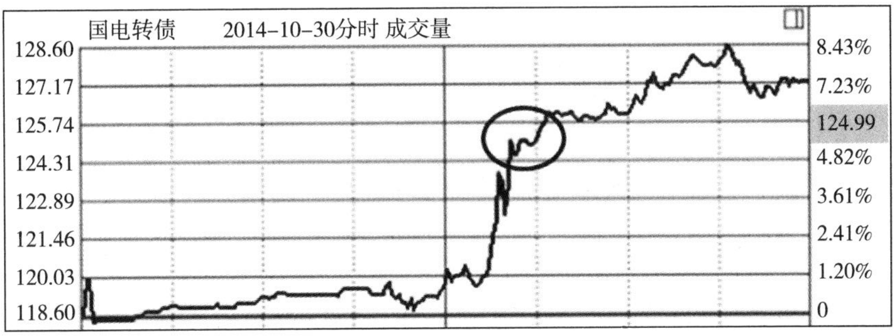

图6－2 国电转债K线图

折价转股套利

当可转债处于股性区域的时候，有的时候会出现折价的情况，如表6－10所示。

表6－10 可转债转股折价 单位：元

代码	名称	现价	涨跌幅	正股	正股价	正股涨跌	净资产	市净率	转股价	转股价值	溢价率
110024	隧道转债	142.38	0.69%	隧道股份	6.77	1.20%	4.69	1.44	4.71	143.74	-0.95%
128002	东华转债	144.52	0.00%	东华软件	17.14	0	4.8	3.57	11.79	145.38	-0.59%
128001	泰尔转债	137.57	-1.32%	泰尔重工	11.74	-0.76%	4.98	2.36	8.49	138.28	-0.51%
113003	重工转债	129.10	-2.29%	中国重工	6.13	-2.39%	3.01	2.04	4.74	129.32	-0.17%
128007	通鼎转债	131.11	1.64%	通鼎光电	22.92	1.64%	5.34	4.29	17.5	130.97	0.11%

续表

代码	名称	现价	涨跌幅	正股	正股价	正股涨跌	净资产	市净率	转股价	转股价值	溢价率
128003	华天转债	146.88	-3.37%	华天科技	14.14	0.50%	2.68	5.28	9.74	145.17	1.18%
128004	久立转债	136.06	-0.81%	久立特材	26.51	-0.23%	5.58	4.75	19.76	134.16	1.42%
110027	东方转债	134.24	2.26%	东方电气	15.81	3.47%	9.05	1.75	12	131.75	1.89%
110019	恒丰转债	123.50	0.81%	恒丰纸业	8.05	0.12%	5.96	1.35	6.67	120.69	2.33%

当处于转股期时，可转债投资者可以转股。所以，当折价出现后，存在转股套利的机会，转股套利的方式如图 6－3 所示：

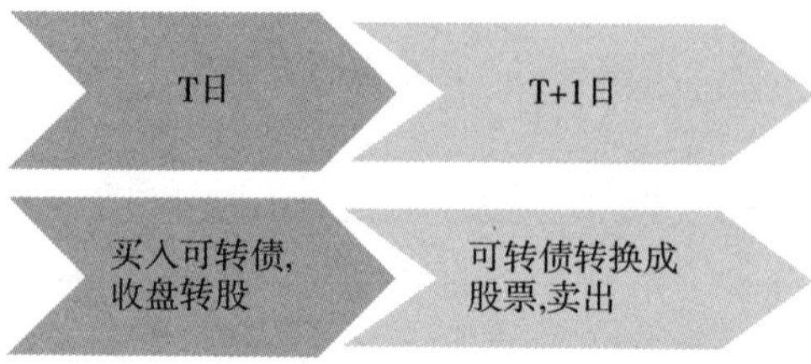

图 6－3　可转债转股套利流程图

当看到可转债处于折价交易时，套利者可以买入可转债，然后收盘转股（每个可转债都有转股代码，卖出转股代码即可转股，当天买入的可转债允许当天转股）。第二天，可转债会转换成股票，套利者卖出股票，即可完成套利操作。

不过可转债套利有一天的风险窗口，因为 T 日可转债处于折价，如果 T＋1 日正股大跌，套利者可能不赚反亏。

通常正股 T＋1 日下跌的概率会大一些，这是因为套利者必须依靠卖出正股才能获利，当很多人参与套利时，就会出现股票价格的踩踏，最终套利不成反被套住。

那么可转债折价套利到底能不能参与？

笔者的参与策略如下：

投资者可以参考“可转债交易量/正股交易量”的数值。如果该值远大于1，那么说明正股的交易不活跃，而可转债交易活跃，很可能转债的买入者第二天都会转成股票卖出，这部分股票的量远大于正股的正常成交量，必然打压正股股价，第二天大概率正股低开抹平折价，陷阱的概率非常大，不要参与。

如果该值远小于1，那么说明正股的交易很活跃，而可转债交易不活跃，买入可转债并转股的潜在套利砸盘者的量不大，第二天正股很容易消化这部分成交量，此时可以尝试参与折价套利，通常是机会。

| 第七章 |

持仓管理

第一节　集中还是分散

长期投资能赚钱吗

当我们投资股市时，首先需要明确一个问题，长期投资能不能赚钱？如果答案是否，那么这个市场就不是一个正常的投资市场，而是一个赌场，此时市场的盈利模式只可能是“互摸口袋”的技巧。

不过，从多个国家的股市历史看，当处于和平环境时，绝大多数证券市场总是向上增长的。美国道琼斯指数从1896年的40点起步，到目前的16000点，117年时间上涨了400倍，图7－1是美国股市的历史走势图。

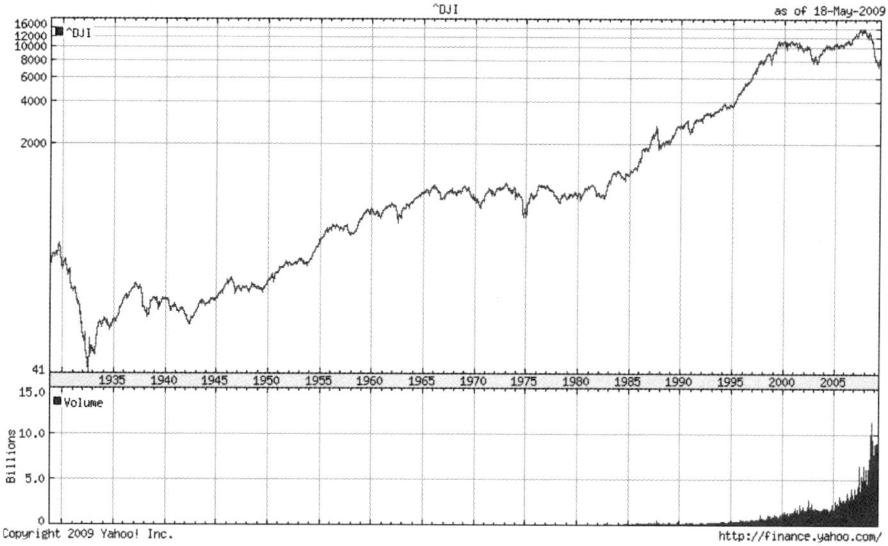

图7－1　1930—2009年道琼斯指数走势图

投资美国股市，从1930年至2015年大约7%的复合回报率，如果加上分红再投资，大约是10%的复合回报率，远高于美国商业银行的定期存款或者美国国债的复合回报率，所以，长期投资美国股市是可以实现资产增值的。

投资我国香港股市，回报更加惊人，恒生指数从 1964 年 100 点为基数，到 2013 年超过 2 万点，不到 50 年增长了 200 倍，复合回报率超过美国的道琼斯指数。

投资 A 股市场，回报率也不逊色，上证指数从 1990 年 100 点为基数，到目前的 2 千多点，23 年时间增长了 20 倍，复合收益率也超过了同期的定期存款及国债。

所以，从国内外的股市历史走势图看，股市（A 股）并不是赌场，并且长期投资的复合回报率相当可观。

集中投资行不行

虽然当一个国家处于和平时期，通常指数都是上涨的，但如果我们把目光聚焦到某一个具体的股票上，那么结果会有很大的差异性。

“长江后浪拍前浪，前浪死在沙滩上。”大部分企业都有自己的生命周期，而百年老店、常青树类的企业，都是可遇而不可求的。美国历史上的蓝筹股柯达，在 2012 年申请了破产保护，而通用汽车公司和雷曼兄弟也都破产了，这些股票的持有者显然无法享受大盘指数的上涨。

中国股市也是如此。20 世纪 90 年代末，由于家庭消费升级，家电股中出了很多大牛股，但如果有人一直拿着四川长虹到现在，那投资回报率将惨不忍睹。类似的股票比比皆是，最终的结果就是，眼看着指数涨了很多，但自己的股票最终反而赔钱了。

俗话说，“鸡蛋不能放在一个篮子里面”。这是因为，如果篮子坏了，所有的鸡蛋都会碎掉。有些人会认为，找到一个足够坚固的篮子，就可以放心睡大觉了，但别忘了时间是最大的不确定性，水滴尚可石穿，谁有把握看起来很坚固的篮子，就永远不会出问题?

为了更好地说明单一持股的风险，笔者在这里举一个比较极端的例子。

假设一个虚拟的股票交易所中，只存在 10 只等权的股票，每过 10 年的周期，其中 5 只股票涨了 500%，还有 5 只股票跌 95%，并且 10 年后，这10只股票再恢复为等权，在这种情况下，会发生什么故事呢?

（1）根据指数的计算规则，10年指数上涨幅度为202.5%，这是很不错的收益率，如果投资者等权买入10只股票，每只股票的仓位是10%，则最终的收益率是202.5%，20年的投资回报差不多是8倍。

（2）假设投资者满仓随机持有1只股票10年，那么50%的投资者是幸运的，他们盈利了500%；另外50%的投资者是不幸的，他们亏损了95%。

（3）假设投资者满仓随机持有1只股票20年，那么25%的投资者（连续两个10年赚取500%的收益）是幸运的，他们盈利了3500%；50%的投资者是不幸的（一次赚500%，一次亏95%），他们最终亏损了70%；还有25%的投资者是非常不幸的（两次都亏95%），他们最终亏损了99.8%。

在这个虚拟的交易所中，等权持仓10只股票的投资者，可以获得与指数相同的涨幅；而单一持仓的投资者，只有少数是幸运的，能跑赢指数；但绝大多数都是失败者。并且随着时间推移，单一持仓的投资者除非每次都押对品种，否则任何一次闪失，都会导致整体的投资回报率从盈利变成亏损。

大部分散户跑不赢指数也是这个原因。有很多散户喜欢卖出手中盈利的股票，买入手中亏损的股票，最后的结果就是股票账户中最终满仓一只巨亏的股票。此时，他们能做的就是期待某一天大牛市的来临，能让手中套住的股票解套，但很可能这一天永远也无法来临。

以四川长虹为例，如图7-2所示，股价在1998年1月创新高后不断下跌，即使是6124点大牛市，价格仍然没有达到1998年1月高点的50%。很多人在十几年前的高点买入四川长虹，并坚持到了今天，但结果是亏损严重，一直没有解套的机会，因为家电行业已经过了最辉煌的时期，即使后面牛市到来，也不代表所有的股票都会涨到前期高点!

对于一个低风险投资者而言，绝不会满仓单一品种。就投资的风险控制来讲，仓位管理的重要性，甚至远远超过投资品种的安全性。因为风险再小的投资品种，满仓也是高风险；风险再大的投资品种，分仓也是低

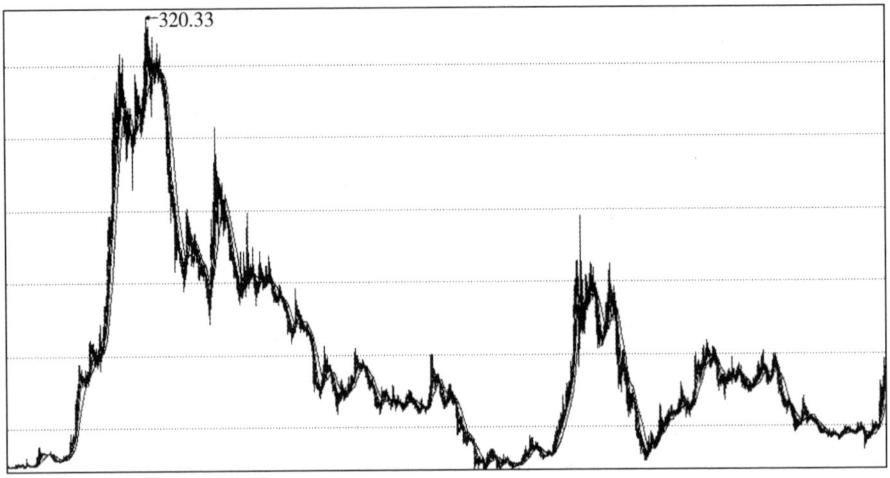

图7-2　四川长虹历史走势

风险。

如果您满仓投资单一品种，只要您错一次，您就输了。如果您组合投资多个品种，也许您只对了一次，您也能赢。

第二节　动态再平衡

假设证券市场是一个波动剧烈的市场，每年大盘指数只有两种可能的走势，涨100%和跌50%，并且两者出现的概率都是50%，您能赚钱吗？

这种行情被称为“坐电梯行情”，经过几次波动后，指数又回到了原点。如果满仓ETF指数基金，那么经过几轮波段后，应该是不赚钱的。

那我们换一种方式，假设上证指数2000点时，投资者购买50%仓位的ETF基金（跟踪上证指数），剩余50%的现金，并且1年以后无论涨跌，都强制将持仓平衡为50%ETF基金和50%的现金，那结果会如何呢？

在这个投资模型中，大盘每跌50%或者每涨100%时，进行一次动态再平衡，假设4年内上证指数的走势是2000点—1000点—2000点—4000点—2000点，这意味着股市经过一轮波动后，终点又回到了起点。如表

7－1所示，通过持仓的动态再平衡，居然投资组合实现了盈利，盈利为26.6%。这就是动态再平衡的奥秘之处，投资者采用合理的仓位管理技巧，通过股市的波动赚到了钱。

表7－1 指数基金与现金的动态再平衡（平衡市）

年份	事件	大盘指数	指数基金	现金	净值
0	建仓	2000	0.500	0.500	1.000
1	大盘跌50%	1000	0.250	0.500	0.750
1′	仓位再平衡	1000	0.375	0.375	0.750
2	大盘涨100%	2000	0.750	0.375	1.125
2′	仓位再平衡	2000	0.563	0.563	1.125
3	大盘涨100%	4000	1.125	0.563	1.688
3′	仓位再平衡	4000	0.844	0.844	1.688
4	大盘跌50%	2000	0.422	0.844	1.266

如果4年内大盘走势是完全不同的路径，例如，走势是2000点—4000点—2000点—4000点—2000点，结论仍然还是一样的，盈利仍然是26.6%。也就是说，动态再平衡策略是与指数的路径变化不相关的。

当然，如果市场不是平衡市，而是单边牛市，则指数基金与现金的动态再平衡，投资回报率会大幅跑输大盘。假设4年内上证指数的走势是2000点—4000点—8000点—16000点—32000点，指数上涨16倍，如表7－2所示，动态再平衡后投资组合的净值增长只有400%，远远跑输大盘。

表7－2 指数基金与现金的动态再平衡（牛市）

年份	事件	大盘指数	指数基金	现金	净值
0	建仓	2000	0.500	0.500	1.000
1	大盘涨100%	4000	1.000	0.500	1.500
1′	仓位再平衡	4000	0.750	0.750	1.500
2	大盘涨100%	8000	1.500	0.750	2.250
2′	仓位再平衡	8000	1.125	1.125	2.250
3	大盘涨100%	16000	2.250	1.125	3.375
3′	仓位再平衡	16000	1.688	1.688	3.375
4	大盘涨100%	32000	3.375	1.688	5.063

当然，如果市场是熊市，则指数基金与现金的动态再平衡，会大幅跑赢。但由于股市长期都是上涨的，持有过多现金必然会减少投资回报率，那么是否有更好的办法呢？

在上面的例子中，始终保持50%的现金，资金利用率并不高。我们现在尝试构造一个投资组合，利用不同投资品种之间的波动性来赚钱。

为了方便计算，我们假设市场中存在A、B两个投资品种，并且A和B存在负的相关性，也就是当A涨100%的时候，B跌50%，而当B涨100%的时候，A跌50%。当经过一轮周期后，假设A和B都回归到最初价格，那么投资者的回报率是多少呢？

在这个模型中，投资者初始持有A和B各50%，投资品种A的变化规律是涨100%—跌50%—跌50%—涨100%，投资品种B的变化规律是跌50%—涨100%—涨100%—跌50%，A和B经过一轮波动后，都回到了起点，如表7－3所示，投资组合的净值从1元增加到了2.44元，盈利为144%。

表7－3　负相关投资品种的动态再平衡

年份	事件	品种A	品种B	净值
0	建仓	0.500	0.500	1.000
1	A涨100% B跌50%	1.000	0.250	1.250
1′	仓位再平衡	0.625	0.625	1.250
2	A跌50% B涨100%	0.313	1.250	1.563
2′	仓位再平衡	0.781	0.781	1.563
3	A跌50% B涨100%	0.391	1.563	1.953
3′	仓位再平衡	0.977	0.977	1.953
4	A涨100% B跌50%	1.953	0.488	2.441

相比指数基金与现金的动态再平衡，负相关品种的动态再平衡，在相同的波动幅度下，投资回报率要高很多。

如果我们进一步分析，会发现动态再平衡的投资回报率与两个因素密切相关。

（1）与投资品种的波动率相关。波动率越高，动态再平衡的投资收益越好。例如，指数基金与现金的动态再平衡，如果波动率降低到50%，依靠波动获得的投资回报率仅有6.3%，远远低于100%波动时26.6%的投资回报率。

（2）与投资品种之间的相关性有关。如果A和B的相关性为1，也就是说A和B同涨同跌，那么经过几轮动态再平衡后，净值仍然为1，没有超额收益，典型的例子是相同行业的股票，通常会同涨同跌。如果A和B的相关性为0，则A涨或跌和B基本无关，例如指数基金和现金的组合，投资回报率如表7-1所计算，有一定的超额收益。如果A和B的相关性为-1，则A涨的同时，B肯定跌，投资回报率如表7-3所计算，有很高的超额收益 。

所以在选择投资品种的时候，通常不建议持有相关性很高的投资组合，例如投资组合都买入银行股，或者都是白酒股。这样，一方面无法分散风险，当价格出现同涨同跌时，很容易出现类似单一持仓的风险（比如行业整体性衰退的风险）；另一方面，即使是由于市场错杀导致投资品种低估，也很容易造成关联性的股票价格同时被市场低估，此时，只能眼睁睁看着股价下跌而没能力加仓，因为相关性高的投资组合大概率是同时下跌的。

可以跨行业优选投资品种，例如大盘股和小盘股存在跷跷板效应，可以均衡持有。当存在一个品种低估而另一个品种高估时，可以通过动态再平衡，在控制风险的同时，利用市场的波动赚取超额利润。

第三节　合理使用杠杆

杠杆投资概述

投资上杠杆，其本质就是借钱炒股，借钱的方式有两种。

第一种方式，是将股市之外的资产做抵押借款，并投入股市。例如，将自己的房子抵押，向银行借款炒股，不过这种行为是不合法的，因为银行严禁将贷款拿去炒股。变通的模式有，自己购买了一套房子，并采用按揭贷款，可以一边还银行的按揭贷款，一边做投资，相当于拿银行的贷款在炒股。

对于第一种方式，如果银行的贷款利率足够低，并且贷款期限足够长，通常是划算的。例如，住房公积金贷款的利率低于5%，而中国上市公司的ROE增长基本在10%左右。所以，如果使用公积金贷款买房，同时也在做投资，那最好不要提前归还公积金贷款，因为这部分钱即使投资ETF指数基金，长期看也比提前还款合适。

第二种方式，是指购买金融衍生品，或者以股市内的资产做抵押，这是本节讨论的重点，包括如下五种方法。

★股票认购权证

股票认购权证是一种金融衍生品，购买认购权证后，可以按照某个约定价格买入股票。例如，某股票价格10元，认购权证的行权价格为9元，如果投资者买入该股票的认购权证，则拥有了在9元买入该股票的权利。

通常认购权证的价格低于股票的价格，例如上面的例子中，如果认购权证的价格为1元，股票价格为10元，则相当于10倍杠杆。因为当正股从10元上涨到20元，则认购权证的价格必然从1元上涨到11元。

★股指期货

股指期货，是以股票指数为标的的标准化合约，例如沪深300指数股指期货。由于股指期货采用保证金交易，如果做多股指期货，只需要投资一定的保证金（大于 12%）。所以股指期货存在杠杆，杠杆比例等于期货合约金额/保证金金额。

★债券正回购

债券正回购是一方以一定规模债券做抵押融入资金，并承诺在日后再购回所抵押债券的交易行为，银行、机构和个人都可以参与。投资者将自己购买的债券抵押后，根据当日的市场交易利率融入资金，并在资金到期日归还本息。目前债券正回购业务通常仅面对专业债券投资者开放。

★股票信用交易

股票信用交易又被称为“融资融券”，是指投资者向具有融资融券业务资格的证券公司提供担保物，并借入资金买入证券。绝大多数证券公司均提供信用交易。2013 年股票融资业务的利率是 8.6%。

★分级基金

分级基金是基金公司发行的结构型产品，可以将基金收益和净资产进行分解，包括固定收益的 A 类和杠杆交易的 B 类。A 类始终获得固定收益，B 类支付 A 类固定收益后获得整个基金的权益收益，相当于分级基金的 B 类持有者向分级基金的 A 类持有者借钱，而借款利率在基金发行合同中约定。

定额融资

定额融资杠杆是指在进行杠杆交易时，始终保持恒定的借款金额，不会因为市场的波动对借款的金额进行增加或者减少。

认购权证属于定额融资，因为行权价格是不变的。目前分级基金的 B 类向分级基金的 A 类融资，大多数也采用定额融资。

举一个定额融资分级基金的例子。假设 1∶1 的分级基金，总计 200 份，B 和 A 各 100 份，B 向 A 融资，这里忽略 B 向 A 支付的融资利息。当指数不断下跌时，A 的本金保持不变，而 B 的本金会加倍减少。当指数下跌 50% 时，B 投资者本金亏光。当指数不断上涨时，A 的本金保持不变，而

B 的本金会加倍增加。当指数上涨 50% 时，B 投资者的本金翻倍。具体推演过程如表 7－4 所述。

表 7－4　定额融资分级基金

涨幅	指数	本金（元）	融资（元）	总金额（元）	杠杆率	A 净值（元）	B 净值（元）
	100	100	100	200	2.00	1.00	1.00
-5%	95	90	100	190	2.11	1.00	0.90
-10%	90	80	100	180	2.25	1.00	0.80
-15%	85	70	100	170	2.43	1.00	0.70
-20%	80	60	100	160	2.67	1.00	0.60
-25%	75	50	100	150	3.00	1.00	0.50
-30%	70	40	100	140	3.50	1.00	0.40
-35%	65	30	100	130	4.33	1.00	0.30
-40%	60	20	100	120	6.00	1.00	0.20
-45%	55	10	100	110	11.00	1.00	0.10
5%	105	110	100	210	1.91	1.00	1.10
10%	110	120	100	220	1.83	1.00	1.20
15%	115	130	100	230	1.77	1.00	1.30
20%	120	140	100	240	1.71	1.00	1.40
25%	125	150	100	250	1.67	1.00	1.50
30%	130	160	100	260	1.63	1.00	1.60
35%	135	170	100	270	1.59	1.00	1.70
40%	140	180	100	280	1.56	1.00	1.80
45%	145	190	100	290	1.53	1.00	1.90
50%	150	200	100	300	1.50	1.00	2.00

我们发现，当指数下跌时，B 的本金越来越少，融资杠杆率（A+B）/A越来越大。为了防止 B 亏光影响 A 的收益率，通常会设置低折点，例如设置当 B 类净值低于 0.1 时，强行将基金恢复成 1∶1 的杠杆。

定额融资会存在爆仓问题，如果没有低折点，1∶1 的融资，当指数亏 50%，融资者将血本无归。

即使设置了低折点，仍然存在爆仓的问题。假设指数跌 45%，B 类净值为 0.1，低折后杠杆恢复为 1∶1，净值回到 1.0，份额缩水 90%。那么，当指数再涨回去（涨 80%）时，B 类的净值是 2.6，考虑因低折造成的份额缩水，实际净值是 2.6 ×（1 －90%）＝0.26。

例如，150031 跟踪等权 90 指数，2011 年 4 月 8 日上市，收盘价 1.067 元，2015 年 6 月 8 日收盘价 0.9 元，下跌 15.65%；而等权 90 指数 2011 年 4 月 8 日收盘价 3104.92，2015 年 6 月 8 日收盘价 4374.53，涨 40.89%。虽然等权 90 指数大涨，但是长期投资跟踪等权 90 B 的投资者反而亏损，这是因为 150031 出现过低折而熔断，虽然再涨回去，仍然无法扭转亏损，这其实就是大多数定额融资者的结局。

所以说，与动态再平衡相反，对于定额融资而言，当股市出现巨幅下跌并涨回原来的位置时，会造成投资者巨额损失，这是因为定额融资杠杆有熔断效应。所以，做定额融资的时候，一定要非常谨慎，避免出现第一章中唐龙的结局，因为一次失手而再无翻身的能力。很多早期的股市投资大户，都因为融资造成的熔断效应而销声匿迹。

定杠杆融资

定杠杆融资，是指在进行杠杆交易时，始终保持恒定的借款杠杆比例。当市场上涨时，增加融资额；当市场下跌时，减少投资额 。

股指期货、债券正回购、股票信用交易，都可以实现定杠杆融资。国外也存在定杠杆的分级基金，能实现 B 类基金采用恒定杠杆向 A 类基金融资。

假设杠杆恒定为 2 的分级基金，本金 100 元，初始融资额 100 元，忽略 B 向 A 支付的融资利息，要求分级基金的杠杆比率始终为 2。

★股市单边上涨

当股市单边上涨时，需要增加融资额，假设每涨 10% 调整一次融资比例，如在表 7－5 中，指数从 100 涨到 110，总金额从 200 元增加到 220 元，此时融资金额是 100 元，自有资金从 100 元增加到 120 元，此时增加 20 元融资额，总金额增加到 240 元，其中 120 元是融资。当指数再涨 10%，总金额从 240 元增加到 264 元，此时融资金额是 120 元，自有资金增加到 264 －120 ＝144 元。

以此类推，当指数上涨 885% 时，本金增加了 7850%，本金增加额是指数的 8 倍左右。如果是定额融资，本金增加仅是指数的 2 倍。所以，在单边上涨的市场中，定杠杆融资的涨幅远大于定额融资，单边上涨行情中定杠杆分级基金的表现，如表 7－5 所示。

表 7－5　定杠杆分级基金——单边上涨行情

涨幅	指数	自有资金（元）	融资资金（元）	总金额（元）	杠杆	指数涨幅	净值涨幅
	100	100	100	200	2	0	0
10%	110	120	100	220	2	10%	20%
10%	121	144	120	264	2	21%	44%
10%	133	173	144	317	2	33%	73%
10%	146	207	173	380	2	46%	107%
10%	161	249	207	456	2	61%	149%
10%	177	299	249	547	2	77%	199%
10%	195	358	299	657	2	95%	258%
10%	214	430	358	788	2	114%	330%
10%	236	516	430	946	2	136%	416%
10%	259	619	516	1135	2	159%	519%
10%	285	743	619	1362	2	185%	643%
10%	314	892	743	1635	2	214%	792%
10%	345	1070	892	1962	2	245%	970%
10%	380	1284	1070	2354	2	280%	1184%
10%	418	1541	1284	2825	2	318%	1441%
10%	459	1849	1541	3390	2	359%	1749%
10%	505	2219	1849	4067	2	405%	2119%
10%	556	2662	2219	4881	2	456%	2562%
10%	612	3195	2662	5857	2	512%	3095%
10%	673	3834	3195	7029	2	573%	3734%
10%	740	4601	3834	8434	2	640%	4501%
10%	814	5521	4601	10121	2	714%	5421%
10%	895	6625	5521	12145	2	795%	6525%
10%	985	7950	6625	14574	2	885%	7850%

表7-5有一个明显的特征，就是自有资金等于下一格的融资资金，说明当投资者赚到钱以后，马上按照1:1的杠杆去借钱，资金越滚越大。

★股市单边下跌

当股市单边下跌时，需要减少融资额，假设每跌10%，调整一次融资比例，类似前面的计算过程。当指数下跌89.06%时，本金下跌99.08%，还剩下0.92%，还没有被熔断。所以，在单边下跌的市场中，定杠杆融资的跌幅远小于定额融资，单边下跌行情中定杠杆分级基金的表现，如表7-6所示。

表7-6 定杠杆分级基金——单边下跌行情

涨幅	指数	自有资金（元）	融资资金（元）	总金额（元）	杠杆	指数涨幅	净值涨幅
	100.00	100.00	100.00	200.00	2.00	0	0
-10%	90.00	80.00	100.00	180.00	2.25	-10.00%	-20.00%
-10%	81.00	64.00	80.00	144.00	2.25	-19.00%	-36.00%
-10%	72.90	51.20	64.00	115.20	2.25	-27.10%	-48.80%
-10%	65.61	40.96	51.20	92.16	2.25	-34.39%	-59.04%
-10%	59.05	32.77	40.96	73.73	2.25	-40.95%	-67.23%
-10%	53.14	26.21	32.77	58.98	2.25	-46.86%	-73.79%
-10%	47.83	20.97	26.21	47.19	2.25	-52.17%	-79.03%
-10%	43.05	16.78	20.97	37.75	2.25	-56.95%	-83.22%
-10%	38.74	13.42	16.78	30.20	2.25	-61.26%	-86.58%
-10%	34.87	10.74	13.42	24.16	2.25	-65.13%	-89.26%
-10%	31.38	8.59	10.74	19.33	2.25	-68.62%	-91.41%
-10%	28.24	6.87	8.59	15.46	2.25	-71.76%	-93.13%
-10%	25.42	5.50	6.87	12.37	2.25	-74.58%	-94.50%
-10%	22.88	4.40	5.50	9.90	2.25	-77.12%	-95.60%
-10%	20.59	3.52	4.40	7.92	2.25	-79.41%	-96.48%
-10%	18.53	2.81	3.52	6.33	2.25	-81.47%	-97.19%
-10%	16.68	2.25	2.81	5.07	2.25	-83.32%	-97.75%
-10%	15.01	1.80	2.25	4.05	2.25	-84.99%	-98.20%
-10%	13.51	1.44	1.80	3.24	2.25	-86.49%	-98.56%
-10%	12.16	1.15	1.44	2.59	2.25	-87.84%	-98.85%
-10%	10.94	0.92	1.15	2.08	2.25	-89.06%	-99.08%

表7－6中，自有资金也等于下一格的融资资金。不过，由于投资者亏钱，不断地亏钱不断地去杠杆。

★平衡市

当股市处于平衡市时，定杠杆融资存在追涨杀跌的情况，有路径依赖。例如，当指数上涨100%后，又下跌50%回到原点，按10%加减仓的定杠杆分级基金，指数从100上涨到100.27，上涨0.27%，净值从100下跌到87.62，下跌了12.38%。平衡市行情中定杠杆分级基金的表现，如表7－7所示。

表7－7　定杠杆分级基金——平衡市行情

涨幅	指数	自有资金（元）	融资资金（元）	总金额（元）	杠杆	指数涨幅	净值涨幅
	100.00	100.00	100.00	200.00	2.00	0	0
10%	110.00	120.00	100.00	220.00	1.83	10.00%	20.00%
10%	121.00	144.00	120.00	264.00	1.83	21.00%	44.00%
10%	133.10	172.80	144.00	316.80	1.83	33.10%	72.80%
10%	146.41	207.36	172.80	380.16	1.83	46.41%	107.36%
10%	161.05	248.83	207.36	456.19	1.83	61.05%	148.83%
10%	177.16	298.60	248.83	547.43	1.83	77.16%	198.60%
10%	194.87	358.32	298.60	656.92	1.83	94.87%	258.32%
3%	200.72	379.82	358.32	738.14	1.94	100.72%	279.82%
-10%	180.65	303.85	379.82	683.67	2.25	80.65%	203.85%
-10%	162.58	243.08	303.85	546.94	2.25	62.58%	143.08%
-10%	146.32	194.47	243.08	437.55	2.25	46.32%	94.47%
-10%	131.69	155.57	194.47	350.04	2.25	31.69%	55.57%
-10%	118.52	124.46	155.57	280.03	2.25	18.52%	24.46%
-10%	106.67	99.57	124.46	224.03	2.25	6.67%	-0.43%
-6%	100.27	87.62	99.57	187.19	2.14	0.27%	-12.38%

所以，单边市适合定杠杆融资，盈利多、亏损少、无熔断；但遇上长期震荡市，定杠杆融资会造成净值的不断磨损，并跑输指数。

杠杆投资案例——房产

说到杠杆投资的经典案例，不得不说房产投资。下面笔者来比较一下不融资、定额融资、定杠杆融资三种方式，在房价上涨10倍的前提下获得的投资回报率。为了简化模型，不考虑贷款利息（或者假设买房出租能覆盖贷款利息）。假设初始资金都是100万元，而一套房子的初始价格也是100万元，目前价格是1000万元，价格上涨了9倍，融资的杠杆比率为1:4，也就是首付20%，向银行贷款80%。

情况一：不融资。

这是大多数人买房的选择，资产从100万元增值到1000万元。

情况二：等额融资。

100万元买5套房，每套首付20万元，贷款80万元，共计贷款400万元。房价涨10倍，总资产增值大至5000万元，扣掉400万元的贷款，净资产从100万元增长到4600万元。

情况三：等杠杆融资。

100万元买5套房，每套首付20万元，贷款80万元，共计贷款400万元，房价每涨50%，卖出所有房子后，重新按1:4的杠杆比例买房，如此反复，具体推演过程如表7-8所示：

表7-8　房产投资定杠杆融资

涨幅	指数	自有资金（万元）	融资资金（万元）	总金额（万元）	杠杆	指数涨幅	净值涨幅
	100	100	400	500	5	0	0
50%	150	350	400	750	5	50%	250%
50%	225	1225	1400	2625	5	125%	1125%
50%	338	4288	4900	9188	5	238%	4188%
50%	506	15006	17150	32156	5	406%	14906%
50%	759	52522	60025	112547	5	659%	52422%
32%	1002	136557	210088	346644	5	902%	136457%

表7-8中，自有资金也等于下一格的融资资金的4倍，相当于投资者

赚钱以后，立即按照 1∶4 的杠杆去借钱 。

通过对比可以看出：等杠杆融资在单边上涨的中国楼市中的回报非常惊人，房价上涨 902%，本金涨了 1365 倍，自有资金放大到 13 亿元。

所以说，过去的十年，是炒房者的黄金时期。中国很大一部分富人，其财富都是通过房产投资获得的，而胆大的炒房者，可以通过银行贷款，采用等杠杆融资，从 10 年前初始资金仅 100 万元的一个炒房者，变成 10 年后资产上 10 亿元的巨富，这就是杠杆投资的巨大威力。

当然，这只是理想的模型，考虑到贷款利息、税费、物业费等成本，即使使用最大的杠杆，投资收益率也达不到 1000 倍。而且这样做风险巨大，1997 年香港回归后楼市暴跌，很多按揭贷款者都成了负资产，暴富未成反而爆仓。

所以，杠杆投资是一把双刃剑，它可以让您巨富，更可以让您破产。当您无法驾驭它的时候，请不要去尝试；但当您能驾驭杠杆的时候，它又可以成为您财富稳健增长的有力推手。

杠杆牛的思考

下文摘自笔者 2014 年底的投资总结。

在 2014 年这波行情中，我能较大幅度跑赢沪深 300 指数，和上杠杆有较大关系。不可忽视的是，2014 年的收益有一个显著特点，就是收益率和杠杆倍数成正比。

我的好友阿土哥，在中行转债 103 元的时候找券商配资上 10 倍杠杆买入，依靠今年的火爆行情一次性实现财务自由，用 1 年时间实现了我 10 年才能实现的目标。

更多的人依靠股指期货、融资融券、分级 B 等上 2 ~ 3 倍杠杆，2014 年也获得非常好的收益。而许多收益平平的投资者，在自己年终总结的第一句话都会这么说：“今年获得这个收益，主要原因是没有上杠杆”（现在很多人的心目中，100% 仓位不是满仓，只有融资买入用满额度才算是满仓）。

2014年股市行情发展呈现加速的迹象，也和杠杆有很大关系，我认为这波牛市可以定义为“杠杆牛市”。沪深两市融资余额从2014年4月突破4000亿元，到2014年12月突破1万亿元，仅仅用了8个月的时间。相当于8个月内融资业务为股市输血6000亿，而民间的股市配资金额，数量可能也有几千亿。还有些人利用我国香港融资利率低的优势，绕道沪港通加杠杆，所以在H股明显低于A股的情况下，仍然有大量资金通过沪港通流入A股。

杠杆确实能够让人快速致富，而且在过去10年里，也让很多人致富了。以前中国人不愿意消费，更愿意储蓄，而过去10年的房地产牛市，让愿意借钱的人走上了财富快车道。以前是房地产，现在轮到股市了。

当然，杠杆高了也不一定马上就崩盘，房地产牛市走了十几年，而股市已熊多年，这次牛市也才刚起步，有些人甚至预言未来股市融资余额会突破2万亿，甚至过3万亿大关。

但是，未来的去杠杆永远是悬在股市头上的“达摩斯之剑”。2008年美国的金融危机在去杠杆化的过程中，很多人赚了几十年的钱一夜亏光了。虽然中国实体经济去杠杆化讲了很久，但无论是实业还是房地产，去杠杆的效果并不明显，反而增加了股市的杠杆。也许我们看到的未来还是一片繁荣，但隐忧是否已经埋下？当某一天实际的去杠杆化发生时，我们是否还活着？

“五年太久，只争朝夕”，很多投资者看到2014年高杠杆投资者赚得盆满钵满，也纷纷寻找加杠杆的途径。在大家的心目中，杠杆就是“印钞机”，满仓赚10万，5倍杠杆就能赚50万，而10倍杠杆就能赚100万。而阿土哥在实现财务自由之路之后，仍然在计划未来的高杠杆套利操作。

我和阿土哥算了一笔账，假设我们有能力1年赚30%：

（1）上5倍杠杆，变成1年赚150%（不考虑利息），假设扣利息后是120%。

（2）不上杠杆，3年复利120%。

我们是否有必要为了把3年时间压缩到1年，从而必须承受5倍杠杆的风险呢？

也许，基于数学概率的计算，通过分散化等技巧性操作，我们可以把资产同时下跌的概率降到最低。也许，我们可以连续成功几十次。但我们应该记得，曾经的“长期资本管理公司”——由最聪明的“债券套利之父”和“诺贝尔经济学奖”获得者执掌，通过高杠杆做套利操作，在连续多年获得高收益之后，在一次危机中亏光了所有的钱。而2008年的金融危机中，经历上百年风雨的银行也在一夜间倒下了。

所以，我会永远记住古人的话，“满招损，谦受益”。钱永远都赚不完，但是会亏光。

股市因为杠杆而大涨，又因为杠杆而暴跌。2015年6月的去杠杆下跌行情，差点演变成一场金融危机。

第四节　怎样计算收益率

普通计算法

投资收益率最简单的计算方法如下：

收益率 =（总盈利/投入本金）×100%

案例1：David投入10万元，三年后赚了20万元，收益率是多少？

总收益率 =（20/10）×100% =200%

如果我们在投资过程中不追加资金，也不减少资金，那么这样计算收益率没有任何问题。但是，当我们追加或者减少资金的时候，麻烦就出来了。

案例2：David投入10万元，三年后赚了20万元，但是收回5万元本金，收益率是多少？

总收益率 =［20/（10 −5）］×100% =400%

案例3：David投入10万元，三年后赚了20万元，但是又追加了10万元本金，收益率是多少？

总收益率 = [20/(10 + 10)] × 100% = 100%

这个时候问题出现了，同样是 10 万元赚了 20 万元，就是因为选择收回资金和追加资金两种不同的行为，结果收益率大相径庭，这显然是不合理的，不能客观反映投资者的投资能力。

基金净值法

为了避免普通计算法中增资和撤资造成的收益率差异，要求增资和撤资不影响投资收益率，可以通过分段计算增资或者撤资前后的收益率，然后再复利累乘。

案例 4：David 投入 10 万元，三年后赚了 20 万元，此时撤资 10 万元，过了三年又赚了 20 万元，那么总收益率是多少？

撤资前的收益率 = (20/10) × 100% = 200%

撤资 10 万以后，本金 = 10 + 20 − 10 = 20 万。

撤资后的收益率 = (20/20) × 100% = 100%

那么，总的收益率 = (1 + 200%) × (1 + 100%) − 1 = 500%。

使用基金净值法，可以避免增资或者撤资对收益率造成的影响，可以更客观地反映投资者的能力。

基金净值法的误区

虽然基金净值法能客观反映投资者的能力，但是也存在某些误区，比如收益率很高，但实际亏钱的情况。

案例 5：David 投入 10 万元，三年后赚了 20 万元，此时增资 70 万元，过了三年又亏了 30 万元，那么总收益率是多少？

增资前的收益率 = (20/10) × 100% = 200%

增资 70 万以后，本金 = 10 + 20 + 70 = 100 万。

增资后的收益率 = (−30/100) × 100% = −30%

总的收益率 = (1 + 200%) × (1 − 30%) − 1 = 110%

表面看 David 收益率很高，可仔细一看，David 不是最后还亏了 10 万元吗，这是怎么回事？

因为David在高位大幅加仓了，所以即使按净值计算虽然盈利，但实际亏大了。

很多时候，当股市一波大牛市刚回调，好多投资新手就开始亏钱，就是因为他们在赚了钱以后，在高点追加投资导致的。

所以，当我们追加资金投资的时候，尽量均匀地定投资金，那么就不大可能出现上面的情况。

相对收益率的比较

下面笔者举两个例子来说明。

案例6：David今年收益率100%，狂风今年收益率150%，David要多赚多少才能追上狂风？

读者可能会觉得很简单，不就是再赚50%？但是答案没这么简单。如果David再赚50%，那么David的收益率=(1+100%)×(1+50%)-1=200%，超过狂风了。

那么，David需要多赚多少才能追上，假设是X，则：

(1+100%)×(1+X)-1=150%

X=(1+150%)/(1+100%)-1=25%

也就是说David只要再多赚25%就追上狂风了，是不是也没那么难呢？

案例7：David今年收益率-10%，狂风今年收益率-40%，狂风要多赚多少才能追上David？

答案不是30%，根据上面的公式，X=(1-10%)/(1-40%)-1=50%，居然这么难追啊！

现在你是不是发现，低风险低回撤才是最重要的！

| 第八章 |

对冲策略

第一节　对冲：控制波动

当我们建立两个投资标的，它们的波动方向是相反的，那么作为一个整体来看，无论市场上涨还是下跌，盈亏相抵以后，其波动是有限的。

很多人理解对冲是用来控制风险的，因为对冲以后，市场下跌也可以做到少亏钱或者不亏钱。但同时，对冲也限制了收益，因为当市场上涨的时候，你又不赚钱了。

那肯定有人会问，为什么做对冲？还不如买银行理财算了。

原因在于对冲以后，除了由于市场波动造成的盈亏相抵消，你还能额外获得一些什么？

一部分对冲策略实施以后，你可以获得一个固定收益的产品，例如股指期货空单和现货的对冲；另一部分对冲策略实施以后，你可以获得廉价的看空期权或者看多期权，例如拿分级 A 和可转债做对冲。

本章下面两节笔者将具体描述股指期货和折价分级 A 的对冲策略。

第二节　股指期货对冲

股指期货概述

所谓股指期货，就是以某种股票指数为标的资产的标准化期货合约，买卖双方报出的价格是一定时期后的股票指数价格水平，在合约到期后，股指期货通过现金结算差价的方式来进行交割。

股指期货交易与股票交易相比，有很多明显的区别：

（1）股指期货合约有到期日，不能无限期持有。股票买入后正常情况下可以一直持有，但股指期货合约有确定的到期日。因此，交易股指期货必须注意合约到期日，以决定是提前平仓了结，还是等待合约到期进行现金交割。

（2）股指期货采用保证金交易。在进行股指期货交易时，投资者无须支付合约价值的全额资金，只需支付一定比例的资金作为履约保证，而目前我国股票交易则需要支付股票价值的全部金额。由于股指期货是保证金交易，亏损额甚至可能超过投资本金，这一点和股票交易也不同。

（3）在交易方向上，股指期货交易可以卖空。股指期货交易是双向交易，既可以先买后卖，也可以先卖后买，而部分国家的股票市场没有卖空机制，股票只能先买后卖，不允许卖空，此时股票交易是单向交易。

（4）在结算方式上，股指期货交易采用当日无负债结算制度。股指期货交易中，交易所当日要对交易保证金进行结算，如果账户保证金余额不足，必须在规定的时间内补足，否则可能会被强行平仓。而股票交易采取全额交易，并不需要投资者追加资金，并且买入股票后在卖出以前，账面盈亏都是不结算的。

股指期货对冲方法

股票现货市场和股指期货市场紧密相连。根据股指期货的制度设计，期货价格在合约到期日会与现货市场标的指数的价格相等。但实际行情中，期货指数价格常受多种因素影响而偏离其合理的理论价格，与现货指数之间的价格差距往往出现过大或过小的情况，从而带来在期货市场和现货市场之间套利的机会，我们把这种跨越期市和现市同时进行交易的操作称之为“期现套利”。

当现货指数被低估，某个交割月份的期货合约被高估时，投资者可以卖出该期货合约，同时买入现货，建立套利头寸；当现货和期货价格差距趋于正常时，将期货合约平仓，同时卖出现货，获得套利利润，这种策略称为“期现正向套利”。期现正向套利中，买入现货有五种选择：

一是买入 ETF 基金。

例如，我们要套利沪深 300 现货与股指期货之间的价差，但是买入沪深300只股票太麻烦，此时可以选择沪深300ETF基金作为现货的替代。当我们发现股指期货和现货的偏差超过预期值时，买入沪深300ETF基金和股指期货空单，等到两者偏差合理时，卖出沪深300ETF，平股指期货空单。如果偏差一直不收敛，则持有到结算日，两者偏差必然收敛。

二是买入现货股票。

沪深300ETF基金存在流动性的限制，如果较大资金量做正向期现套利，可以让券商提供专业的交易软件，同时买入300只沪深300成份股来代替沪深300ETF基金，平仓的策略和ETF基金相同。

三是买入封闭式基金。

封闭式基金存在折价，所以使用封闭式基金作为现货，可以同时赚取封闭式基金的折价和期现之间的偏差。

由于不存在完全跟踪沪深300指数的封闭式基金，所以这种类型的期现套利，并不能实现仓位的完全对冲，存在沪深300指数与封闭式基金跑偏的情况。所以，这种类型的套利，利润不是固定的，甚至存在亏损的可能。

四是买入分级基金。

如果分级基金出现整体折价或者整体溢价，可以拿分级基金作为现货，一边做折价套利或者溢价套利，一边用股指期货空单保护。

五是买入可转债。

可转债是一个很有意思的品种，可以针对其特征进行不同类型的拆分。传统的拆分方式如下：

可转债＝债券＋看多期权

这个公式很好理解，假设100元附近的可转债，即使对应正股大幅下跌，此时可转债仍然可以被看作是一张债券；而当正股大幅上涨的时候，此时可转债有了股性。相当于可转债是在债券的基础上额外赠送了看多的期权。正股涨了期权价值体现，正股跌了期权最差情况归零。

另外，可转债还有一种拆分方式，如下：

可转债＝股票＋看空期权

当可转债对应的正股远超过转股价的时候，可转债的波动与股票基本类似；但是当正股下跌到转股价附近时，可转债价格由于债性的保护，下跌幅度小于正股幅度。我们可以把可转债由于债性保护，不跟随正股下跌的特性理解为看空的期权。

当正股价格远高于转股价的时候，该期权价值趋于零，可转债×转股价=正股价格×100。如转股价10元的可转债，当正股价格涨到20元的时候，可转债的价格通常是200元。

当正股价格远低于转股价格的时候，可转债×转股价=(正股价格+看空期权)×100。如某个可转债的转股价是10元，当正股价格跌到1元的时候，由于债性的保护，可转债价格可能还是100元，此时看空期权的价值大约是9元。

既然"可转债=股票+看空期权"，那么，拿可转债和股指期货空单对冲以后，得到的结果如下：

可转债+股指期货空单="股票+股指期货空单"+看空期权

我们知道，现货股票加股指期货空单后，处于平衡状态，那么"可转债+股指期货空单"实际在方向上是一个看空期权的组合，也就是上涨赚取固定收益或者不亏钱，下跌赚钱的组合。

对于股指期货的对冲，关键还是期货对应的点位升贴水。

表8-1 股指期货升水结构

代码	名称	涨幅%	现手	现价	总手
IF1411	沪深1411	-0.82	9⬆	2494.6	39.85万
IF1412	沪深1412	-0.77	3⬇	2500.0	33706
IF1503	沪深1503	-0.69	2⬆	2519.4	4381
IF1506	沪深1506	-0.70	1⬆	2522.2	819
IB0300	沪深300	-0.65	18460⬅	2487.16	8598.24万

如表8-1所示，IF股指期货合约的价格比沪深300现货的价格要高，被称为"期指升水"。如果IF股指期货合约的价格比沪深300现货的价格要低，则被称为"期指贴水"，如表8-2所示。

表 8－2 股指期货贴水结构

代码	名称	涨幅%	现手	现价⬇	总手	昨收
IB0300	沪深 300	+3.63	20750⬆	3721.95	2.14 亿	3591.70
IF1512	沪深 1512	+5.05	1⬆	3692.0	21374	3524.8
IF1601	沪深 1601	+5.05	1⬆	3618.0	891	3455.0
IF1603	沪深 1603	+5.37	1⬆	3517.0	978	3345.0
IF1606	沪深 1606	+5.39	1⬆	3426.6	139	3265.2

股指期货的合理状态应该是升水的（扣除分红），因为投资人用沪深 300 期货替代沪深 300 的现货，可以节约资金利息，所以投资期货的人愿意付出一定的升水去购买。另外，股票长期总是上涨的，考虑到资金成本和股市长期收益率，我认为年化 6% 左右的升水是合适的。

年化升贴水＝升贴水比例×12 月／（合约到期日－当前日期）

当升水幅度低于 6%（年化）时，拿股指期货对冲很可能对于长期收益率是有害的。虽然投资者可以获得一个固定收益（小于 6%），但是无法分享指数上涨的机会，而长期看，A 股市场指数上涨的斜率大于每年 6%。

但如果升水很高，例如高于 20%（年化），则对冲很有意义，因为股市长期收益率不会这么高，而对冲相当于吃到了固定年化 20% 的收益，超过了指数上行的斜率。

股指期货对冲案例

2014 年 12 月开始，沪深 300 指数掀起主升浪，股指期货相对沪深 300 现货出现了年化 30% 以上的机会。在现货的选择上，我当时选择了分级基金和可转债。

选择分级基金是因为此时分级 A、B 处于超级溢价的状态，拿股指期货空单对冲，不仅可以吃到升水收益，还能对冲分级基金净值波动的风险，相当于在回避指数波动风险的前提下，赚取期指的升水收益加上分级基金溢价套利的收益。

选择可转债，是因为部分可转债出现转股折价，可以折价转股套利，并且可转债的价格并不是很高，对冲后相当于白送看空期权。

最终的效果非常好，不仅赚到了期货的升水收益，还赚到了现货的套利收益。

对股指期货高升水的思考

当我选择股指期货空单对冲的时候，也有很多反对声音，最典型的声音是“股指期货是现货的风向标”，他们认为期货高升水，现货一定会大涨，做对冲就失去赚钱的机会。股指期货升水真的意味着未来现货一定上涨吗？2014 年底的时候，我曾经写过一篇文章，分享给大家。

股指期货相对于现货，应该有一个合理的升水幅度，这个幅度应该多大呢？大致相当于无风险利率。

假设一个投资者想投资沪深 300 指数，可以购买 100 万元的沪深 300ETF 基金，也可以拿 15 万元购买 1 手期指，然后剩下的 85 万元购买债券等低风险产品。如果股指期货和沪深 300 现货相等，那么理性的投资者，都会选择购买期指 + 债券来替代沪深 300 指数基金。

用一个等式表述为：

300ETF = 0.15 × 期指多单 + 0.85 × 债券

如果无风险利率为 6%，那么期指合理的升水，按照目前沪深 300 指数 3400 点左右的位置，当月合理升水在 15 点左右。

最近两周，期指的升水拉高到 100 点，折算成无风险利率大约 30% ~ 40%，必然会吸引大量的套利盘进入，套利的模式是：

买入 N × 100 万 300ETF，并卖出 N 手期指空单对冲。目前可以选择 IF1501 空单，本周五升水还有 120 点，相当于一个月 3% 的无风险收益。

现在问题来了，大量的套利盘买入 300ETF，或者直接买入沪深 300 成分股，那么会造成沪深 300 指数大幅拉升，期指多头获利，更多套利盘进入，沪深 300 指数继续上涨。

这是一个正反馈的过程，也就是套利盘越多，沪深 300 指数涨得越快。所以，最近两周，沪深 300 指数强于任何其他指数，二八分化的情况非常明显。

如果再仔细考虑一下，其实我们做期现套利的人，是在以月息3%的利息借钱给沪深300指数做多的人，所以本质上还是依靠杠杆在上涨。

再多思考一步，任何一个股市，月息3%借钱炒股最终都是死路一条。那么当股指期货升水收敛，甚至变成贴水的时候，套利盘必然会平仓，也就是卖出300ETF或者300权重股，并且平掉空单。那么此时沪深300指数会承受较沉重的抛压，如果抛压足够沉重，再触发融资融券盘的抛盘，结果会如何呢？

最终的结果在意料之中，沪深300指数后面遭遇两次大幅跳水，当期指升水收敛后，才再续升势。

第三节　折价分级A对冲

折价分级A对冲的理论基础

如图8－1所示，折价的分级A，当低折发生时，可以提前兑现部分折价，这就造成了折价分级A接近低折出现以下特征：

（1）当指数下跌的时候，分级B会接近低折点，此时低折的概率增加，分级A的价格上涨，逼近分级A低折后的公允价值。

（2）当指数上涨的时候，分级B会远离低折点，此时低折的概率减小，分级A的价格会下跌，远离分级A低折后的公允价值，但其折价率通常不会高过市面上同利率条款的其他分级A中折价最高的那个。

也就是说，折价分级A在接近低折点的时候，出现了与指数反向运动的特征，这就是折价分级A的看空期权。

利用折价分级A的看空期权，可以构建做一些对冲的组合。

折价分级A对冲的几个关键参数

为了构建分级A的对冲模型，首先需要确定四个参数，包括低折后的

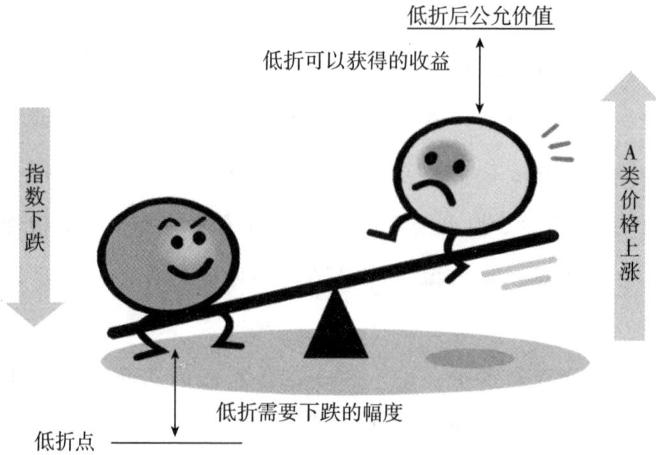

图 8－1 分级 A 对冲原理图

公允值、低折公允折价、低折理论收益、低折理论下跌幅度。

★低折后的公允值

参照前面章节所述分级 A 低折的计算公式，我们可以计算折价分级 A 低折后的公允值。

某分级 A 净值 m 元，对应分级 B 的低折点是 0.25 元，A 和 B 的比例是 5∶5，假设低折后，折算的新分级 A 的折价率等于与该分级 A 处于相同利率结构的其他分级 A 中折价最大的一个（记为 Y），母基金赎回费 c，那么该分级 A 的低折后公允价值 V 计算如下：

V = 赎回低折后获得的母基金 + 卖出低折后获得的新分级 A

$=(m-0.25)\times(1-c)\quad+0.25\times(1-Y)$

低折后折价分级 A 获得的母基金净值是 $m-0.25$，获得的新分级 A 净值是 0.25。

举例说明如下：

某分级 A 的净值 1.05 元，价格 0.95 元，A 和 B 的比例是 5∶5，分级 B 低折点 0.25 元，参考同类分级 A 折价率分布，假定低折后新分级 A 折价率 20%，赎回费 0.5%，则该分级 A 低折后的公允价值：

$V=(1.05-0.25)\times0.995+0.25\times(1-20\%)=0.796+0.2=0.996$ 元

★低折公允折价

低折公允折价 =（1 – 低折公允价值/净值）×100%

上面的例子中，该分级 A 低折公允折价 =（1 – 0.996/1.05）×100% = 5.14%。

★低折理论收益

如果折价分级 A 在没有触及低折以前，其折价大于低折公允折价，那么该分级 A 投资者就能够从低折中赚取利润。

低折理论收益就是分级 A 持有者当前折价率缩小到低折公允折价获取的收益。

低折理论收益 = 分级 A 折价率 – 低折公允折价

例如，某分级 A 目前折价率 10%，低折后公允折价 5%，则：

低折理论收益 = 10% – 5% = 5%

★低折理论下跌幅度

低折理论下跌幅度，是指分级基金挂钩的指数下跌多少，才能触发对应分级 B 的低折。

某分级 A 净值 m，母基金净值 n，A 和 B 的比例是 5∶5，母基金仓位 95%，分级 B 的低折点是 0.25，我们计算其低折理论下跌幅度。

首先，我们需要确定低折点对应的母基金净值 n'。

$n' = (m + 0.25)/2$

低折理论下跌幅度为 X：

$(n - n') = X \times 0.95$

$X = (n - m \times 0.5 - 0.125)/0.95$

举例说明如下：

某分级 A 的净值 1.05 元，母基金净值 0.75 元，A 和 B 的比例是 5∶5，分级 B 低折点 0.25 元，母基金仓位 95%。则该分级 A 低折理论下跌幅度为：

$(0.75 - 0.5 \times 1.05 - 0.125)/0.95 = 10.5\%$

也就是说指数再跌 10.5%，该分级 A 就低折了。

折价分级 A 对冲可选择的多头仓位

折价分级 A 可以选择以下几种多头仓位作为对冲，分别是 ETF 基金、股指期货多单、封闭式基金、分级基金、可转债，下面分别进行描述。

★ETF 基金

最普通的折价分级 A 对冲方式，就是 ETF 基金 + 折价分级 A。这种对冲模型的前提是该分级基金挂钩的指数能找到相应的 ETF 基金，例如 150018（银华稳进），母基金 100 分级挂钩深圳 100 指数，而 159901 是深圳 100ETF，则两者可以做到指数的精确对冲。

使用 ETF 对冲折价分级 A，对冲较精确。当指数上涨的时候，分级 A 有最大折价保护，下跌幅度有限，而 ETF 上涨无界，对冲后仍然是向上涨得更多；当指数下跌的时候，由于分级 A 低折保护，组合相当于指数跌到低折点清仓，对冲后不涨不跌，那么这个组合的效果相当于可转债。

这种对冲模型，通常的对冲比例是 ETF 和分级 A 按照各 50% 配置。由于 ETF 侧通常没有折价，更多是利用分级 A 上涨下跌概率不平等获利，但分级 A 只能有 50% 仓位，所以效率稍低。

★股指期货多单

考虑到 ETF 占用资金较大的缺点，可以用股指期货代替现货端的 ETF 基金。股指期货是保证金模式，所以占用资金较少。这样分级 A 和股指期货在资产对冲方面（期货资产按合约总价计算）虽然仍为 1∶1，但在资金对冲方面，分级 A 的比例可以提升到 70% 以上，而股指期货用剩下的资金做保证金，仍可以实现与分级 A 的完全对冲。

这种对冲模型的缺点有两方面。其一是很难精确对冲，目前股指期货合约只有上证 50、沪深 300 和中证 500，不像 ETF 种类丰富，如 150018（银华稳进）选择对冲的股指期货，就不存在精确对冲的品种，只能拿沪深 300 来替代。但如果出现沪深 300 指数和深圳 100 指数偏差较大时，对冲有可能失败。例如，沪深 300 指数弱于深圳 100 指数，期货端亏钱，而分级 A 端由于迟迟无法低折，也赚不到钱，整体上就亏钱了。其二是股指期货升水的时候，当股指出现持久战时，期货多单要亏掉这个升水，累计下来也是不小的数字。

股指期货多单对冲折价分级 A，最佳情况是股指期货贴水。此时如果出现持久战，还能额外赚到一笔贴水的收益。

★封闭式基金

选择封闭式基金，是考虑封闭式基金通常有折价，这样相比 ETF 基金，可以获得额外的收益。当然，现货端使用封闭式基金，也存在对冲不精确的弊端。

★分级基金

当我们做分级基金的折价套利或者溢价套利的时候，也可以用分级 A 做对冲，回避指数下跌的风险。尤其是当分级基金快低折的时候，经常出现分级 B 负隅顽抗或者丢盔弃甲，在盘面体现为母基金的折价或者溢价，此时就可以一边持有分级 A，一边申购该分级基金的母基金分拆，或者买入该分级基金对应的分级 B 做合并。

这种对冲方式，经常体现为 2A + B 的模式，就是持有两份分级 A 和一份分级 B，并不断轮动套利。

★可转债

可转债与分级 A 的对冲，类似可转债与股指期货空单的对冲。不过分级 A 相比期货空单有一个好处，那就是指数上涨的时候，分级 A 损失有限，而指数下跌的时候，可转债的损失也有限。那么，可转债 + 分级 A 的对冲，就可能出现上涨和下跌对投资者都有利的局面，当然前提是可转债和分级 A 的期权价值都被低估才行。

对冲组合开仓平仓的时机

★对冲组合开仓时机

任何对冲组合，必须在相对价值或者期权价值被低估的情况下才有开仓的意义。折价分级 A 对冲组合开仓，首先是分级 A 的期权价值被低估，通常的开仓点要求是：

低折理论收益 - 低折理论下跌幅度 >0

例如，某分级 A 折价 10%，低折公允折价 5%，理论低折收益为 5%，如果此时低折理论下跌幅度小于 5%，就可以开仓建立组合。因为按分级 A 和 ETF 基金 1∶1 建仓，当指数继续下跌至低折点时，分级 A 的收益可以完全弥补 ETF 的亏损，这样的组合可以保证不亏损。

不过实际操作中，当分级 A 接近低折的时候，通常还会要求一个安全垫 c，也就是：

低折理论收益 - 低折理论下跌幅度 > c

这个安全垫可以在 1% ~2%，这是考虑低折后分级 A 分到的母基金，需要承担 2 天的风险敞口，以及平仓造成的流动性压力。

例如，当分级 A 低折理论下跌幅度小于 1% 时，经常其理论低折收益还有 3%。

当分级 A 的低折理论收益较高，或者该分级 A 的折价距离相同利率结构的其他分级 A 中折价最大那个不是很多的时候，低折理论收益可以小于低折理论下跌幅度，也就是：

低折理论收益 - 低折理论下跌幅度 <0

例如，某分级 A 折价 18%，低折公允折价 5%，理论低折收益为 13%，而同利率的其他分级 A 折价率最大也只有 20%，那么，此时不要求该分级 A 低折理论下跌幅度小于 13%，因为 18% 折价的分级 A，即使指数大涨，也没有多少下跌空间。此时，可以在构造对冲组合的时候，超配分级 A，比如 2 份分级 A 配 1 份 ETF，那么，当指数下跌的时候，分级 A 仍然能够提供对 ETF 的下跌保护。

但是，不建议在两者差距非常大的时候开仓，因为此时为了保证安全性，只能配置很少的多仓，即使指数上涨，获得的收益也不多。此时的对冲组合特征更多是偏向于分级 A 的固定收益。

选择好分级 A 以后，可以确定分级 A 与多头仓位的比例，通常的策略是，当分级 A 距离低折点很近的时候，低折理论收益 - 低折理论下跌幅度 >c的时候，可以考虑分级 A 与多头仓位 1∶1 的配置。当分级 A 折价与同利率其他分级 A 相差不大的时候，可以考虑分级 A 与多头仓位 N∶1 的配置，N＞1。

确定好比例以后，需要确定与分级 A 对冲的多头仓位，尽量选择低估或者可套利的品种作为现货多头，如贴水的股指期货、折价的封闭式基金、转股溢价小且接近面值的可转债、套利空间较大的分级基金。

★对冲组合平仓时机

第一种情况，是分级 A 真的低折了，那么此时组合已经不存在，必须平仓。遇到分级 A 低折，有两种平仓方式，第一种平仓方式是在低折确定日卖出分级 A 和对应的多头仓位。这种方式简单，但可能分级 A 低折了仍然残存一定的收益，如确定低折后分级 A 还有 3% 的理论收益，此时不参与低折很可惜。第二种平仓方式是平仓多头仓位，但是分级 A 仓位保留参与低折，如果有可能，对这部分分级 A 仓位进行套保，如用股指期货空单套保。

第二种情况，是指数涨了很多，分级 A 折价率回归正常折价率阵营。这种情况平仓时机不好掌握，不过不建议赚一点就跑，最好**低折理论下跌幅度**＞2×**低折理论收益**再平仓。

第三种情况，是指数不涨不跌，总是耗着怎么办？其实没关系的，分级 B 由于手续费和佣金，低折线会不断抬高，指数不跌也能耗到低折。另外，每年分级 A 也有利息收入，所以，即使指数一直不波动，也有可观的固定收益。

分级 A 对冲案例

2015 年 6 月，股市出现大幅下跌，但分级 A 仍然折价很大，下面的案例摘自笔者 2015 年的半年报持仓总结（公开发布于雪球）。

一、持仓品种

重组 A，56.97%；高铁 A，7.06%；国企改 A，3.19%；IC1512 多（换算成中证 500），31%；万科 A，2.7%；民生银行，2.06%；中国平安，1.02%；中石油 H，1.44%；建行 H，1.88%；SOHO 中国，1%。

二、持仓点评

（1）目前持仓 31% IC1512，6 月 30 日收盘点位 7876，中证 500 收盘

点位8906。假设未来中证500不涨不跌，持有IC1512到12月交割，收益大约13%。

（2）如果中证500下跌11.6%，则持有IC1512到12月交割，不赚不亏。

（3）重组A距离低折还有大约20%，也就是CSWD并购指数下跌20%，重组A将发生低折。目前重组A有22%的折价，根据合同，低折兑现75%的母基金，也就相当于兑现75%的折价。那么，可以兑现的折价=22%×75%=16.5%。16.5%的折价兑现，对应投资者的利润=1/(1-16.5%)-1=20%。也就是说，如果当前价格重组A持有到低折赎回，持有人可以盈利20%。

（4）CSWD并购指数的平均市盈率是120倍，和中证500同属于高市盈率板块，相关性很强，可以认为具有对冲价值。

（5）如果中证500指数半年后下跌20%，则IC1512亏损7%，但是重组A低折盈利20%，再加上半年重组A的利息3%，可以获利！

（6）如果中证500指数半年后涨20%，则IC1512获利33%，而目前重组A相比折价最高的分级A，也仅多折价2%，假设重组A折价扩大2%，利息收益3%，重组A仍可以获利1%，总体可以获利！

（7）如果中证500指数一直横盘，则IC1512吃到13%的贴水收益，重组A吃到3%的利息；由于重组B需要向重组A支付利息，并支付所有基金的管理费用，所以即使CSWD指数横盘，重组B最终也会被利息和管理费拖垮，最终低折。

所以，IC1512多+重组A对冲，长期看必然盈利。

本来这个对冲组合的目的是在保底的前提下寻找指数上涨收益和IC期指的贴水收益，但由于股灾，重组A在5个交易日后确定低折，本组合中IC1512平仓，而重组A参与低折。

该对冲组合不仅避免了股灾所带来的损失，还获得了不菲的收益。

| 第九章 |

轮动策略

第一节　漫谈轮动

投资的年化平均收益率，就股票而言，美国大约是7%～8%，中国近20年大约是10%。而房产和债券，从美国的历史看，长期不如股票投资。也就是说，长期持有资产，无论什么资产，遇上黄金时期，平均一年10%已经很不错了。但为什么总有些人能抓住投资的时机，获取超额收益？为什么他们赚的比别人多？是运气吗？为什么他们每次运气都这么好？从我过去十一年的投资经验看，每个时期总有些最值得投资的品种，你只要抓住了这个机会，就能获取超额收益。比如，2005—2007年的封闭式基金，2009—2010年的B股，2012年的分级A，2014年的可转债，2015年的分级基金。只要节奏踩对，收益率自然就上来了，其实这就是资产的轮动。

轮动，就是根据一定的逻辑，将资产不断从高估品种转移到低估品种，周而复始。有点像联合收割机收割庄稼，收割完这一片，然后收割下一片。

最典型的轮动，就是美林时钟周期，将资产在股票、房地产、债券、商品之间轮动。例如，如果你1992年有一笔钱投资到股市，一直持有到2000年（上证2000点），然后从股市轮动到房地产，到2014年（还是2000点）再轮动回股市，收益率比长期持有股市和长期持有房地产都强！

不过大类资产轮动周期极长，有几个人能等到那种十年一次的机会？那么，同类资产里面，是不是也有轮动的规律？

是的，同类资产也有轮动的规律。如房地产，2000年投资长三角（杭州、上海），然后2004年转移到北京或者深圳，那么投资收益率明显高于一线城市房地产的平均涨幅。

如何轮动？我相信每一个做投资轮动的人都有一个逻辑，甚至是信仰在里面，如房地产轮动，投资人的逻辑通常有两点：第一，房子永远会涨！第二，北京、上海、深圳单位房价应该同一个水平，谁便宜谁就低估。如部分投资房子的人，2015年底开始从深圳和北京撤退，转移到上海。

下面谈谈资本市场中笔者看到的几种轮动策略及投资逻辑:

(1) ST 股轮动策略,投资市值最低,业绩最烂的 ST 股,重组后卖出,并继续轮动到下一个 ST 股。轮动逻辑是,壳资源永远有价值,任何 ST 股重组都能“乌鸡变凤凰”。

(2) 垃圾债投资策略,找收益率最高的买,涨上去换下一个收益率最高的债。轮动逻辑是,中国债券永远刚性兑付。

(3) 分级 A 轮动策略,找折价最大的买,涨上去换下一个折价最大的分级 A。轮动逻辑是,中国股市牛短熊长,永远有机会低折。

(4) 银行股轮动策略,找 PB 低、ROE 高的买,忽略商誉和坏账率。轮动逻辑是,银行不会破产,银行都是同质化。

另外,还有封闭式基金轮动策略、可转债轮动策略、题材股轮动策略,等等,归根结底,你需要一个逻辑或者信仰支撑你的轮动逻辑。

轮动获取的高收益,到底是水平还是运气,这个真的很难说。比如说 ST 股轮动,有人赚了几百倍,难道说就是因为运气好?但也许就是运气好!一直说打破审核制,但一直没打破,做 ST 股不就是赌对政策了吗?

当然,做投资轮动,必须有基本的逻辑和信仰支撑,不能想当然。大多数投资者都是瞎买股票,听消息,涨了就卖,跌了就一直捂着,最后轮动到几个烂股,并一拿十几年,越轮动越亏,那还不如老老实实买指数基金呢。

下面具体谈谈我的资产轮动策略,包括基金折价轮动策略、分级 A 轮动策略和大小类资产轮动策略。

第二节　基金折价轮动策略

基金折价轮动原理

基金轮动策略包括 LOF 基金的折价轮动和分级基金的折价轮动。LOF 基金如果出现折价,可以 T 日买入,T+1 日赎回,通常资金 T+3 日到账。

分级基金如果出现折价，可以 T 日买入分级 A 和分级 B，同时合并（盲合），T+1 日赎回合并好的母基金，资金 T+3 日到账。两者的流程是相同的。

市场在某些时刻（通常是牛市），LOF 基金或者分级基金会出现持续性的折价，此时 T+3 日赎回的资金，可以继续买入基金做折价赎回，这就是基金折价的轮动。

基金折价轮动有两种方式

（1）全部资金在 T 日买入，3 天为周期做滚动，这种轮动方式虽然简单，但是全部资金要承担 1 天到 2 天的风险敞口，而且资金赎回在途的过程中，容易出现踏空，所以不是很好的轮动策略。

（2）将资金分成 3 份，分别在 T 日、T+1 日、T+2 日买入基金，并进行赎回操作，到了 T+3 日，刚好 T 日的资金赎回到账，实现首尾相连滚动操作。这种轮动方式操作复杂，但是仅 33% ~66% 的资金需要承担风险敞口，也不存在踏空风险，对轮动操作者而言，风险会平滑许多，通常建议采用这种方式进行轮动。

图 9-1　基金折价轮动流程

基金折价轮动收益率计算

假设采用三等分资金轮动的方式做折价套利，一次套利收益 n，赎回费 0.5% 时，相当于折价率 $(0.5+n)\%$，指数波动率为 m，那么，套利一年（250 个交易日）的收益率计算如下：

收益率 $=250\times n\times 1/3+m/2$

$m/2$ 的原因在于，T 日买入的基金，需要承担 T 日和 T+1 日指数的波动，但是 T 日开盘买，相当于承受 2 日的指数波动，而 T 日收盘买则相当于承受 1 日的指数波动，平均下来，就是承担 1.5 日指数波动，而整个周期是 3 日，那么，从统计角度看，就是半仓。

例如，假设创业板分级一年的折价率始终在 0.8% 左右，而创业板指数一年涨了 50%，那么，轮动套利创业板分级的收益率为：

$250 \times 0.3\% / 3 + 50\% / 2 = 50\%$

这个收益率可以追上创业板指数涨幅。但如果创业板指数跌了 50%，则：

$250 \times 0.3\% / 3 - 50\% / 2 = 0$

此时套利也没有亏损，可见折价套利可以积累很厚的安全垫。

当然，基金长期出现折价的情况并不多见，但是在 2007 年和 2015 年大牛市的时候，都曾经出现过这种现象。

第三节　分级 A 轮动策略

分级 A 折价轮动原理

分级 A 作为固定收益品种，定价上经常出现分歧，这为投资者轮动分级 A 提供了基础。分级 A 的价格定位包括以下两个方面：

一是按永续债计算的隐含收益率。

按照现金流贴现的算法，分级 A 的隐含收益率取决于两个指标，其一是分级 A 的价格，其二是分级 A 的约定利率。

按这种算法，如果分级基金 A1 的约定利率比分级基金 A2 的约定利率高 10%，那么分级基金 A1 的价格也要比分级基金 A2 的价格高 10%。

二是基于低折预期反推隐含收益率。

由于低折的存在，分级 A 并不是永续存在的。由于股市的波动性，对于高折和低折同时存在的分级 A，绝大多数在 10 年内会出现一次低折。当低折出现时，相当于 75% 的分级 A 份额折价归零，那么折价较大的分级 A，会在低折中获取额外收益，而溢价的分级 A，则会在低折中出现额外的损失。

分级 A 的长期定价通常受前两个因素的影响。另外，由于分级 A 和分级 B 的配对机制，当分级 B 受到追捧的时候，容易造成分级基金整体溢价，而套利者分拆母基金卖出 A 和 B，会压低分级 A 的价格；当分级 B 受到冷遇的时候，容易造成分级基金整体折价，而套利者买入分级 A、B 合并赎回，会抬高分级 B 的价格。

上述原因为分级 A 的轮动提供了基础。

分级 A 折价轮动策略

分级 A 的轮动策略有以下三种：

★按照隐含收益率来轮动

这种模式在早期分级 A 整体折价的时候是比较好的方法，策略就是买入隐含收益率最高的分级 A1，当新的分级 A2 隐含收益率高于 A1 一个阈值 c 时，卖出 A1 买入 A2，并等待新的轮动时机。

2012 年笔者通过该策略轮动分级 A，获得了不菲的收益。

★按照折价率来轮动

随着更多高约定收益率（一年定期利率 +4% 或者更多）的分级 A 出现，如果按照隐含收益率轮动，最后肯定轮动到一个约定收益率高，但是溢价的分级 A，那么投资者就要承担可能存在的低折风险。而折价的分级 A，虽然隐含收益率低一些，但是低折发生的时候，能够获得额外的收益。由于中国股市波动很大，有些分级 A 在发行一年内，甚至一个月内就低折了。所以，放弃隐含收益率，寻找折价率最大的分级 A，也是一种策略。

基于折价率轮动，容易轮动到母基金挂钩指数比较平稳的分级 A，比如银行指数，因为这样的分级 A，低折的概率较小。那么，折价率很可能就成了“水中月”，看到了但总是赚不到。

★综合轮动

综合隐含收益率、折价率、母基金挂钩指数的波动率等多个指标进行轮动，并且每次选出一组分级 A（如 5 个），当有新的分级 A 在性价比上优于已有的分级 A，从组合中卖出性价比最低的一个分级 A，买入新的分级 A。

这种方式轮动，可以避免轮动到某个分级 A 中，然后一直轮不出来，而且分散持有的方式，也可以避免投资者自己投资盲点所带来的认知偏差。

第四节　大小类资产轮动策略

权益类和固定收益类资产的轮动

大类资产分为很多种类，对于证券投资者来讲，主要就是权益类品种和固定收益类品种（以下简称“固收类”）。

权益类品种包括股票型基金（包括封闭式基金和开放式基金）、分级基金 B 类、股票套利、股指期货、B/H 股，它们的特征是现金流不固定，价格取决于上市公司的经营业绩，通常价格波动较大，与股市的上涨或者下跌有直接关联。

固收类品种包括现金管理、债券、分级基金 A 类、债券型基金（包括封闭债基和开放债基），它们的特征是现金流固定，和企业的经营业绩无关（其中信用债要求企业不能破产），价格取决于市场利率，通常价格波动不大，与股市的上涨或者下跌没有直接关联。

可转债兼有权益类和固收类两个特征。

权益类品种和固收类品种的轮动，需要对股市的估值和市场利率有大致的判断，可以将投资机会分为四个象限，如图 9 - 2 所示。

象限 1：当股市处于低位，但市场利率处于高位时，如 2004 年和 2013 年，股市通常会受到高市场利率的压制，很难有较好的表现。此时，较好的策略是配置较高比例的固收品种，投资组合以债性为主。这个阶段可转债的价格通常会被压得较低，具有较好的安全性和进攻性。权益类主要用可转债来提供，并用少部分资金参与纯权益类品种的套利。

象限 2：当股市处于低位，市场利率也处于低位时，如 2005 年中，

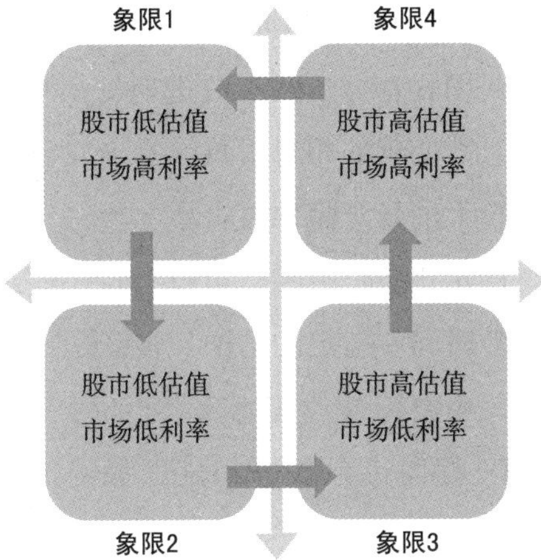

图9－2　股市估值与市场利率的周期循环

2008年底，此时股市通常处于大行情的前夜，而债券价格已经涨得很高。较好的策略是配置较高比例的权益类投资品种，降低固收类投资品种，而可转债更偏向进攻型配置。

象限3：当股市处于高位，市场利率仍然处于低位时，如2006—2007年上半年，2009—2010年，此时股市正处在牛市主升浪中。持仓仍然应该以权益类品种为主，但可以逐步降低仓位，固收类品种可逐渐增加。

象限4：当股市处于高估位置，市场利率处于高位时，如2007年下半年—2008年上半年，2011年上半年，此时股市已经到了牛市的末端，应该迅速减少权益类投资品种，并转移到固收类投资品种。由于牛市末端市场亢奋，新股申购也是很好的投资手段。

通常市场会按照象限1—象限2—象限3—象限4的顺序进行循环，对应的是美林时钟周期的衰退—复苏—过热—滞涨四个阶段。

小类资产轮动

小类资产的轮动策略包括权益类资产内部轮动和固收类资产内部轮动。

★权益类资产内部轮动

既然选择投资权益类品种，那么就要勇于承担系统性风险。所以，对于权益类资产的轮动，首先关注的是相对收益。

基金折价套利、封闭式基金、贴水股指期货都有几个特征，那就是有确定的套利结束日期，有明确的相对折价。笔者建议在权益类内部资产的轮动上，首选年化折价大的投资品种做轮动。

如果无法找到好的年化折价品种，可以寻找一些绝对折价的品种，也就是有折价，但是收敛时间不确定的品种，典型的就是 A、H 股轮动套利。

以银行股为例，民生银行 H 股相比 A 股折价，则看好民生银行的投资者应该买入民生 H 股；招商银行 H 股相比 A 股溢价，则看好招商银行的投资者应该买入招行 A 股。

当市场发生转折时，如民生银行 H 股大幅上涨，导致 H 股相对 A 股从折价变成溢价，此时需要卖出民生 H 股买入民生 A 股；而招商银行 H 股大跌，导致 H 股相对 A 股从溢价变成折价，则需要卖出招行 A 股买入招行 H 股。

★固收类资产内部轮动

固收类品种轮动策略比较简单，就是永远买入到期收益率更高的品种。

轮动品种久期的选择

投资久期也称“投资的持续期”，可将投资品种分为长久期品种和短久期品种两种类型。

长久期品种分为债性长久期品种和股性长久期品种。债性长久期品种包括永续的分级基金 A 类、长久期企业债、长久期可转债、到期时间较长的封闭式债券基金。股性长久期品种包括到期时间较长的封闭式股票基金、远期交割的股指期货、没有约定收敛时间的 B 股和 H 股套利。

短久期品种分为债性短久期品种和股性短久期品种。债性短久期品种包括现金管理、短久期企业债、短久期可转债、到期时间较短的封闭式债券基金和分级基金 A 类。股性短久期品种包括到期时间较短的封闭式股票基金、近期交割的股指期货、短期的股票套利及基金套利。

债性长久期品种的价格对市场利率的波动非常敏感，利率上升期会出现较大亏损，利率下降期会出现超额收益。债性短久期品种的价格对市场利率的波动不敏感，虽然投资回报率稳定，但很难获得超额收益。如果市场处于高利率时期，应该逐渐增加债券投资品种的久期，一方面可以获取较高的收益率，另一方面为市场利率下降获取超额收益做好准备。如果市场处于低利率时期，应该逐渐减少债券投资品种的久期，因为此时收益率已经不高，重要的是保持流动性，避免债券利率升高造成超额损失。

股性投资品种的价格与股市整体走势保持相关性，不论长短久期都无法绝对避免亏损，但是获得相对收益的能力有所差别。股性短久期品种持仓周期较短，资金流动性较好，价格收敛的确定性也较好，能稳定获取相对收益，并且不需要承担太多的市场价格波动。例如 LOF 赎回套利，仅需承担一天股市价格波动，相对收益（折价）也会在一天内收入囊中。而股性长久期品种持仓周期较长，价格扭曲甚至会短期内扩大。例如封闭式基金的折价率，从 2001 年开始扩大，并于 2005 年到达最高点，2006 年底才开始回落收敛，所以无法稳定获得相对收益，并且需要承担较长时间的市场价格波动。

如果股市处于低估值区域，应该逐步增加股性长久期品种的持仓，因为此时持有的风险并不大，而降低持仓周期有可能错过牛市。如果股市处于高估值区域，应该逐步增加股性短久期品种持仓，因为流动性好，退出时间快，相对收益确定，可以避免牛熊转折带来持仓的巨大损失。

第十章

开始低风险投资

第一节　管理好预期收益

我的预期收益率

2005 年初，我将家庭所有资产投入股市的时候，对股市收益率的预期是年化 15%。当时我做了一个财务自由的规划，那就是赚够 500 万元，那么，即使一年只有 6% 的收益率，也有 30 万的现金流入，够花销了；如果能保持住 15% 的复利，则一年 75 万现金流，不仅能保住生活开销，还能继续滚大雪球。

当然，最终我 10 年的复合收益率超过了 30%，不过我对未来的预期仍然不变，还是 15%。

我以前发过博文，讲述股市高收益不存在，引来了一些人的质疑，其中最鲜明的观点，就是小资金不应该做低风险投资，小资金应该追求更高的收益率，下面节选一位投资者的评论。

对于几万到几千万以内规模的小资金，年化收益 20% 只是普通水平。年化达到 50% 以上才算优秀。对于五亿以上规模的大资金，年化 15% 到 20% 就非常优秀和杰出了。个人认为资金规模很重要。很多类型的赚钱方法小资金可以为，大资金是不可为的。几十万的资金量，年化 20% 以内真没什么可以拿出来说的。去比较巴菲特毫无意义，他是什么资金规模，难道说巴菲特年化不过 20%，所以我十万资金规模年化 20% 也很优秀？这样的逻辑是有问题的。小资金年化 20% 当然说明这个人有赚钱能力，但只是普通的赚钱能力。

我觉得很多人有这样的想法，我也有一夜暴富的梦，但也经常给自己泼冷水——投资如履薄冰，股市绝不是“印钞机”，而不小心就是“绞肉机”。

先说预期收益率对个人的意义。拿破仑有一句名言：“不想当将军的士兵不是好士兵”，这句话放在职场上是绝对没有问题的。如果一个职员预期自己每年工资涨 50%，并为之不断奋斗，那一定是很美丽的励志故事，因为职场的成就和努力程度基本是成正比的。

但是，在股市中，一个投资者预期自己年化 50% 的收益率，那通常不是励志故事，而是悲惨故事。我最早接触的一个职业股民，是 1996 年开始将投资作为主业的，好像是 1995 年的时候买了一只股票翻了好几倍，觉得自己找到金钥匙了，于是准备大干一场，家人给凑了好几十万元，做了十几年，目前手里仍然只有几十万元，40 多岁了一直未婚。

股市很有意思，有可能你预期 50% 收益，而真正的收获却是 –50% 的收益。

预期收益率的两个误区

第一，小资金的复合收益率超过大资金。

从统计角度讲，这是没有依据的。中国的股市散户居多，70% 的人是赔钱的，长期看散户只有 10% 的人赚钱，所以能在股市赚钱的人就是优秀的，更别说复利 20% 了。

有人会说，为什么江湖中有那么多“股神”，每年动辄几倍的收益率？而公募或者私募的表现都很平常？

这其实是统计的误区，大资金作为个体，本来就小，比如 1000 个私募，TOP 1% 选手只有 10 个私募产品，但是 1 亿散户，TOP 1% 选手有 10 万人，所以你会发现到处都是“股神”，其实每年双色球中奖者也不少。

第二，把短期收益率当成长期收益率。

我们知道，50% 的复利，10 年就是 50 倍的总收益率，几十万的小资金也滚到上千万了。而所谓的民间股神，资产好像都不多，那么可以肯定，他们滚雪球的时间根本没有到达 10 年。

如果一个投资者连续 2 年 50% 的收益率，但是第三年亏损 50%，三年总收益率只有 12.5%，最终跑输定期存款。即使一个投资者连续 4 年 50% 的收益率，但是第五年亏损 50%，总收益率也只有 150%，年化收益不到 25%。

2013 年以后的创业板大牛市，很多人获得了较高的收益率，但是把一年或者两年的高收益率当成复合收益率，显然是不客观的。2006 年的时候，很多玩有色的股神也是几倍甚至几十倍的收益率，但是到 2008 年底，股神基本销声匿迹。

所以，如果累计收益率没有超过 10 倍 20 倍，投资时间没有 8 到 10 年，经历过各种投资品的牛熊周期，就不要妄谈收益率。

很多时候，期望的收益率不高，长期反而是赢家。在我的低风险投资圈子内，大多数高手也就是 10 年 30% 的复利。但是，最重要的是，这个圈子的人长期亏钱的几乎没有。

一位从 1998 年至今坚持打新股的投资者说，打新股就是地上捡钱，这么多年打新已经赚了两套房子的钱了。对于很多短线搏杀玩趋势投资的人，打新股的收益率太低了。但是作为一个整体而言，坚持打新股的人基本个个都是赚钱的，而在股市中搏杀的人则是九死一生。

当然，我也不否认小资金能做到高复利，但这恰恰是低风险投资的领域。巴菲特早年 28% 的复利就和经常做套利有关。一个最简单的例子，有人蹲守一个流通性差的债券天天盯盘口，很有可能利用别人误操作乌龙一单而赚到一笔钱，也许一次就是 10% 的利润，但是对于大资金而言，吃这种乌龙单就没有任何意思了。

第二节　学习投资“三板斧”

抄作业

靠工资赚钱是加法，靠投资赚钱是乘法，所以很多人希望通过投资致富。但是股市几千只股票，还有各种衍生品，很多新人一头雾水，不知道该买什么。

我认为，投资第一步从抄作业开始比较好，直到今天，我还经常抄别人的作业。

为什么说抄作业好呢?

我做过好几年的产品经理，对软件开发有一些了解。当我们准备开发一个项目的时候，工程师该如何实现目标? 通常而言，比较好的方法是先寻找开源软件模块，而不是自己去开发。现在是互联网时代，工程师可以很容易找到开源软件。同样，一个投资者通过各种论坛，也很容易找到各种投资信息。当然，也有工程师非要闭门造车全部自己写代码，但通常累死累活，写出来的还不如别人开源的模块好。同样，也有一些投资者排斥外界的任何观点，但大部分的结果并不好，可能运气好买了一只不错的股票，但最终会被套牢在某一只股票上。

但是抄作业并不是很容易实现的。如果抄作业的功力足够好，对于绝大多数投资者而言，足够实现财务自由。下面谈谈抄作业的几个境界。

(1) 盲目照抄作业，只抄答案，不管过程。这种人通常是股市中的“韭菜”，是股市埋单的人。就好像一个工程师为了开发一个项目，找到一个开源模块，自己也不理解就照搬过来，结果软件 BUG 不断还没办法解决，这个工程师只能骂开发这个模块的人是傻瓜，或者骗子。股市中盲目抄作业的人很多，看巴菲特买中石油，他们也买中石油，可惜巴菲特 1.8 港币买，他们 48 元买。这些人也是那些股评师手里的“韭菜”，专门帮别人抬轿子。

(2) 关注别人写作业的逻辑和过程。这种人已经很难成为“韭菜”了。看到人家说银行股市盈率低，他们会自己亲自算一遍；看到别人说某个成长股业绩预期高速增长，他们会亲自看一遍财务报表，亲自辨别真假。类似 IT 软件工程师，在使用一个开源软件的时候，自己先写一个测试软件测一遍，看性能和功能是不是符合要求，那么用的时候，也不会遇到问题束手无策。从抄答案提升到抄逻辑，恭喜你进阶了!

(3) 不仅会抄作业，还会选择性抄作业。恭喜你，你可能青出于蓝而胜于蓝，也许你的收益率能战胜被你抄作业的人。类似腾讯和百度去抄 ICQ 和谷歌的作业，抄成中国市值最大的互联网企业。如果你看到别人写的分析，知道哪些是客观的分析，哪些是写作业的人屁股决定脑袋的想法，那么你可以做得比他更好。

写作业

投资可以从抄作业开始，但是抄作业也会存在一定的问题。

通常而言，熊市底部抄作业比较容易，因为熊市底部的时候，股票价格较低，连写作业的人自己都被套住了，所以抄作业的人有心理优势。但是牛市来了就麻烦了，通常写作业的人大部分时候只会说何时该买，因为何时买很好论证，但何时卖、怎么卖，谁都心里没谱。于是，常见的情况就是熊市底部大家一条心，这个粉那个粉，大家都把仓位抱得紧紧的，但是牛市一来就作鸟兽散，能共患难而不能共富贵。

当我们牛市中想买股票的时候就遇到尴尬了，看别人作业写得很漂亮，但是一看股价涨了不少，写作业的人都是在底部拿的，你敢跟进吗？大部分人是不敢的，因为你没有自己的投资体系，你只会抄别人的作业，此时你失去了心理优势，很难抉择。

前面所述是抄作业最大的问题，另外还有其他问题，比如流动性不好的资产，等你看到别人的作业的时候，价格肯定已经上去了，即使别人的逻辑很对，但你的机会也少了很多。再者，你一直抄某个人的作业，风格也和别人类似，有一天别人不写作业了，或者市场风格变了，大家都要开始自我创新的时候，只会抄作业的人，就会遇到瓶颈。

所以，当我们投资的能力到了一定阶段，希望进一步提升的时候，必须要自己会写作业。要写好作业，我总结有以下四点诀窍：

（1）了解投资的历史，如股市长期的趋势如何？利率和股市的关系？市场平均的市盈率和市净率多少算合理？周期性行业和非周期性行业有什么不同？

（2）涉猎要广，最好各种金融品种，如债券、可转债、股票、基金、股指期货、期权、打新股等，都要有所了解，这样看问题才能全面，你才能知道什么品种出现阶段性的高估和低估。投资盲点经常存在，我就知道有一个投资者非常看好中国石化，写过十尺长文论述中国石化的价值，但是他不知道石化转债，当石化转债出现连续折价的时候他错失转股套利的机会，白白失去降低成本的机会。

（3）要能定量分析，基本的财报要能看懂，对于一些猜测，最好能通过定量分析来论证。如有人说股票应该高抛低吸，某个板块涨得多了就该卖出换另一个弱势板块；但也有人说股票就是强者恒强，某个板块涨得多就应该继续持有，板块走弱就应该卖出追强势板块，到底谁说得对？靠嘴说不清楚，我们完全可以任选两个指数，比如沪深300指数和创业板指数模拟一下，每天收盘卖出弱指数追强指数和卖出强指数追弱指数，最终谁的收益高，一算就清楚了。

（4）最关键的一点就是不能屁股决定脑袋，因为自己买了就选择性忽视不利因素，放大有利因素，这样骗不了别人，最后只能把自己骗了。

有一种类型“韭菜”，就是在忽悠别人的时候把自己给忽悠进去了，最典型的就是格雷厄姆讲过的一个故事：

有一个石油勘探者在上天堂的时候，圣彼得告诉他一个坏消息。圣彼得说：“你的确有资格进天堂，可是你也看到了，分配给石油勘探者居住的地方已经客满了，我实在没有办法把你安插进去。”那个石油勘探者想了一会之后问圣彼得：“我可不可以跟那些现在住在那里的人讲一句话？”圣彼得想了想，让他说句话也无妨。那个石油勘探者于是大喊：“地狱里发现石油了！”忽然之间，大门开了，所有的人蜂拥而出向地狱冲去。于是，圣彼得立刻邀请这位石油勘探者进入天堂。结果，这位石油勘探者犹豫了一下说：“不，我想我还是跟那些人一起去好了。”

检查作业

我上小学的时候，成绩一直是中等水平，倒不是考试题不会做，而是粗心，该做对的题做错了。直到小学四年级，我突然开窍了，做完题以后开始检查答案，用各种方式来检查答案是否正确，从此我进入好学生的行列。到了高中，有一次我做物理考试的选择题，我不计算，只是看A、B、C、D四个答案的合理性，结果10道题能答对9道。

投资看似是很简单的一件事情，抄抄别人的作业也许就赚了不少钱；但拉长时间周期看，投资又是很难的一件事情，因为投资是一个可熔断的行业，也许你前面赚很多，但只要最后一把失手了，你最后的价值也许不是正数，而是负数。很多天才投资家最后以破产告终，投资界的常青树也屈指可数。

所以，不论我们是抄别人的作业，还是自己写作业，最后一步一定不能省略，那就是检查作业。塞斯·卡拉曼的安全边际，就是一种检查作业的方法。

怎么检查作业，问自己三个问题。

（1）能跌多少？

从各种安全边界去分析，计算一个投资品种最大的下跌空间。

（2）能涨多少？

从各种可能的情况去分析，计算一个投资品种最大可能的涨幅。

（3）需要等多久？

这个对上杠杆的投资者非常关键，如果等待价值回归的时间遥遥无期，那么坚决不能上杠杆。

第三节　杠杆的用法

杠杆是双刃剑，杠杆用得好，可以帮助低风险投资者获得较高的投资收益；杠杆用得不好，则会让低风险投资变成超高风险投资，所以需要合理使用。

避免高杠杆

杠杆是会让人上瘾的。当低风险投资者依靠杠杆快速赚钱时，内心深处会逐渐淡化风险意识，自以为找到了“印钞机”，这会导致投资组合的杠杆率不断升高。

当杠杆比例达到 5 倍时，资产价格下跌 20% 就意味着投资者爆仓，资金归零。后面资产价格即使恢复正常，投资者也已经倒在了“擂台”上，没有资格参加下一次比赛。根据理论或者历史统计分析可知，再安全的投资品种都无法保证不出现极端的价格。当部分交易者出现资金链断裂时，会不计成本地卖出，这会导致其他高杠杆投资者被动去杠杆和爆仓，造成价格的进一步下跌，产生雪崩效应。很多顶尖的投资者不是死在熊市中，而是死于高杠杆。

建议低风险投资者的杠杆比例尽量保持在 2 倍以内，极限情况下不高于 2.5 倍。

尽量分散

如果投资品种过于集中，当重仓品种出现“黑天鹅”时，由于资金杠杆会放大损失，这会让投资者陷入极端被动之中，所以使用杠杆的低风险投资者，一定要将自己的投资品种尽可能分散。通常多个品种同时出现“黑天鹅”的概率很小，这样，当某个品种出现“黑天鹅”事件时，如果是价格错杀，投资者反而可以通过动态再平衡从中获利。

保持流动性

流动性是指资产能够以一个合理的价格顺利变现。流动性好的品种，投资者可以顺利以盘面的交易价格买入和卖出；而流动性差的品种，投资者买入时需要抬高价格，卖出时又需要压低价格；流动性最差的情况就是停牌，投资者无法交易。

使用杠杆的低风险投资者，切记不要全部买入低流动性的投资品种，因为当出现极端事件时，好的流动性可以让投资者迅速抽调资金，而差的流动性导致投资者在需要钱的时候很难出局，甚至为了套现而被迫贱卖。

第四节　持仓攻守转换

资产之间的相关性越小，通过资产再平衡后获得的收益就越大。所以，应该通过纵深的方式来配置资产，这类似于足球场上设置前锋、中场、后卫三条线 。

资产的分类

可以将资产分为以下三种类型。

一是防御型资产。类似于足球场上的后卫，防御型资产通常是有保底且流动性不错的资产，如现金、短期高评级的企业债、债券基金、债性很强的可转债等。此类资产的优点在于，当股市出现大幅度下跌甚至崩盘的时候，可以用来抄底；缺点是当股市大幅上涨时，会拖累整体的资金收益率。

二是平衡型资产。类似于足球场上的中场，平衡型资产通常是进可攻退可守的品种。大盘涨它也涨，但涨的没大盘多；大盘跌它也跌，但跌的也没大盘多。常见的平衡型资产包括转股溢价不高但债性较强的可转债，资产重组中有保底的股票，以及低信用高收益的企业债。

三是进攻型资产。类似于足球场上的前锋，进攻型资产通常是没有保底，或者距离保底价格较远的投资品种，如封闭式基金、价格超过 130 元的可转债、股指期货、分级基金 B 类等。进攻型资产和市场的涨跌保持同等波动性，如果加杠杆的话，波动率甚至可以超过相应的指数。

攻守策略

对于低风险投资者而言，尽可能选择平衡型资产作为主要的投资品种，这好比一支优秀的足球队，通常中场的实力是最强的。

当股市下跌时，平衡型资产的价格会随之下跌；当接近保底价格时，平衡型资产的防御性逐渐增加，最终转变成防御型资产。

当股市上涨时，平衡型资产的价格会随之上涨；当远离保底价格时，平衡型资产的防御性逐渐减弱，最终转变成进攻型资产。

攻守转换有两种情况。

一是防御型资产转平衡型资产。

当一定比例的平衡型资产随着价格下跌变成防御型资产时，应该减持防御型资产的仓位，加仓当前市场上的平衡型资产。也就是当价格下跌导致投资组合的弹性变差时，需要增加风险系数，这样在反弹到来时，财富的增长可以更快些。

这类似于足球比赛中，当对手大举逼近时，优秀的球队是不能将所有球员都龟缩在禁区内死守的，而是需要将部分球员压上去，并随时准备打反击。

二是进攻型资产转平衡型资产。

当一定比例的平衡型资产随着价格上涨变成进攻型资产时，应该减持进攻型资产仓位，加仓当前市场上的平衡型资产。也就是当价格上涨导致投资组合的风险系数升高时，需要降低风险系数。如当股市涨得很厉害的时候，可以减仓并买入保底品种来防止收益率的回撤。

这类似于足球比赛中，当对手后撤时，优秀的球队也不能将所有球员都攻入对方的禁区内狂轰滥炸，而是需要将部分球员撤回来，并随时预防对手打反击。

在“合理使用杠杆”一节中，我们知道定杠杆融资能够大大增加财富的增值速度，所以适度增加杠杆也是可行的。但是，我们不能在风险系数高的时候保持高杠杆，否则一旦指数下跌，会造成巨大的资产回撤。

通过攻守转换的方法，不论市场涨跌，都能将投资组合的风险控制适中，而又保持一定的弹性，这样有利于通过杠杆融资来实现财富的稳健加速增值。

第五节　追求相对收益

投资风险和长期收益率没有直接关系，低风险可能低收益，如天天存活期，每天资金零回撤；高风险也可能低收益，股民 70% 都赔钱；低风险可能高收益，每年复利 30% 以上，10 年就是 20 倍；高风险也可能高收益，比如第一年赚 100 倍，后面 9 年亏掉 80%，10 年也是 20 倍。

投资的门派

我选择低风险投资，主要是不喜欢回撤带给我的心情不爽，毕竟，资产每年 30% 增长，我会很开心，天天想旅游。而第一年 100 倍，后面亏 80%，可能我就只有 1 年开心，后面 9 年都郁闷了。

对于大部分人而言，投资只是财富保值的工具。我们国家 GDP 每年增长 7%，CPI 每年增长 3%，那么，投资能做到每年 10% 也就不错了。

但是，对于想依靠投资实现财务自由，想靠投资混饭吃，就必须寻找超额收益，也就是你要成为食物链的上层，自己不仅不能是“韭菜”，还要会割“韭菜”。

如何获得超额收益呢？对此，通常有下面三个流派：

（1）成长派，就是投资者比其他人眼光更高，能透过时间长河，看到未来什么样的企业可以成为王者，并躲开那些最终走向衰落的企业，典型的人物是费雪、欧奈尔等。

（2）价值派，就是找到低估的企业，能看清楚企业股价低不是企业真的不行，而是持有股票的其他投资者无脑，低价卖“筹码”，典型的人物是格雷厄姆、巴菲特。

（3）量化派，就是不关心股票和债券的长期价值，靠寻找价格扭曲赚钱，又分为杠杆派和高频派。杠杆派的典型是长期资本管理公司，高频派的典型是大奖章公司。

我的投资模型

我的投资模型，更多地偏向于格雷厄姆类型的保底套利，长期资本公司的低风险杠杆，以及大奖章的高频轮动。目标是不论市场环境如何，持有的权益品种要能跑赢沪深300指数。

★格雷厄姆式的套利

基本方式是寻找价格低于股票清算价值一定比例（如90%）的品种，把这个概念再扩展一下，就是低于保底价的投资品种。在股市极度低迷的时候可以使用，但是只要股市不是趴在底部，几乎就找不到这样的品种。这种机会可遇不可求，如2014年1月，中行转债95元，纯债收益也有5%，股票涨了有额外收益，完全符合格雷厄姆式的套利，但是等中行转债价格涨过110元，就不符合这个条件了。

★长期资本公司的低风险杠杆

基本方式就是寻找低风险的品种，然后通过高杠杆赚取超额收益。如中行转债上2倍杠杆，或者10倍杠杆。如2014年12月，交割日期仅2周的股指期货升水100点，大约3%的收益，是不是也可以上10倍杠杆，把2周3%的收益扩大到30%？我认为是可以的，当然这里有一个度的问题，毕竟长期资本公司最后玩杠杆把自己玩破产了。

我们买企业债的时候，如果看到负债率超过50%，就会担心信用风险，那么我们自己也应该如此，尽量负债率不超过50%，杠杆别超过2倍。

★大奖章的高频轮动

就是寻找折价和溢价的机会，迅速出击，迅速结束。2014年12月，分级基金大溢价，参与有风险吗？肯定是有风险！基金申购后，净值可能下跌，溢价可能消失。但如果成功了，1次可能就是10%的利润，所以概率上的期望值为正。还有通过长城品牌基金套利南北车，参与有风险吗？肯定有风险，南北车贡献净值5%，也许基金的剩余仓位贡献负10%，但指数涨跌的概率是相等的，有可能亏，也就有可能超赚。类似的操作一直做下去，就好像扔硬币，正面赚1元，反面亏5角，一直玩下去，肯定能赚钱。

投资的相对论

★绝对的相对论

就是牛市吃到“酒足饭饱”，熊市也留下“洗碗刷锅”。只要牛市阶段和熊市阶段都跑赢了沪深300指数，哪怕遇上2008年这种大跌，指数负60%，自己就是负40%，也心满意足了。这种模型其实非常纯粹，有人这么做的长期复利很高。

★低风险的相对论

就是估值的底部追求权益品种的相对论，到了估值的顶部区域追求固定收益品种的相对论，这样可以避免回撤的痛苦，至于顶部撤退的时机，可以考虑趋势理论的60日均线。当感觉估值较高的没有跌破60日均线的时候，可以继续持有，等跌破60日均线再做转换。

第六节　不确定性与概率分析

不确定性

股市中存在很多不确定性。对公司而言，经营业绩可能出现恶化，甚至爆出“地雷”；对于整体市场而言，可能会突发经济危机。世界总是处于不确定中，我们无法知道下一个“黑天鹅”在哪里，它在什么时候出现。

一个老练的低风险投资者，需要考虑到不确定性因素的影响，避免“黑天鹅”事件对自己的财富带来致命的影响。

很多价值投资者，将投资当作一种信仰，当他们找到一个伟大的公司，通常希望通过长期持股来获取回报。例如很多人认为贵州茅台是一家优秀的企业，当他们认为股价低估时，就会买入股票，甚至还有人提出何时买入贵州茅台都是正确的。

但对于低风险投资者而言，一切皆有可能，股价低估时买入，可能价格还会继续下跌；如果坚持长期持股，公司经营面也可能发生恶化。所以，我们需要考虑各种可能情况，并做出合理的对策，通过分析盈利的概率及亏损的概率，在不确定性中寻找确定性。这样即使当我们的判断出现错误时，仍然可以避免出现意料之外的亏损，甚至在市场不利于自己的情况下，仍然能实现小幅盈利。

投资的沙盘演练

通过风险收益比的概率分析，可以将股市不确定性的因素减少到最低，即使当出现股市“黑天鹅”事件时，仍然能够从容应对。下面介绍一种方法，叫作沙盘演练，可以避免股市中的不确定性。

沙盘演练又叫“沙盘模拟培训”“沙盘推演”，源自军事上的战争沙盘模拟推演，通过红、蓝两军在战场上的对抗与较量，发现双方战略、战术上存在的问题，提高指挥员的作战能力。模拟推演跨越了通过实战军演来检验与培养高级将领的巨大成本障碍和时空限制，在军事领域被普遍运用。

股市中的沙盘演练，是指花费真金白银投入一只投资品种之前，假定自己已经买入了该投资品种，然后分析当出现有利因素及不利因素的情况下，投资品种的涨跌情况，主要包括以下四个步骤。

（1）短期内可能涨多少？这个涉及投资品种的爆发力，对于短期可能大幅上涨的品种，不要轻易在上涨初期卖出。

（2）短期内可能跌多少？这个涉及对投资组合流动性的管理，对于短期可能大幅下跌的品种，需要防范因此造成的投资组合的流动性危机，尤其在有融资的情况下，要对短期的下跌可能进行周密分析，不能疏漏。

（3）长期可能涨多少？这个涉及投资品种的内含价值，对于长期可能大幅上涨的品种，可以牺牲一定的安全边际去买入。

（4）长期可能跌多少？这个是投资品种最重要的安全边际，如果该品种有长期大幅下跌的可能性，即使概率很低，该品种也绝不能成为自己的重仓品种。

下面通过两个例子来说明如何对投资品种进行沙盘演练。

案例一：封闭式基金

2005年底的时候，大盘封闭式基金（基金规模大于等于20亿元）的折价率到达了50%，上证指数到达1100点，此时买入，风险收益比如何？下面进行沙盘演练：

★推演过程

（1）短期内可能涨多少？

答：通常封闭式基金的仓位大约是70%，而封闭式基金的净值跟随大盘波动，短期内折价率变化很小，所以，短期内的涨幅等于指数涨幅乘以70%。

（2）短期内可能跌多少？

答：理由同上，短期内的跌幅等于指数跌幅乘以70%。

（3）长期可能涨多少？

答：大部分大盘封闭式基金将于2014年到期，按照基金的合同规定，封闭式基金到期后将召开持有人大会，审议封闭转开放的议项，如果此时仍有折价，持有者必然通过封转开的议项，并赎回基金来套利基金价格与基金净值之间的价差。

通常而言，股市长期上涨的斜率等于上市公司整体的ROE，大约10%左右，扣除基金的管理费用，9年内净值可增长100%。

折价9年内从50%恢复到0，相当于价格跑赢净值100%。所以，不考虑分红，9年的回报率大约等于为：

$(1+100\%)\times(1+100\%)-1=300\%$

考虑到封闭式基金净值超过1元的部分需要分红，如果长期保持折价，则分红后可以再买入折价的封闭式基金，最终的投资回报率可以超过300%。

（4）长期可能跌多少？

答：除非9年后净值跌幅超过50%，则长期持有大盘封闭式基金会亏损，按70%仓位计算，相当于2014年指数下跌70%，上证指数330点。

★推演结果

2005年底买入50%折价的封闭式基金，短期内不一定赚钱，但是长期持有风险很小，且收益极大，应该买入。

★实际结果

2006年中国股市开始恢复性上涨，但是封闭式基金的折价率在很长一段时间内仍然保持在50%左右，由于70%仓位的限制，封闭式基金的价格在2006年上半年是跑输上证指数的。但随着封闭式基金净值的恢复，由于对高分红的预期，导致2006年10月出现封闭式基金的独立行情。到了2006年底，封闭式基金持有者的收益率已经跑赢指数，封闭式基金的折价率降低到30%以下。

2007年，封闭式基金大额分红，相当于部分折价的净值按照实际价格返给了投资者，最终导致封闭式基金的价格在2007年也跑赢了指数。

2008年，股市出现大幅下跌，封闭式基金依靠折价的防护垫以及2007年高收益的分红，下跌的幅度远小于指数下跌的幅度。

后面几年，随着大盘封闭式基金距离到期日越来越近，折价率也降低到了10%以内，大多数封闭式基金在8年的时间内都获得了大约300%的净值增幅。2005年底持有封闭式基金的投资者，大约获得了6倍的收益率，远远超过同期指数的涨幅。

最终的事实证明，长期持有封闭式基金的投资者，成为了近几年中国股市的一大赢家。

案例二：分级基金的A类（以银华金利为例）

2011年7月，上市两个月后的银华金利（150030）折价到达10%，价格大约0.92元，此时买入，风险收益比如何？下面进行沙盘演练：

★推演过程

（1）短期内可能涨多少？

答：银华金利是永续的固定收益品种，对市场利率非常敏感，银华金利约定的固定收益利率 =1 年存款利息 +3.5%。如果预期市场利率下降，则银华金利价格会涨，价格的涨幅与年化收益率下降的幅度成正比，大约收益率降低 70 BP，价格会涨 10%。

（2）短期内会跌多少？

答：当预期市场利率上升时，银华金利价格会跌，大约收益率上涨 70 BP，价格会跌 10%。

（3）长期可能涨多少？

答：长期看，分级基金存在低折的保护，按中国股市的波动性计算，每隔 10 年一定会出现一次 40% 的下跌，这会导致银华金利出现低点折算。当低折发生时，相当于折价的银华金利可以按净值拿回，折算到每年大约是 1% 的低折收益。

所以，长期看，投资银华金利的年化收益 =1 年存款利息 +3.5% +1%（低折收益）。如果低折的时间少于 10 年，则低折的年化收益率还能提高。

（4）长期可能跌多少？

答：长期看，银华金利没有任何信用风险，信用等级与国债一致，所以没有蚀本的风险。另外，由于低折的保护，通常 10 年内就有机会吃到 10% 的折价率，所以长期看没有亏损的可能，且基本能保证约定的收益率。

★推演结果

2011 年 7 月买入银华金利，短期内还是有较大波动的风险，不宜满仓。长期看，由于低折的保护，能确保每年大约 8% 左右的固定收益，追求稳定现金流的投资者可以买入。

★实际结果

2011 年 7 月买入银华金利的投资者，短期内造成了巨大亏损。2011 年 9 月底价格相比 2011 年 7 月初，买入银华金利已经亏损 15%。后来随着市场利率的下行，银华金利价格相比低点上涨了 10%。

由于 2012 年下半年股市低迷，最终造成银华金利低折，投资者基本以净值折算了 75% 市值的银华金利，获得较高的收益。

到 2013 年，银华金利的价格基本在净值附近波动，不再出现折价。

第七节　套利

传统套利

传统套利包括价差交易和对冲交易两种类型。

价差交易，是指在市场内买入某个证券品种后，马上转移到另一个市场卖出，并从中赚取差价。例如，马路东面和西面开了两家苹果商店，他们既卖苹果、也收购苹果。某一天，东面的苹果店 4 元/斤出售苹果，而西面的苹果店 5 元/斤收购苹果。此时，聪明的套利者应该从东面的苹果店以 4 元/斤收购苹果，然后立刻到西面的苹果店以 5 元/斤卖出，赚取 1 元/斤的套利收益。在证券市场上，ETF 赎回（T+0）就是价差交易，套利投资者可以折价买入 ETF 基金，并立刻赎回一篮子股票后在二级市场上抛售，赚取价差。价差交易的盈利基本是确定的，时间周期也基本确定。

对冲交易，是指同时进行两笔投资标的相关、方向相反、数量相当、盈亏相抵的交易。还是以苹果店为例，但此时一家在北京，另一家在海南岛。某一天，北京的苹果店 5 元/斤收购苹果，但海南的苹果店 4 元/斤卖出苹果。由于两地相距很远，当普通套利者从海南以 4 元/斤买入苹果，运到北京后，很可能北京苹果的价格已经跌到 3 元/斤。为了控制风险，部分套利者会在买入海南的苹果之前，与北京的苹果店谈一个合约，约定无论市场价格如何变化，N 天（将苹果从海南岛运到北京的时间）后大家的交易价格就是 5 元/斤。谈好合约后，他就可以放心地将苹果从海南运到北京卖出，赚取 1 元/斤的差价。一个典型的对冲交易是 ETF 基金与股指期货空单的对冲操作，又叫“期现套利”，可以买入 300ETF 指数基金，然后买入股指期货空单，由于股市期货合约到期后会与沪深 300 指数收敛，这样就可以赚取期货相对现货升水（期货价格高于现货）的价差。

对冲交易的预期收益是确定的，预期时间也是确定的，但是存在高于预期收益的机会。接着上面苹果店的例子往下说，假如套利者在海南购买了4元/斤的苹果，并承诺5元/斤卖给北京。但是突然价格波动，海南的苹果涨到10元/斤，而北京的苹果涨到9元/斤。此时，套利者不需要将海南的苹果运到北京卖出，而是直接将苹果以10元的价格在海南的市场卖出，赚取6元的差价，同时支付给北京苹果店4元/斤的违约费用，弥补北京苹果从5元涨到9元带来的差价，结果套利者赚到了2元/斤的差价，比当初预期的1元/斤的差价还多。

在ETF基金和股指期货空单的对冲操作中，投资收益率虽然是按照股指期货合约到期日收敛计算的，但是投资者并不需要持有投资品种一直到股指期货合约的交割日，因为中间如果出现更好的退出机会，完全可以提前卖出ETF基金，并平掉股指期货空单。

统计套利

传统套利模型中，套利者通过低买高卖来赚钱。但由于套利者的存在，最终会将交易价格拉平。

在前面苹果店的例子中，如果有很多人发现套利机会，低价买入苹果并高价卖出，由于供需的调节，价格低的苹果店会抬高价格，价格高的苹果店会压低价格，最终导致两地苹果的价格趋于一致。

由于传统套利没有赔钱的风险，所以收益率并不会高，通常也就是市场短期借款利率的水平，如果有超额收益的话，就好像地上掉了钱，那些天天盯着市场的人早就出手捡走了。另外，因为传统套利没有风险，套利者可以拆借资金操作，不合理的价格会很快消失。

另外，随着自动交易的流行，很多机构通过计算机来盯盘，并迅速自动交易，这导致市场“基本无利可套”。通常只有在市场流动性发生危机的时候，才有可能出现大的套利机会，如允许T+0操作的ETF基金，基本都不存在套利空间。而期现套利的收益率，也越来越接近1个月的短期市场利率。

统计套利，是指不保证每笔套利交易都能赚到钱，但是赚钱的可能性大，赔钱的可能性小。还是前面苹果店的例子，假设海南岛的苹果价格通常在4元/斤左右，而北京的苹果价格通常在5元/斤左右，那么套利者买入海南岛的苹果，然后运到北京卖出，并不能保证一定赚钱。例如在苹果运输的过程中，北京的苹果价格跌到3元/斤，那么套利者可能还会亏损。但也可能套利的收益大于预期，如运输过程中，北京的苹果涨到7元/斤，那么套利者赚了3元/斤，比预期值更高。不过由于平均价格的存在，如果套利者进行多次交易，平均下来的利润还是1元/斤。

常见的统计套利操作有折价LOF基金的赎回套利操作，方法是T日在二级市场买入LOF基金，T+1日通过场内基金赎回。由于存在1天的基金净值波动，这种类型的套利不能保证100%赚钱，但如果认为基金净值的波动呈现正态分布规律的话，则可以采取统计套利的模型，通过多次的交易来将基金净值的波动过滤掉。

由于统计套利的单次风险稍大，必须涉及仓位管理，所以参与者较少，也无法通过计算机做自动交易，这导致统计套利的收益率要高于传统套利。

趋势套利

单纯的套利投资，无论是传统套利还是统计套利，收益率都是有限的。如果能够在市场低估时选择重仓，而在市场高估时选择轻仓，那么就能够在市场平均收益的基础上，获得超额收益。

趋势套利，是指将趋势投资和套利投资进行结合的一种方法。下面探讨趋势套利的模型。

（1）当判断市场处于低估位置时，选择的投资品种必须是权益投资品种（包含股票或者期权），并保证当市场上涨时，套利的收益率要超过市场上涨的幅度，业界也常称之为“阿尔法套利”。例如，投资者预期未来可能有一波牛市，可以买入折价的封闭式基金。因为如果大盘有较大涨幅，封闭式基金的净值会相应上涨，而折价率也会随着时间的推移缩小，同时还有分红的预期，这都会体现为价格上涨，这使得牛市中折价的封闭式基金能够跑赢大盘。

（2）当判断市场处于高估位置时，选择的投资品种可以是固定收益品种（债券等）或者短周期的权益品种，这样可以保证当市场下跌时，套利投资者还能获得正的收益率。例如，投资者预期未来可能有一波熊市，则可以申购新股，或者做一些债券投资标的的套利，这使得熊市中还能赚到钱。

当然，市场低估的时候，有可能继续下跌，市场高估的时候，也可能继续上涨，所以需要合理控制仓位，在权益投资品种的套利和固定收益品种的套利之间进行搭配调整，做到动态再平衡。

第八节　我们在赚谁的钱

股票市场风云变幻，有人盈利有人亏损，但是大多数低风险投资者是赚钱的，那么我们到底在赚谁的钱呢？

上市公司

无论是上市公司发行债券，还是上市公司发行股票，都是我们将钱投给了上市公司，而上市公司会给我们相应的回报。买入债券能获得固定收益回报，只要上市公司不破产，就必须每年支付利息。买入股票则是获得权益收益，需要与公司同舟共济，共担风险，但正因为如此，股票的回报率也会高于债券。

从上市公司身上赚钱，获得超额收益的最佳方式是成长股的投资。例如，投资者在2004年腾讯公司上市时买入股票，10年的总收益率达到了100倍；2001年贵州茅台上市时买入股票，13年的总收益率也有几十倍。如果您找到了一家伟大的公司，那么您的收益率会远高于股市总体的投资回报率。

但是按照有效市场理论，当人们都知道一家公司是好公司的时候，价格已经贵了，而且挖掘成长股有太多的不确定性，所以低风险投资者在上市公司身上不应该有过高的期望值。

市场冲动

人类是群体性动物，很容易在某一段时间出现集体性的行为。例如，在经济上升时期，投资者经常会过于乐观，从而导致股市不断上涨，而股市上涨又会吸引更多人参与市场，此时贪婪蒙住了人们的双眼，市场估值不断升高，而人们也会为涨得很高的股价寻找各种理由去自圆其说。而到了经济下行时期，投资者又会过于悲观，从而导致股市不断下跌，而下跌本身又会让人们对未来预期更加悲观，此时恐惧抓住了人们的心理，市场内的人没有信心买股票，而市场外的人看股市一直赔钱，也不愿意进入，最终资金不断流出，导致市场估值不断下降。

每年 10 月，非洲大草原上就会上演一场角马大迁徙的壮观场面，每年有几十万只角马横渡马拉河。它们为了到达对面的丰茂大草原，吃上鲜嫩的绿草，不顾河里成群的鳄鱼奋力向前。但令人惊讶的是，大部分角马是自相踩踏而死，只有少部分是被鳄鱼吃掉了。

股市中的散户以及机构，大部分是横渡马拉河的角马群，他们为了赚钱奋勇向对岸狂奔而去，但是遇到危险又自相踩踏，恐慌性抛售，最终导致财富的灰飞烟灭，但另一方面也保持了股市的生态平衡。

低风险投资者应该做马拉河里的鳄鱼，等待角马群的到来，然后吃掉那些自相踩踏的死角马。

角马渡河可能每年只有一次，低风险投资者想依靠市场高估和低估的周期变换赚钱，机会也不会很多。参考上证指数的 K 线图，即使投资者做到上涨的年份保持和大盘相同的涨幅，下跌的年份保持空仓，那么整体的年化收益率也仅能从 10% 提升到 20%，空间并不是很大。另外，即使当市场低估时，投资者过早买入也可能大幅亏损，就好比心急的鳄鱼冲到狂奔的角马群中捕食，结果被角马踩踏而死。高估的时候卖出，则更难预测，因为您根本不知道还有多少角马奔驰而来，如果您过早休息了，可能也就错过了最丰盛的美餐。

心理误区

很多股民嘴边常挂一个词“套牢”，在他们的心中，套住并不是亏损。股民的嘴边还有一个词叫“割肉”，从字面意思看，就知道是一件很残酷的事情，也就是说当他们在卖出股票的时候，心都是在淌血的。

金融资产本来就是流动的，亏损就是亏损，和投资者是否卖出没有任何关系。48 元买入中国石油的投资者，不能因为自己不卖出股票留给孙子就自以为没有亏损；而那些 24 元将中石油割肉卖出的投资者，实际的亏损幅度远小于现在还持有中国石油的套牢者们。

关注成本价是投资者最大的心理误区！每当有人问我，“这个股票我是多少钱买的，现在我该怎么办”，我都会反问他，“您多少钱买的和这只股票有关系吗?”股票不会因为您买入成本的高低而上涨或者下跌。

由于大多数人存在“成本价”的心理误区，这给低风险套利投资者很多机会。例如，当股市在高位横盘很久回落的时候，很多人被“套住”后本能的想法是赶紧补仓降低成本，这样解套就容易了，正因为如此，封闭式基金这样的折价品种，此时的折价率会收窄，极端情况甚至出现溢价。这是因为“套住”的投资者在补仓，希望能降低成本赌反弹。而当股市熊了很久开始上涨的时候，大多数高位买入的人已经“割肉”离场了，而在熊市底部买入的投资者，看到股票价格超过了自己的成本价，会出现见好就收的决定，此时封闭式基金这样的折价品种，折价率反而会扩大，因为很多人涨了一点就赶紧卖掉兑现利润。

所以，低风险投资者一个很好的策略，就是在确定性利好出现后入场收购，就好比一个古董收藏者在旧货市场淘到一个古玩，可能只花了 100 元，但是经过专家鉴定是真品，市场上同类的古玩价值 1 万元，聪明的投资者会从这个古董收藏者手中以 5000 元收购，然后拿到市场上以 1 万元卖出，此时那个古董收藏者也会很开心，因为他赚了 50 倍的利润，已经赚够了。

很多换股套利的投资品种，在换股上市前有人甚至在“保底价”附近卖出，很大的原因就是前面的投资者已经赚到了巨大的利润空间，后面虽然还有很大的利润且风险很小，但是场内的投资者基于见好就收的心理选择卖出，而场外的投资者看到别人已经赚了很多，心态上会受股票走势的历史成本影响，而很难下决心买入。

很多时候股票是强者恒强，弱者恒弱，这也和持股成本的心态有关。因为当上市公司内在价值提升导致股票价格上涨时，由于获利盘大量涌出，使得股票上涨的幅度达不到上市公司内在价值提升的速度；反而当上市公司内在价值下滑导致股票价格下跌时，由于场内的亏损盘不愿意卖出，甚至“摊低成本价”这种心理误区的存在，使得股票下跌的幅度达不到上市公司内在价值下滑的速度。所以，从微观层面分析，上涨的股票有可能是被低估的股票，下跌的股票有可能是被高估的股票。

投资者还有一个心理误区，就是喜欢交易、害怕停牌。封闭式基金封转开停牌前，年化折价是最大的，换股套利停牌前买入，资金的使用效率是最高的，这都是因为大量的投资者不愿意手中的投资品种失去暂时的流动性而提前卖出。

通过停牌来套利，就类似我们在开当铺，心急的投资者将马上停牌的商品低价当给我们，复牌以后又以较高的价格赎回。

第九节　没有赚钱的“永动机”

在进化论中，所有生物都要遵循“物竞天择，适者生存”的规律。在非洲大草原上，虽然羚羊是猎豹的捕食对象，但是猎豹想要吃掉羚羊并不容易，这是几千万年大自然竞争的结果，因为跑得慢的羊都被吃掉了，没有办法繁育后代，所以生存下来的羊越跑越快。同样，跑得慢的猎豹因为抓不到猎物，也会因饥饿而死去，没有办法繁育后代，所以生存下来的猎豹也越跑越快。自然界总是处在一个平衡之中，猎豹的数量和羊群的数量都不会变得很离谱。如果羊群增加过快，猎豹捕食变得更加容易，则猎豹的数量就会增多，最终猎豹会吃掉多余的羊；当猎豹数量多而羊群数量少时，猎豹捕获不到足够的食物，部分猎豹饿死，导致猎豹的数量随之减少。

证券市场也遵循着大自然的法则，投资水平高的人赚钱（类似于猎豹），投资水平低的人赔钱（类似于羚羊）。大家通常称那些股市中亏钱的人为“韭菜”，当“韭菜”被收割以后，“韭菜”手中的钱就流向了投资高手。这样，随着时间的流逝，“韭菜”手中的钱越来越少，投资高手的钱越来越多，市场的效率也会越来越高，赚钱的难度也会越来越大。

证券市场刚成立时，大多数人热衷于投机，新股上市被恶炒，而懂得新股申购的人很少，那个时候单纯打新股年化收益率都有 50% 以上。但随着赚钱效应的体现和参与人数的增多，打新股的收益率慢慢降低到 10% 左右。股指期货刚推出时，大多数参与者都是赌大盘涨跌的投机者，此时做期货和现货对冲套利者，年化收益率可以达到 30% 以上。但随着时间的流逝，这种赚钱模式的收益率降低到 5% 左右，也就是比货币基金的收益率稍高。LOF 赎回套利，在 2007 年的时候年化收益 50% 以上。但随着时间的推移，套利者基本将 LOF 基金赎回成了死基金，导致 LOF 基金交易稀少，已经很难做赎回套利了。

任何一种特定的赚钱模式，如果高于市场平均的投资回报率，就说明市场存在某种无效性。此时，该模型的参与者们会不断将赚到的钱再投资，资金越滚越大，而且这种赚钱模式也必然会被更多的聪明投资者发现。当一个赚钱模型承载太多的资金时，市场将从无效的状态恢复到有效的状态，最终导致这种赚钱模式的失效。所以，在证券市场上永远不存在赚钱的“永动机”。

一个优秀的低风险投资者，当自己的赚钱模型开始退化后，需要去寻找新的赚钱模型。一个新的模型是否赚钱，本质上还要从安全边际和价值扭曲两个方面去寻找。通常而言，新的赚钱模型存在以下三种情况。

一是市场过度低估。

此时大多数投资者已经被套牢，即使出现了价格扭曲，基于多数人不肯割肉的心理状态，参与者不会很多，这时就出现机会了。

二是市场过度高估。

此时聪明的投资者已经离场并恐高，而参与者大多数是新长出来的“韭菜”，市场有效性会出现弱化。例如，2007 年底包头铝业换股套利，“韭菜”们还不懂套利，只会追涨停，懂套利的投资高手已经离场，恐高的不敢回来，这导致折价空间扩大，出现较好的投资机会。

三是创新品种初上市时。

当一个新品种上市时，市场参与各方对其定价会产生分歧，此时会出现新的赚钱模型。例如，当分级基金 A 类初上市时，很多人不理解分级基金的 A 类相当于永续债，导致定价错乱。当银华金利发生低折时，投资者第一次参与 A 类的低折，不知道该如何估值，结果套利空间巨大。所以，低风险投资者不能故步自封，而是需要对新的投资品种进行详细分析，寻找其中的套利机会和赚钱模型，不断丰富自己的“兵器库”。

也希望此书能够抛砖引玉，帮助读者找到自己的赚钱模型。

附录一 我的投资之路

引子

上个世纪九十年代，我在西安上中学，有一次和同学路过钟楼附近的一家游戏厅，就走进去看看。这不是那种普通的游戏厅，实质是赌场，场内放置了各式各样的电子赌博机，我们几个小伙伴每人各买了一枚游戏币去玩，结局不用说，都输掉了。

此时我发现一个秘密，这里使用的游戏币，和相距两公里远的和平门外另一家我们常去的游戏厅使用的游戏币一模一样。虽然两家游戏厅使用的游戏币相同，但是价格却不一样，钟楼这边购买一枚游戏币需要三毛钱，且允许退游戏币；和平门这边，如果只购买一枚游戏币也需要三毛钱，但一次性买10个以上的游戏币则会打折，每个游戏币只需要两毛钱。

于是，还在高中上学的我开始了人生中第一次套利行为。周末我拿着五元钱骑着自行车到了和平门外的游戏厅，购买了25枚游戏币，然后再骑车到钟楼边的游戏厅，把游戏币退掉。为了不引人注意，我每次只搬运25枚游戏币，来回跑了8趟，一共赚了20元钱。在20世纪90年代初，20元人民币对于一个高中生也是一笔大钱了。

由于虚荣心，第二周我把这个秘密告诉了我的小伙伴们，于是情况发生了变化。第二周的周末，我又骑着自行车到了和平门那家游戏厅，依然问老板买25枚游戏币，结果老板拿出来的游戏币已经和以前的不一样了，我只好找个借口说不买了。后来听说，市场上游戏币的价格都是三毛钱，游戏厅老板也是三毛钱买来的，而两毛钱卖给我们，是为了吸引我们去场内玩耍。由于这个“秘密”被我公开，估计好多人都去这个游戏厅买游戏币，结果这家游戏厅的游戏币就不够了。游戏厅老板估计也发现了这个秘密，于是更换成了其他游戏币。

虽然游戏币套利的游戏从此被终止了，但在后面的股市套利投资中，类似的游戏却在不断上演。

学生时代

作为生于70后的一代人，我们都见证了中国经济的大发展。在我上大学以前，中国还处在物质非常短缺的时代。我记得上高中的时候曾经和同学说，“希望以后能自己赚钱买一辆山地车”。当时别说汽车，即使是电视机也要花掉一个家庭几年的积蓄。我最早接触的投资不是股市而是邮票。我们家附近有几个邮卡币市场，我每隔一段时间都会去转转。很清楚地记得猴票（1980年生肖猴邮票）的价格在几年内从几十元涨到了几千元，如果说复利的话，猴票估计会让人咂舌，从1980年的8分钱涨到现在的1万元，35年涨了12万倍，复利39%，不仅复利超过巴菲特的基金，连总收益都超过了巴菲特基金。假如有人1980年花100元购买1250张猴票，那么现在他的身家将达到1000万元。学生时期的我也炒过邮票和纪念币，也赚了些小钱。虽然这些品种没有任何现金流产生，纯粹就是炒作，但却实实在在让很多人致富了。

上学的时候我也听说过股市，但那个时代大家都没什么钱，家里能有万元储蓄就算是巨款了，所以周围人投资股市的热情也不高。我是到1997年才开的A股账户，当时开户还花了90元钱开户费用，投入的资金也只有2000元钱，进进出出似乎赚了几百元，后来觉得没意思就退出了股市，账户也被闲置了。

那个时候的生活非常平静，城市面貌和生活水平也一直没什么变化，但是中国财富的大裂变正在孕育中，慢慢地开始听到一些故事，有些人有幸进入外企工作，月薪有好几千元。在大部分人月薪不到500元的那个年代，这样的收入给人很大的诱惑。对于20世纪90年代的绝大多数人而言，最初财富的分化就是从职场开始的。而等我大学毕业的时候，一些企业已经能给员工支付很高的收入了。那是1999年，记得深圳华为来学校开招聘会，开出的年薪已经可以达到一年8万元人民币，但很不幸，我参加华为面试被淘汰了。

后来我的选择是上研究生，其实回过头看并不是一个明智的选择。在经济大发展的时代早出来工作三年，职场的收获远大于研究生三年所能得到的。而且在读研期间，老师大部分在忙课题，同学们也在跟着导师做项目，除了获得一张研究生文凭以外，我在学业上获得的知识并不比本科学生多很多。股市没有后悔药，人生也没有早知道，走一些弯路在所难免。

我在上海交大读的研究生，毕业时可选择的好公司比本科毕业时要多些，但我又做了一次不大明智的选择，去了上海移动工作。主要原因有两个，第一，当时有机会去华为，但觉得不甘心，因为很多大学同学本科毕业就去了，我三年后再去总觉得慢半拍，这其实类似大多数人在股市中的一个心态，就是看到潜力股涨高了就不敢追。第二，上学期间也曾在一家创业公司做过兼职工作，了解到了做乙方的艰难，心里想当然认为甲方的职位要舒适很多。不过说实话，在进入上海移动以后，开始在收入上还是很令人满意的，拿到手的年薪超过10万元，甚至比去华为还高一些，但里面的前景让人压抑。第一，移动公司开始岗位的划分，我当时的岗位是8，升一岗一个月能多拿1000多元，但是升岗名额卡得很严，基本靠熬时间。第二，大家做事情的导向就是怎么让领导满意，让我严重怀疑自己的价值。我觉得如果我在这里工作下去，似乎一眼就能看穿自己的未来，那就是努力工作让领导满意，争取岗位晋升，一年能多赚个一两万元的工资。天哪，我的将来就被定格成这样吗？

一次偶然的机会，我读了《穷爸爸富爸爸》这本书，里面讲的财务自由很吸引我。我一直有一个成为自由职业者的梦想，希望能体验不同的生活，最好是每种自己喜欢的工作体验五年时间，但这在职场意味着经验值归零。只有不为收入而奔波时才能更好地体会自由职业者那种飞鸟翱翔在蓝天的感觉。于是，我有了一个目标，那就是有一天我一定要实现财务自由。

股市小试身手

虽然说在上海移动工作看不到希望，但我还是努力把手头的工作做好，也努力为自己争取向上晋升的机会。虽然前景很沉闷，但这份工作毕竟在那时给了我一份超过同龄人的薪资收入，压力也小，有时候也有乙方的人哄着，日子也就这样一天天过去了。有些工作就是这样，一边让你觉得郁闷，一边又让你觉得舒服，最终让你逐渐麻木。

不过当时的我是不允许这样混下去的，因为在我面前有一个最大的问题——和女朋友（现在的老婆）两地分居，我在上海，她在北京。后来的各种情况促成我离开上海到北京发展。在上海移动工作2年以后，我找到了一个机会借调到中国移动集团的研发中心工作。虽然在去北京之前我已经预感到未来的职场之路会有较大的波折，但过程还是远超我的想象。

股市中经常出现的一种情况，就是当你买入一只股票以后，你越是想尽快赚钱，你越是赚不到，职场也是如此。我到移动集团研发中心以前，这里每半年都会有一次内部招聘，借调的同志可以通过这样的内部招聘转为正式员工。可是当我过来后，招聘会突然就变得遥遥无期，这让我的处境非常尴尬。通常移动集团借调省公司的员工，时间都是以半年为限，到期就要回去的。因为我想留在这边，只能让集团研发中心给我办理续借，逐渐我成了二等公民——对于集团研发中心而言我是借调员工，不可能给我安排重要的工作；对于上海移动而言我不在岗，绩效肯定给最差的。不过还是很感谢上海移动的领导，在得知我想去北京以后，他们尽可能地给我提供了帮助。此时我能怎么办，也只能忍着，其实我也不是受不了委屈的人，比起我父亲在“文革”中受的委屈，我这点委屈又算得了什么呢？不过集团研发中心有一个很大的好处，就是有无数的乙方厂家围着，有求必应，我经常组织各大厂家做技术交流，让我自己的技术能力有了较大的提升。

来北京以后，买房的问题提到了议事日程。我给老婆的建议是尽快买房，楼市和股市很类似，也是轮动效应，2000年到2004年长三角的房价开始迅速升温，它们作为领头羊已经上涨了1倍多，而北京和珠三角的房价还在底部。从地区估值看，北京还处于价格洼地，那么房价上涨必然一触即发。北京房价经过2003年“非典”的低谷期，2004年开始复苏。我和老婆结婚以前花销都很小，也攒了20多万元，最后很快看中了一套100

万的房子，于是付了首付，从此成为有房一族。后来再看，买房成为我们当时最明智的一笔投资。我在股市中的总收益率一直和这套房子的收益率不相上下，直到2012年才超越。如果计算买房是20%首付，按照5倍杠杆乘以房价的涨幅，那么直到今天，我股市的总收益率仍然跑输我的房子。

如果说20世纪90年代职场分化造成新中国第一次贫富差距的拉开，那么21世纪初的楼市大繁荣则造成新中国第二次贫富差距的拉开，并且在程度上远超过了第一次。在我身边也出现了一批依靠买多套房子而实现财务自由的人。

我再次步入股市的时间是2004年初，投了3万元，记得买过华联超市、北京城乡、邯郸钢铁等股票，有些小亏损。后来股市一路下跌，我也不敢加仓，因为我心里没底，不知道这些股票到底值多少钱。我不是学金融的，而那个年代互联网也不发达，缺少专业的投资网站来扫盲，直到有一天，我偶然发现了和讯网的基金论坛，看到了一个很吸引人的投资品种，它的名字叫“封闭式基金”，它的交易价格相比基金净值有20%～30%的折扣。我被这个品种吸引了，此时我隐约看到了一条路，指向了正确的投资方向。

在和讯论坛我也认识了一批优秀的投资者，他们是组合投资、金陵大雪、hw6628、明日之星、德隆专家、小竹等人。当时论坛的气氛类似早期的雪球，让投资爱好者有一种回家的感觉。

对封闭式基金有了初步了解以后，我们家慢慢把资金都投入到了股市，到了2004年底，投入股市的资金已经超过10万元，不过此时封闭式基金的价格仍然不断下跌，折价也不断扩大，我们亏钱了。

以前投资我一直没有记账的习惯，赚了亏了自己都算不大清楚，后来看到和讯论坛的投资高手们纷纷公布投资实盘，于是从2005年开始，我开始对投资账户记账，也开始在论坛上分享投资收益率。那个时候论坛人不多，大家通过这种方式互相取暖，互相督促，共同进步。在记账的方法上，还出现了一段小插曲。我开始一直按照“投资收益/本金”的方法来计算收益率，一次在股市大涨之前我追加了资金，导致本金变大，结果股市上涨，我的投资收益率反而下降了。我把收益率公布到论坛中，引来明日之星等人的疑问，后来大家一起探讨如何计算收益率才是最合理的，最终确定采用基金净值收益法来计算投资实盘的收益率。

2005 年，A 股市场仍然一片黑暗，上证指数跌破了 998 点，大盘封闭式基金的折价率突破了 50%，我和老婆把过去 3 年的住房公积金都取出来，加上每月剩余的工资，全部买入封闭式基金。在封闭式基金整体折价率上升的过程中，也出现了许多套利机会，经过论坛中的不断讨论，大家总结出了折价率、年化折价率、分红比例等关键因素，一个又一个低估品种被大家找到，价格出现恢复性上涨。在大家赢利的同时，套利的机会也变得越来越少，和讯基金论坛让封闭式基金的定价效率越来越高。

封闭式基金折价突破 50% 后，论坛突然出现一种言论，认为存在就是合理的，一些人认为封闭式基金大折价的原因是坐庄股票，他们认为一旦封闭式基金重仓的股票大跌，那么其净值下跌 50% 不是没可能，并拿基金重仓且逆势上涨的贵州茅台作为例子。当时我也相信了这种言论，于是刻意回避重仓贵州茅台的封闭式基金，结果可想而知。忽略了客观的净值变化情况而去主观臆测别人的意图，回头再看是多么可笑。

虽然我们找到了投资的密钥——封闭式基金，但是我们工作才三年，初始的本金还是太少了。那个时候没什么融资手段，就是有估计我也不敢用。谁能想到封闭式基金会一直下跌，折价从 30% 一直上升到 50% 呢？那时候我们唯一能做的就是依靠工资来慢慢积累，因为我们还在路上。

记得 2005 年 8 月，我和老婆从新疆旅游归来，看到账户因为股市大涨增加了 2 万元，我们一起欢呼：“投资真好，这次旅行的钱赚回来了！”

股权分置

2005 年，股市有一个里程碑事件，就是股权分置改革。以前上市公司的股权被分为可上市交易的流通股和不能上市交易的法人股。流通股是上市公司通过 IPO 融资发行的股份。如果单纯从投资价值看，流通股和非流通股没有区别，但是考虑到投机性，则股权分置减少了交易筹码，所以

2005年以前，大多股票都有庄家入驻，因为庄家只要控制住流通股的价格就行了。

但法人股无法流通，实际上完全违背了经济学原理，尤其不利于国有股权的兑现。2002年，政府试图通过国有股直接减持的方式，来补充社保资金，结果造成市场的大恐慌，导致无数庄股覆灭，股市进入漫长熊市。而政府看到国有股直接减持市场无法承受，这件事情就被搁置了。

但一直搁置也不是办法，2005年初的时候，政府又想出一招，搞一个C股市场，也就是法人股交易的市场，A股和C股互不相干，结果C股市场法人股的交易价格普遍是A股交易价格的30%～50%。这一下又把A股投资者吓坏了，万一这些低成本C股有一天跑到A股市场流通，那股市怎么受得了，于是股市跌！跌！跌！终于，政府把C股交易市场也关掉了。当年有人通过C股交易平台低价买入一批法人股，在后来的股票分置改革后卖出，赚取了暴利，制度性的套利机会最容易产生暴利。

长痛不如短痛，最终政府设计了一个方案，以法人股东向流通股股东送股的方式，换取上市流通的资格。一石激起千重浪，很多股民憧憬着10送10，并找到各种理由，但这怎么可能，最后定出的妥协方案是10送3.5左右。

10送10变成10送3.5，落差太大，人都是贪心的，都想自己能多拿一点，再经过媒体的渲染，本来是多赚少赚的问题，结果变成了流通股股东吃大亏，于是有了2005年998点的金底。

当时我和老婆讨论，我们买股票本来就是投资，所以大股东流通不流通和我们无关，10送3.5就是白给的，再加上封闭式基金折价50%，机会千载难逢，这让我们持有封闭式基金的信心更加坚决了。

到了2006年，股权分置改革的利好效应开始出现，股票也开始迈出了熊市阴影，走向牛市的征程。但封闭式基金持有者仍然饱受煎熬，因为封闭式基金的折价始终保持在50%。这让人有一种惯性的想法，那就是50%折价就是封闭式基金的合理折价。而因为70%仓位限制，封闭式基金开始反而是跑输沪深指数的。当时如果单纯看历史价格，会发现封闭式基金居然是熊市跌得多，牛市反而涨得少，很多人因此而绝望，离开了50%折价的封闭式基金。但我们一直坚持着，我们相信50%折价的封闭式基金，是前人流的鲜血浇灌出来的鲜花，不到价值兑现的时刻，我们决不能放弃。

职场折戟

移动集团总部工作招聘的事情一直没有着落，直到有一天接到上海移动领导的电话，说上海这边部门改革，我们集团的上级变成了移动集团数据部，刚好那边也需要借调一个人，于是，2005年底我去了集团数据部。

其实这对我来说是一个好消息，因为我又可以多争取一年的时间等待内部招聘，而且那时的移动集团数据部是大家眼中公认的好部门。现在我们谈论移动互联网，核心企业必然是BAT，但是在2006年，移动互联网的核心就是中国移动。当时，大多数互联网企业，盈利需要通过中国移动代收费通道来实现，新浪、搜狐、网易就是依靠成为中国移动的SP，在纳斯达克泡沫破灭后实现了股价的逆袭。而移动集团数据部，那时甚至可以称为王冠上的明珠。

当时中国移动不甘心成为单纯的数据通道，提出转型为移动信息专家，我所在的部门正是负责中国移动自有业务的新产品中心，部门大约10人，负责包括手机音乐、手机游戏、手机支付、二维码、手机广告等几十个业务。在移动数据部的感觉还是不错的，我的领导并没有因为我是借调员工而安排杂活给我，而是将139手机邮箱等比较关键的产品交给我负责。这是我第一次承担产品经理的角色，而这个角色伴随着我，直到我离开职场前的最后一天。

当时我的领导还专门找我谈话，告诉我马上要开始内部招聘了，数据部要招聘好几个人，要我做好准备。看来困扰我两年多的工作问题就要得到解决了，后来果然发了招聘通知，我看了招聘岗位，有一个正好就是我目前所在的岗位，心想这次应该能成了。然后就是笔试和面试，面试我的人都是部门领导，之后就是等待通知。

记得2006年9月初面试已经结束，但是一直没有发最后的录用通知，9月底集团召集所有省公司数据部核心人员开会，鲁向东会上发言，记得他讲了一句话，“现在数据部是中国移动最热的一个部门，你们要珍惜自己的岗位，你们不知道有多少人打破脑袋想到这里工作”。当时我也没怎么在意这句话。会议结束后，很多领导和同事都去酒吧一起喝酒，因为我从不喝酒，就先回家了。一个和我有业务关系的省公司员工后来在QQ上说，“恭喜你呀，你们领导说你这次能进集团数据部。”听到这个消息，我觉得工作的事情总算有结果了。

但是到了10月，招聘的事情好像突然没有了消息，这让我感到不安，但我也不知道哪里出了问题。直到10月下旬的一天，上海移动我的大领导来北京开会，在和集团的人一起吃饭的时候，大领导单独把我叫过来，突然问了我一句：“你后面有什么打算？”我顿时懵了，不知道怎么回答。我已经有了不好的预感。“你如果应聘不成功，那还是回上海吧。”大领导一句话让我一下子全明白了。但我还是不死心，晚上又打电话给我数据部的直属领导，她最终给我的答案是，“我们觉得你不合适在这个部门”。就这样，我失败了。

寻找自己的领地

移动集团数据部招聘结果出来了，参加应聘的其他借调员工都成功了，而我是唯一的失败者。我失败的原因在哪里呢？后来一个大领导这样告诉我，“在内部招聘的这几个月，其他人把我办公室的门都踏破了，而你一次都没来过，我怎么知道你想留下来？”所以，我失败的原因，就是太“傲慢”了。

两年多的努力完全白费，我的心情非常失落。回上海移动？且不说又要两地分居，所有人都知道我想去集团，难道就这么灰溜溜地回去，顶着一个失败者的标签？再说回去还有我的位置吗？所以，我只有一条路，那就是离开中国移动。其实这个时候我反而释然了，因为再也没有那种苦苦追求但总是得不到的痛苦。既然今天已经糟透了，明天还会更差吗？

在我的职场危机发生后，A股市场也发生了变化，封闭式基金的振幅开始加大，先是莫名其妙大涨，传言是要提前封转开，辟谣后又大跌，直到2006年10月24日，汹涌的买盘涌向了封闭式基金，这一天，所有的封闭式基金都封上了涨停板。

其实从2005年底部持有封闭式基金并一路满仓，不是因为我眼光有多准，能看透股市牛熊，其实，当上证指数涨到1700点的时候，我已经有些恐高了。翻看历史，2002年之后的几次反弹，上证指数都被阻挡在1700点附近，难道这次会例外吗？当时有色股已经被炒高几倍，工商银行、中国银行几大公司IPO轮番上场，论坛上已经开始有人看空，一些人在1700点减仓甚至清仓，并期待下一个波段的底部再抄底买入。如果我此时持有的是股票，有可能我也投降空军了，毕竟盈利超过50%。但我持有的是封闭式基金，它的折价还有50%，我怎能放弃？所以，要感谢封闭式基金在大牛市初期的萎靡，这让我坚定了持有的信心。

上证指数在1700点做了一个头部，并向下做了一个假突破，然后再次上扬，并一去不回头。封闭式基金则像是一头睡醒的雄狮，连续几天天天封涨停板，两周后折价率从50%回调到了25%。俗话说："先胖不是胖，后胖压倒炕。"2006年10月以前，我一直跑输沪深300指数，但到了11月就变成了大幅跑赢沪深300指数。

2006年的11月和12月是激动人心的两个月，指数连续上涨，1800点、2000点、2245点，关键点位都被攻克了，股指创了新高！

通常来讲，会抄底的人卖不到顶部，因为他们性格比较谨慎，喜欢低估值品种，所以股市一涨就容易卖出，踏空主升浪；能卖到顶部的人通常抄不到底部，因为经过顶部的狂欢，很容易在半山腰重新回来。我属于前一种性格的人。

当账户中的利润不断增加，尤其是封闭式基金连续涨停后，我反而有些坐不住了，价值投资者的通病就是"赔钱的时候不动如山，心情安定，赚多的时候，则如热锅上的蚂蚁，心烦气躁"。这个时候，大盘封闭式基金折价率已经降到25%，距离到期还有10年左右，万一折价率重回50%，那我前面的利润就全吐回去了吗？而且大盘已经突破2000点，相比998底部上涨1倍，还有多少空间？

这个时候由于工作上处于放弃状态，所以我能静下心来思考。首先要解决如何防止折价回撤的问题。

此时，几个2～3年到期的小盘封闭式基金，折价率和大盘封闭式基金相差已经不大，也有20%，就算回撤，起码小基金不会回撤，因为小盘封闭式基金还有2年就要到期了，于是，我把大盘基金移仓到了小盘基金。下一步就是指数的问题了，满仓怕回撤，清仓怕踏空，毕竟小基金还有20%折价，最终我决定减仓20%，减下来的资金用于打新股，这样心中安定了许多，不再担忧回撤的问题了。

市场并没有出现我担忧的见顶，而是加速上涨，整个社会被股市上涨带动了起来，身边越来越多的人开始投入股市，开户的人排起了长队，新股民加速进场了。与憧憬财富的新股民不同，老股民心惊胆战地看着账户市值一天天增加。当时和讯论坛的一个版主发帖“生命中无法承受之赚”，里面讲出了大多数老股民的心声。论坛上也出来更多晒收益的人，通常的格式就是“热烈庆祝盈利突破××万”。

很快，上证指数超过了2500点，我也越来越担心市值的回撤，好在这个时候指数虽然涨得很快，但主要是指标权重股在上涨，个股还是有分化的，市场还存在一年没怎么涨的股票，比如钢铁股。由于股权分置改革中，部分股票国有股占比不高，10送3.5送不起，于是这些企业采用赠送认沽权证的方式，用认沽权证来替代送股。当时华菱管线就是10送7份认沽权证，而此时股价居然相比认沽价折让20%。推演一下，如果认沽权证到期，股价仍然低于认沽价，那么持有权证的投资者会买入70%的流通股票，必然使得股价上涨并接近认沽价，也就是说华菱管线有20%的保底涨幅。于是在2006年底，我卖出30%的封闭式基金，买入了华菱管线。不过，这个套利的思路不是我自己想出来的，而是在当年的和讯债券论坛上讨论出来的，我只是在抄作业。

2006年12月31日，我给上海移动提交了辞职报告。也就是在这一年，我的盈利超过了50万。虽然我不知道路往哪里走，但是我已经信心十足，无论未来如何，我还有股市，这是一个公平的市场，我不需要低头求人，只需要通过我的判断和交易，就能为自己争取到领地和空间。

X 公司

虽然2006年收益率不错，但我们距离财务自由还很远，50万还没有高端职场人士一年的年终奖多，于是我又踏上了求职之路。

开始面试了几家大公司，他们给的起薪都不高。后来面试了一家小公司X，可以给年薪12万，刚好和我在上海移动的收入一样。说来也惭愧，我在移动工作5年，最终收入零增长。ROE永远是最重要的，赢在起跑线不代表能赢在终点。

X公司是NOKIA的三方公司，NOKIA公司从中国移动拿到网络优化合同，然后从我们公司租赁一批网优工程师，为中国移动做网络优化服务。对于X公司来说，NOKIA是甲方，而中国移动就是甲方的甲方。我刚来上班，发现这里的工作气氛非常奇怪，与中国移动对领导的毕恭毕敬不同，这里老板简直成了出气筒，公司每个人都在说老板的坏话，让我有一种感觉，小公司的老板，难道是食物链的最底层？当然这些都和我无关，我就当笑话在听，做好自己该做的工作，但心中再也没有了以前的那种压抑。

2007年市场很快就突破3000点，身边的股神也多了起来，经常听到某某赚多少倍的故事，但是我却越来越担心了。封闭式基金继续涨，华菱管线也很快就翻倍了，想想股市从底部上来已经3倍，于是我开始减仓再减仓。最后看到B股还有大约40%~50%的折价，于是买入了一些B股。慢慢地，我的股票仓位降低到了30%以下，剩余资金参与无风险的新股IPO。

上证指数在3000点来了一次大调整，千股跌停让我庆幸自己减仓太及时，可没想到几天后股市重新翻身向上，而且越涨越快，每天几百只股票涨停，低价股纷纷消失，此时低仓位的我越来越感到难受了。“问君能有几何愁，恰似一江春水向东流。”别人天天在狂欢，自己只能默默地看着，靠打新股微薄的收益聊以自慰，有种无能为力的感觉。

做价值投资的人一旦踏空，就很难有勇气再追回来。眼睁睁看着股市狂欢到4300点，“530”终于出现了，当时我心想，“连国家都看不下去了”，并做好后期进入熊市的准备。股票也如预期在几天内连续大跌，但一周后，下跌又稳住了，再看指数和个股，居然还是比我减仓的位置高，还是下不了手抄底啊。然后，就眼睁睁地看着指数晃晃悠悠涨了上去，我突然感觉，这股市还有顶吗？

越来越多的投资者退出了市场，有1700点走的、有3000点走的、有4300点走的，大家闲置资金都多，于是就聚集在和讯债券论坛寻找套利机会。此时，一个讲打新基金的长贴吸引了我，开始我还没怎么在意，但看到不少“大佬”回帖提醒发帖人，“别讲太透了，不然大家都没饭吃”。我想，怕被知道的东西一定是好东西，于是开始慢慢研究。文中大致的思路是，打新基金在新股中签后，是按照发行价计算净值的，而新股从发行到上市有大约1周的空档期，那么一个投资者，完全可以先自己打新股，资金回款后，再申购打新基金，等新股上市后，再将打新基金赎回，实现“一鱼两吃”。还有人找到参与打新股的货币基金，他们在做净值计算的时候，是把新股收益分摊到未来2个月，于是有人发明了“一鱼三吃”的方法：先自己打新股，新股回款后申购打新股债券基金，新股上市后赎回，然后再申购新股货币基金，到下一轮新股周期前再赎回。

于是从2007年6月开始，我开始专注打新股+新股债券基金的套利，居然在后面的半年内实现了30%的收益率，并且没有跑输下半年的指数涨幅。2007年下半年，我对股市基本上是看戏的心态，先是超级大盘基金的发行被1天抢购一空，然后是基金发行要抽签申购，再然后是超级IPO从2007年9月开始一周一个，每一个融资额都是几百亿，到最后的中国石油上市，市值居然超过全球最大的石油公司埃克森美孚2倍。但即使如此，股市仍然坚挺，我甚至开始怀疑自己是不是错了，上证指数不会真的到1万点吧。

随着股市中盈利的增加，人的心态也发生了变化，当每个月打新股的收入都超过工资收入的时候，对于职位升迁这些事情的关注度也就淡了。X公司的流动性很高，很多员工才来几个月就离职了，到了年底，居然我都成了老员工。由于我的工作主要是写文案以及和中国移动交流，这都是我所擅长的，所以没过太长的时间，我也就成为了公司的核心人员。慢慢地我了解到，公司很多人讲老板坏话也是有原因的。因为老板喜欢讲未来，把未来讲得太美好，让人不敢看，而老板又喜欢做一些口头承诺，最后伤了一些人的心。

但一些员工的要求也比较过分，记得有一次吃饭，一个销售讲，公司承诺按合同额给他提成30%，但是不肯兑现，我们一起吃饭的技术人员都惊呆了。项目做成功了，是大家一起努力的成果，你们销售拿的工资和我们技术人员一样多，但项目成功了我们没一分钱奖金，你们凭什么拿那么多？而且，我们的项目合同中，50%是硬件成本，等于说销售赚的比公司都多，整个公司在给销售打工。可人家销售轻描淡写地回答，“老板愿意啊，我们为了拿项目往死里喝酒，你们行吗？”

最后的结局，老板没有兑现当初的承诺，于是就是一堆扯皮，员工离职，甚至一些销售走了以后还拆台，大家不欢而散。

我认为这是老板自己不成熟造成的，可能是太想拿到订单了，于是把销售捧到了天上。不过话又说回来，小公司不容易，90%的小公司5年内会倒闭，能坚持下去的老板都是成功者。

经过一年的工作，我发现这里所有利益都要靠自己去争取，于是我评估了一下自己的工作成绩，年底向老板提出加薪10%，基本无悬念地通过了。这是我工作6年后第一次加薪。

躲过股灾

中石油IPO后，股市开始“跌跌不休”，而后面的新股中国中铁，开盘涨幅居然只有50%多一点，顿时大家感觉到钱开始难赚起来。2007年底上市的分离债国安债，年化收益率超过8%，引起了我的注意，总感觉这新股IPO高收益长久不了，于是我买了些国安债压箱底。

时间来到了2008年，股市在盘整3个月后，似乎又要上攻，大家见怪不怪了，牛市嘛。震荡中指数又回调，又逼近了60日均线，大家仍然见怪不怪，牛市回调嘛。前几次到了60日均线都是开启新一轮走势，难道这次会例外?

但是这次确实例外了，中国平安抛出了1600亿的融资计划，前几个月对巨额融资见怪不怪的市场，突然就不适应了，连续两天大跌，市场上升的趋势线终于被打破了。

市场大跌在我的预期内，只不过市场转弱，打新股收益也没有了。股市涨得快，跌得也快，到了2008年4月，上证指数又跌回到了3000点上方。人的心态非常奇怪，我是在3000点减仓的，当时感觉市场太疯狂了，从1000点涨到了3000点，风险巨大，忍不住想减仓。但当股市从6000点下跌到3000点，心里突然又冒出一种感觉，股市被低估了，你看都从6000点跌到了3000点，忍不住想加仓。

相同的点位，不同的心态，人心最容易锚定在最近的历史上。

此时折价B股的下跌幅度居然比A股还快，B股折价还扩大了，于是我在3000点上方做了第一次补仓，买回来10%仓位的粤电力B。当然，这是一笔失败的操作，因为3000点的市场仍然是高估的。

2008年，X公司也遇到了危机，NOKIA的生意利润率越来越低，公司干脆把这块业务外包给了别人。公司自己研发的移动互联网大数据分析平台，产品很有价值，并且直接向中国移动销售，有比较高的毛利率，但是谈了几个省公司，都是试用，合同迟迟拿不下来，另外销售和公司的矛盾也越来越激化，一些离职的销售把客户也带走了。但此时X公司完全没有意识到风险，由于拿到了一些天使投资，仍然在盲目扩张，最终天使投资的钱花完了，中国移动的合同也没有拿到，公司不得不开始裁员。

其实这个时候即使公司不裁员，很多人也已经开始陆续离开，销售全部离职，售前技术仅剩下我和Z君。一次和Z君吃饭，我问他有没有其他打算。Z君说:“我们公司产品还是很有价值的，现在的危机对我们不一定是坏事。”这与我的想法是一致的，股市中很多股票出利空的时候，不正是买入的良机吗?

由于项目停滞，2008年的工作变得很清闲，那些日子我最喜欢的一件事情，就是绕着公司附近的美国大使馆走一圈，然后思考股市的未来走势，而此时公司内部谈论股票的人开始越来越少。记得一位新招聘的销售和我聊起股票，他说他身边所有人都亏，而且都亏得很惨，这倒是让我吃了一惊，因为此时上证指数仍然在3000点上方，而我记得同样是3000点的2007年，所有人都是赚钱的。我好奇地问："就算你们是去年年初买的股票，那应该也是赚的啊？""3000点以上总要加仓吧？后来套住了又补仓，结果就越亏越多。"新销售告诉我。其实这就是大部分股市新"韭菜"的亏钱之路，追高加仓，被套后再补仓。

降低印花税根本无法让股市重回牛市，上证指数又跌到了3000点的下方，此时和讯债券论坛正热烈讨论一个新的投资品种——攀钢三剑客（攀钢钢钒，攀渝钛业，ST长钢）的合并重组。由于攀钢三剑客推出重组方案的时候，股市在5000点，而此时股市跌到了3000点，所以股价纷纷跌破了重组方案中规定的现金选择权。这时存在一个套利机会，就是买入攀钢三剑客，等股价回升到现金选择权上方时卖出，如果股价不涨，就等重组实施后，将股票价格以现金选择权卖给第三方，所以只要重组成功，无论如何都是赚钱的。

由于第一次做现金选择权套利，所以我没敢重仓，买了大约5%的仓位。然而攀钢三剑客的股价并没有回升到现金选择权上方，而是突然出现了"雪崩"，齐刷刷跌停了，市场传言攀钢系要毁约了，终止重组。此时对我是一个考验，买还是不买？如果重组成功，现在买入利润空间更大，但如果重组失败，价格腰斩都不止。在围着美国大使馆走了一圈又一圈后，我决定加仓，但仍然控制仓位，因为我考虑对于攀钢这样的国企，更加注重名声而不是利益，反正重组的事情是国家的钱在埋单。

于是，在攀钢三剑客后面连续大跌时，我又加仓了，但并不安心，因为浮亏越来越多，而这件事情我并不知道别人的底牌，一度晚上都睡不好。但最终利好来了，提供现金选择权的鞍钢股份举牌攀钢。但即使如此，攀钢三剑客在强劲反弹后又再次跌停，这种套利太折磨人了，于是我选择小幅赢利的位置减掉大部分仓位。当然，最终的结果是攀钢三剑客重组成功，我错失2008年最大的肥肉。

不过攀钢系的套利对我最大的价值，是躲过了上证指数3000点到2000点的主跌浪，如果不是套在攀钢系的股票中，我有很大概率会慢慢加仓买入其他有价值的仓位，那2008年我的亏损就大了。

此时美国传来雷曼兄弟倒闭的新闻，金融危机爆发了，指数开始了最恐怖的下跌，上证指数居然不费吹灰之力砸穿了2000点。我知道机会来了，开始物色可投资的品种。这个时候长安B进入我的视线，没有太多的调研，看B股相对A股折价率超过60%，我马上买了先锋仓位，但这个时候真是“空手接飞刀”，出手就被套，长安B转眼间又下跌20%，我加仓后又继续跌，这让我又有些慌了，好在此时的X公司很闲，我又开始绕着美国大使馆转圈，不过多了一项工作，就是看马路两旁停的汽车，发现有不少是长安汽车的合资品牌车。这个时候长安B的市净率跌破0.4，差不多是破产的估值，而美国那边通用汽车已经破产了，长安汽车会破产吗？我在路上走了一圈又一圈，反复问自己，“你看看马路上、超市里、餐厅里的人群，大家不是都很高兴吗？中国像爆发经济危机的样子吗？既然不像，为什么指数跌得比爆发危机的美国还多？为什么B股给破产的估值？”这也许就是机会，于是我开始大量买入长安B，可惜仅仅买了17%仓位，长安B就停牌了。

2008年10月的股市仍然暴跌，可转债纷纷跌破100元，其中南山转债跌破了90元，我又遇到了同样的问题，就是加仓马上被套，但我还是用同样的方式来问自己，连南山铝业这样优秀的企业都要破产了，中国难道真的要崩溃了吗？既然答案是否，那么加仓的信心也就来了。

到了2008年底，我保住了上一轮牛市的财富，并重新将仓位加到了接近满仓。而X公司在经历了危机以后，几个中国移动的合同也终于拿下来了。

2009年

Z君因为户口问题孩子很难在北京上学，此时公司的四川项目正好下来，于是Z君主动请缨去成都组建本地团队，并卖掉了北京的房子举家搬迁到成都，买了大房子，顺便户口和孩子上学问题也搞定了。后来Z君在四川做得风生水起，本地团队越带越大，职位升了，收入增了，生活压力反而更小了。

此时北京这边能做售前的仅剩下我一人，其实我的工作还是和中国移动打交道，而且我们还是乙方。记得有一次去某个移动公司做技术交流，因为领导和其他人谈话，我和销售就坐在门外一直等，晚饭也没吃，直到人家结束了我们再进去交流。但即使如此，我还是觉得做乙方比做甲方心里舒服，因为在小公司有一个准则，就是“简单、直接、有效”。我不需要一遍又一遍修改材料，只要我和销售觉得好就行。但在甲方，为了一份材料让所有领导满意，那可是几十遍翻来覆去地修改，90% 的精力都耗费在这些毫无价值的事情上。

2009 年股市又开始涨了，但对于我们这些 2008 年逃过下跌的人来讲，此时又开始纠结了。因为 2008 年每次反弹都是为了更好地下跌，而且美国的金融危机仍然没有结束的迹象，H 股依然在创新低，这次反弹后是不是依然会下跌呢？

此时，南山转债涨回 95 元，考虑到转股价很高，期权价值较小，我开始减持，并在 100 元左右清仓。可是没有想到，就在我卖出后不久，南山转债下调了转股价，结果我结结实实地卖在了地板上。后来我复盘分析，卖南山转债也没错，只要补上同等仓位的权益性品种即可，但是出于对熊市的恐惧，我将仓位降低到 50% 左右，剩下仓位分别持有粤电力 B 和长安 B，这造成了 2009 年上半年收益率严重跑输上证指数。谁能想到 2008 年的熊市这么快就结束了呢？

和 2006 年的牛市类似，B 股在 2009 年初期也很弱势，大多数做价值投资的人都是保守的，涨一点就着急卖掉，同样感谢长安 B 和粤电力 B 折价始终保持在 60% 左右，让我无法卖掉，被动地赶上了一轮小牛市，终于在 2009 年底赶上了 B 股大爆发，使得我顺利清仓了长安 B。长安 B 算是我股票投资历史上最成功的一次，从 2 港币以下成本买入到接近 8 港币卖出，利润是 300%。但是，反思这段投资历史，发现运气的成分居多，因为我的买点恰好是 2008 年车市大萧条时期，而卖出的时候汽车市场开始如火如荼，而我重仓的另一个品种粤电力 B 则没有这么好的运气，经过好几年的折腾，居然只能微利出局。

最终，2009年我们在股市的盈利接近80%，虽然跑输了沪深300指数，但盈利也超过了过去4年的总和，这就是复利的威力。在股市中，不管你是挣大钱还是赔大钱，最后一年总是最关键的，但是这个最后一年永远就是现在，所以投资如履薄冰，靠运气即使赚到大钱，最终也会赔回去。

由于上一轮牛熊周期收益回撤较小，再经过2009年的小牛市，我们的资金量又上了一个台阶，此时自由职业对我而言已经从奋斗的目标变成了利弊权衡间的选择。2009年底，孩子降生，于是我向公司请了1个月的假期，一边在家照顾老婆与孩子，一边思考未来之路。

我开始反思过去5年的投资经历，其实还是挺顺利的，基本没怎么亏过大钱，但这种顺利反而让我心里不安。此时我还没有建立起自己的投资体系，买入和卖出有时候非常随意，而仓位控制更是凭感觉，虽然依靠这个感觉我躲过了2008年股市大跌，但这里面又有多少是运气成分？而且此时指数处于半空中，继续做多肯定有风险，但是如果做固定收益类品种，如打新或者债券，虽然赚的钱肯定能超过当时我的工资收入，但还是不能抵御通货膨胀。毕竟工资每年都能涨，而投资赚的钱如果都花掉，那就没什么积累了，所以再三考虑，决定工作一两年后再做决定。

回到公司和老板谈判加薪，2年20%，无悬念通过，这是我职场第二次加薪，终于年薪过15万了。

瓶颈

由于2009年在股市中赚的比较多，也引起我心态上的一些变化，那就是在职场上失去了进取之心，毕竟股市的收入已经超过工资收入，此时对晋职加薪也就看得比较淡了。人很多时候是被压力逼出来的，那个时候的X公司其实也有不少赚钱机会，例如当时公司就有海外项目，如果肯去国外出差，项目补助还是很有诱人的。Z君后来的成就也和他的生活压力有很大关系，他当时已经破釜沉舟了，如果不是他在四川项目上连续2年天天加班，也不可能奠定他的西南分舵主的地位。

当时我在职场上的心态是，“拿本分的工资，干本分的工作”，我不对公司老板提出更多的收入要求，公司老板也别指望我去加班拼命。说起来也很奇怪，我的这种心态居然成为当时公司企业文化的主流，尤其是研发团队的几个核心成员普遍存在这种心态，而像Z君这样的正能量反而成为了少数派。直到2010年4月，与Y君在飞机上的一段对话改变了我。

这件事情的背景是这样的，当时X公司的移动互联网大数据分析平台已经在好几个中国移动省公司商用，有一天SX移动的一个员工突然打电话给我，说是从其他省公司技术人员那里听到了我们公司的产品和我的名字，该移动公司的手机报业务质量测评全国垫底，他们找不到好的办法去解决，想看看我们的产品能不能帮他们解决问题。于是我和这名基层员工沟通了起来，我也帮她想了一些办法，提出一些建议，她给领导汇报后获得好评，于是想让我们过来做技术交流，看能不能合作。我把这个消息告知公司，结果老销售没一个人愿意去，其实也能理解，这个项目我们没有任何人脉资源，老销售认为自下而上成功的概率很低，或者说基本是瞎胡闹。最后公司决定派Y君和我一起去，此时Y君来公司不到半年，还没做成过一个项目，我和他也没说过几句话。

在飞机上我了解到Y君的一些故事，他上次创业失败，这次希望能成为X公司的同行者，为此他甚至提出了一个很低的年薪要求，但希望以后能做市场部总监。说起了公司的前景，我说了我的看法，公司活着没问题，但做大也难，而且做大和我们有什么关系？老板说了几次要给核心人员期权，但光打雷不下雨，谁知道是不是忽悠我们。但他不这么认为，他的看法是：“也许是老板觉得员工不努力，所以不给期权，我相信我们真的做出业绩的话，老板不会不给期权的，看谁走出第一步。”

后来大家话说开了，Y君和我说：“我知道公司这次把不好啃的骨头给我，但是只要有一线希望我都会尽自己的全力去做，我尝过失败的滋味，我也知道他们都拿怀疑的眼光看我，我要为自己赢回荣誉，我要让他们知道，我Y君就是牛而不是吹牛。”当时我突然很感动又有些自责，既然我还没有辞职，我每天上班的时间还要在公司度过，为什么我不能主动一些去做得更好呢？有这样一个愿意向前冲的搭档，那么我们就从这个项目开始。

后面项目的进展出乎大家的意料，前期交流非常顺利，Y君立下军令状给老板，让公司提供免费试用和试优化服务，而我利用公司产品的优势，提供了网络优化领域独创的一个解决方案，仅靠2名优化人员，将SX移动公司的手机报业务质量从全国垫底提升到名列前茅，其他业务的测评指标也大幅提高，而竞争对手当时提出的方案，居然是30人的优化团队。而Y君也顺利做通商务关系，并保住了项目的利润率。一个甲方基层人员咨询电话带来的商机，最终促成一个省公司的项目的成功，并且这个项目成为X公司2010年最赚钱的项目，Y君顺利坐上了市场部总监的位置，我们二人都成为了公司的功臣。而我从被动型人格转变为主动型人格，这是2010年最大的收获。

类似职场，股市上我也遇到了能力圈的瓶颈，封闭式基金和B股虽然仍有价值，但已经不是绝对低估的状态，我也需要主动突破自己的能力圈，为自己投资的兵器谱增加更多的武器。

2010年初A股有一波较大的下跌，我依靠低仓位又顺利躲过去了。到3月，B股已经下跌很多，在加仓粤电力B和长安B之间，我又面临抉择。这次在绕着美国大使馆走了好几圈以后，我选择了粤电力B，但这次幸运女神没有选择我。后来长安B成为牛股，而粤电力B变成了衰股。怎么买股票始终不是我的能力圈。

6月中行转债上市，我在100元附近买入较大仓位，这是我第一次买入中行转债，当时我认为如果没有信用风险，可转债的面值差不多就是底部了。不过后来的4年，中行转债多次跌破了100元面值，后话不提，2010年我还是幸运的，股市在跌到2319点后迅速止跌回升，在中行转债回到105元后被我卖出。当时我对可转债的理解还不是很深刻，操作上仍然随性较多。

到了2010年下半年，我看到一位高手的文章，发现了一种新的投资品种“太行水泥”，以及一种新的赢利模式，那就是吸收合并换股。

当时太行水泥发布重组方案，由大股东金隅集团吸收合并换股，并提供二次现金选择权。以前的吸收合并换股方案，如果投资者选择了现金选择权，就不能参与换股；如果参与了换股，就没有现金选择权。由于换股当天股票挂 N，没有涨跌幅限制，最容易暴利，也就是说，以前的吸收合并换股方案，安全性和进攻性是不能兼顾的，因为挂 N 可能暴涨，也可能暴跌。但是太行水泥的方案，在挂 N 当天仍然提供二次现金选择权，成为下有保底、上不封顶的完美投资或者投机品种。

但由于太行水泥也是 A 股市场第一个提出二次现金选择权方案的股票，所以发现这个机会的人并不多，很长一段时间价格在二次现金选择权附近波动。我买入了大约 20% 仓位。

我和 Y 君在 2010 年的合作非常顺利，不仅做成了 SX 移动项目，还用类似的方法又攻下一个移动省公司。但荣誉也是双刃剑，公司看我这边业绩好，不断给我增加工作，这让我用于研究投资的时间越来越少，很多投资没有思考清楚就去实施，为后面的亏损埋下了伏笔。直到有一天，X 公司和 H 公司谈合作，并让我作为技术方面的负责人。我对这个项目是持反对意见的，因为我认为任何公司和 H 公司都很难长期合作，而且和 H 公司合作非常烦琐，对方的节奏又非常快，玩命催人，于是我以工作繁忙为由，提出换其他人跟 H 项目，但是最终老板还是决定让我来做。当时我心里就来气了，凭什么你想让我干什么我就干什么？

我又回想起 2009 年 NX 的项目，当时我们投标一个优化项目，局方负责人给我们出难题，必须解决他们现网的一个故障才能洽谈后期的合作事项，老板花了高薪找专家去现场，结果什么问题都没找出来，而我依靠以前移动朋友的帮忙，最终定位 NOKIA 交换机升级故障并解决了这个问题，NX 移动项目顺利谈下来。老板说会给一笔提成，但计算年终奖的时候，不知老板有意还是无意，该奖金最终不了了之，这让我当年很不高兴。

此时我正出差回来，后面又是国庆节，于是我要了一次小脾气，把手机关了，反正国庆节是法定假期，你老板也没资格说我。

等国庆假期后回来上班，一看老板明显憔悴了很多，例会变成了老板的诉苦会。她说 H 公司的人联系不上我就直接找她，她也找不到我，只能求助四川的 Z 君，H 公司的人一遍又一遍催她，如果国庆假期期间方案不做出来就终止合作，最后她和 Z 君 2 人假期内连续熬夜做方案，才勉强将事情应付过去。

其实，我后来也有些后悔，在公司最需要的时刻没有出力，不过Z君接走H公司的项目，倒是减轻我不少的压力。

由于工作变忙，而我又想突破自己的投资能力圈，在没有花费足够时间分析的情况下，我在2010年底重仓了招商银行和双禧A，结果这两笔都是非常失败的投资。虽然2010年我在股市还是赚了些小钱，但已经为2011年的大幅亏损埋下了种子。

亏损了，我该怎么办

2010年，虽然上证指数下跌不少，但大部分股票是上涨的，并且涨幅巨大。所以到了2010年底，我几乎找不到可投资的品种。但此时招商银行相对2009年高点居然下跌了40%。我分析了招行财报，发现利润在迅速增长，但市净率降低到了2 PB。

2005年招商银行的PB到过2，后来就是一轮波澜壮阔的大行情，股价后来涨了8倍。这次PB又到了2，难道千载难逢的机会又来了吗？于是我卖出了大部分的太行水泥，买入了招商银行，期望未来能获得N倍的回报。

但从宏观经济来看，2011年确实不妙，通货膨胀加速，实体经济下滑，豪赌银行肯定有风险。此时，分级基金的A类进入了我的视线，这是一个创新的品种，分级基金A类把钱借给B类，并且还有清盘保护，简直就是国债级的固定收益产品啊，再也不用担心违约风险了。再看一下收益率，大约6%，居然比大部分企业债的收益率都高。于是我构建了一个组合，招商银行、双禧A和粤电力B、再加上少量太行水泥，攻守兼备，大盘涨跌我都不怕了。

由于X公司业务的增加，老板又招聘了一批新人，并且找其他人分担了我的工作。X公司大部分人都不愿别人染指自己的项目，甚至故意给接手的人设置障碍，害怕自己被边缘化，只有我是例外，有人接手我求之不得。但此时X公司又出现了新的问题，项目走得太快了，研发跟不上了。

2年前公司项目少的时候，老板总是哄着销售，逼着研发；现在局势出现了逆转，老板开始哄着研发，逼着销售。刚开始研发拖工期，老板要求加班，可加班了产品功能还是无法完成，于是老板要求销售和局方沟通减少需求；然后是研发人员要求加薪，老板不同意，于是有研发人员离职，老板赶紧给剩下的研发人员加薪。但项目的实施不断延期，而销售这边必须忍受甲方无休止的责骂，承担了大部分的项目压力，有一个销售因此还得了抑郁症。

因为2010年我做的几个项目都非常成功，同时也是真心想把公司的产品做好，于是和Y君商量，决定冒个险，把产品开发成一个可配置的平台，而不是甲方每提出一个需求就去开发一个新的版本。由我来负责这件事情，而Y君来控制甲方的需求，给研发争取时间开发新版本，这个方案获得了老板的同意。同时老板也告诉我们，期权的事情一直被延误，是因为新的风投资金迟迟还没有谈下来，谈下来肯定不会亏待我们的，并约定“苟富贵，勿相忘”。

这是一个非常有挑战性的工作，我和Y君约定，我们要做一个行业内No. 1的产品出来。这是多么令人兴奋的事情啊！因此事，我甚至淡忘了股市，实盘帖由每周更新改成了每月更新。按照年初的规划，我基本没怎么换仓，太行水泥换股金隅股份，开盘就涨60%，只可惜曾经的重仓，大部分被我换成了招商银行。

2011年上半年，招行涨得还不错，但我自认为低风险的双禧A反而跌跌不休，我还是按照自己的节奏越跌越买。此时，我在和讯论坛又发现了一个有惊人投资价值的新品种——中国平安，为什么这么说呢？第一，当时平安H股接近80港元，而平安A股只有55元人民币左右，港股比A股贵40%。既然成熟的香港市场都追捧中国平安，那A股是不是低估了呢？第二，香港大亨郑裕彤71.5港币参与定向增发，掏出真金白银194亿港币，增发价格远超过A股价格。既然连大亨都愿意出高价买，这充分说明了中国平安很有价值。而且从财报来看，中国平安业绩一直稳定增长，并且有人用内含价值的方法，论证得出50多元价格的中国平安，价值被严重低估了，于是我开始卖出招商银行，大举买入中国平安。

2011年上半年，我的投资实盘已经开始跑输沪深300指数，但我并没有重视，到了5月以后，利空陆续出来。首先是我认为很安全的粤电力B，跌起来一点儿都不含糊。当初看好粤电力B是因为公共事业的属性，可以逆周期，可是由于4万亿投资造成煤炭价格暴涨，反而提高了电力企业的运营成本，而通货膨胀又使得发改委不肯上调电价，结果电力企业成为牺牲品。

此时，我对投资国企失望了，因为这利润真的是国家愿意给多少就是多少，很难估值。糟糕的是，之后的操作也连续失误。本钢板材筹划高价定向增发，而B股价格远低于A股增发价，并且B相比A的折价率已经超过粤电力B，于是我将部分粤电力B的仓位转移到本钢板B，没想到刚买不久，钢铁价格“雪崩”，我结结实实买在了高点，而本钢板材的定增也因为A股价格的暴跌而搁浅。

接下来轮到中国平安上场了，虽然H股比A股贵40%，但是后面以平安H股的暴跌拉平了溢价，很快，平安H股跌破郑裕彤的定增价格，而平安A股也不含糊，跌得比指数还快。

而我的最后一根救命稻草双禧A也不靠谱，本来还指望股市下跌的时候可以卖分级A来买股票补仓，可是分级A跌得比股票还快。由于通货膨胀的压力，国家两次加息，企业债价格出现了“雪崩”，而出于比价效应，分级A价格也暴跌。由于分级A是永续的，即使跌10%其收益率也不能提高太多，结果分级A跌的比企业债还多。

看着市值一天一天缩水，我刚开始无动于衷，并认为浮亏不是亏，只要有价值并且不卖掉，总有一天会涨回来。但是市值越跌越多，越跌越快，到了2011年9月29日，统计下来居然全年跌了24%，而从4月的最高点算起，最大回撤达到了30%，N年的工资没了。这时候真庆幸自己没有冲动辞职做职业投资，此时起码靠工资还能补仓。如果真辞职了，一边股市亏损，一边还要负担生活支出，那将苦不堪言。

再回头检查自己的组合，我倒吸一口冷气，2009年已经把权益仓位减到30%，其余资金打新股，怎么2011年初又把权益仓位增加到60%呢？而且剩余资金本来是保持流动性的，但被用来买永续的分级A，仓位管理和久期管理都错了，焉能不败？

但是败局已成，看着手下“几支部队都已经溃不成军”，我陷入了思考，后面我应该怎么办？

2011 年 9 月 29 日的晚上，我开始反复思考我手中的几个持仓，中国平安、招商银行、粤电力 B、双禧 A，这些品种从各方面看都是低估位置，但哪个最有确定性能涨回去呢？

平安和招行都跌了 30%，债券市场也大跌，传闻浙江经济已经崩溃，如果真的出现金融危机，平安和招行能扛过去吗？美国 2008 年金融危机，AIG 和花旗几乎破产。所以真的遇上极端的情况，平安和招行是无法指望的，而粤电力 B 毕竟是公共事业股票，危险性还不那么大，但利润无法保证，煤价高位电价一直不涨，我也没办法。

那么双禧 A 呢？折价率接近 30%，收益率已经逼近 9%。如果真的发生金融危机，那么股市也会崩盘，分级基金的 A 类低折后反而有不菲的收益。如果持续通胀呢？毕竟分级 A 是浮息的，起码不用怕加息。再说中国股市波动很大，分级基金在十年内出现低折可以说是大概率的事情，也就是这 30% 的折价，十年以内肯定能兑现。

对比而言，招行和平安虽然有投资价值，但是遇到下跌我无计可施；而分级 A，30% 折价如果还下跌，只要无脑买入就行，就当存款了，而且亏的钱总有一天会一次性还给我。“二鸟在林不如一鸟在手”，考虑清楚后，2011 年 9 月 30 日，我卖出所有的招商银行和大部分中国平安，大幅加仓了双禧 A，并且把股市投资的计划从短期改为长期。我也不指望能一次牛市赚个十倍八倍，先把这一年 10% 左右的保底收益拿到了再说，至于后面如何赚钱，什么时候财务自由，一切从长计议。破釜沉舟的英雄最后“自刎于乌江”，而真正的智者，总是先将自己立于不败之地然后再去求胜。

我的脑海里面突然有一种感觉，我不再是随性交易，指数上涨不再害怕踏空，指数下跌也不再害怕套牢，不再被大盘的节奏所折磨，心中有了自己的节奏，也许这就是所谓的投资体系吧。所以感谢 2011 年的下跌，收益率的大幅回撤让我的投资体系更加成熟了，这个投资体系，就是永远坚持低风险投资，放弃估值而靠概率取胜。

X公司招聘了新的技术总监M君，是老板的大学同学，一名海归。M君组织技术团队核心人员开会商量统一版本的事情，结果研发团队不愿意配合。一名研发核心人员公然顶撞："这件事情做不成，我不会干，要干你找别人。"然后离场而去。而公司新招聘的几个研发人员向我们抱怨，源代码的可读性太差，几乎没有注释，我们都不知道怎么上手，X公司居然被研发团队"绑架"了！

老员工不愿意干，能不能新起炉灶呢？刚好新来的L君也开发过类似软件，于是我和L君合作，看能不能靠几个新人的力量来实现我们的目标。公司由于研发跟不上变得整体士气低落，而我此时由一个出世者变化成为一个入世者，开始积极去推动事情向前发展。在一次经验总结会上，我以"责任，合作，勇气"为题目，号召大家一起努力和公司共同成长，获得热烈掌声。我也开始相信，依靠我们几个人也许能改变公司。

但心灵鸡汤只能让人一时热血沸腾，并不能改变公司的宿疾。移动集团项目开始招标，如果能中标，公司就会有一个大的飞跃，如果失败则将继续苦苦挣扎。这件事情只能依靠老团队来完成，那么几个边缘性的项目只能由L君来负责，于是我们的新计划只能延期了。结果又遇上与去年相同的事情，关键时刻L君辞职了，而公司为了救火不得不让老研发团队来补救，这样又耽误了集团项目的开发。

后来大家才知道，L君提出一个很高的薪水要求，老板不同意，所以选择辞职。而L君换工作后，收入确实有了很大的飞跃，且远远超过我们。2011年互联网行业已经非常火热，我们虽然不是正宗的互联网企业，但也很接近。这时我才知道公司新招聘的员工，收入并不比我们老员工低。此时我突然发现，"其实别人都不傻，而我们几个努力干活的人才真是大傻瓜。"

职场其实很小。由于去年几个项目的成功，开始有不少同行及猎头联系我，希望我能加盟他们公司，并且收入有很大的提高。不过他们都是希望我去做售前或者优化项目，而我不想出差，也不愿放弃开发行业No. 1产品的梦想，所以都拒绝了。不过，我们几个老人其实也都心里有数，有些事情已经到了必须说清楚的时候了。

集团项目按正常进度开发已经来不及了，必须加班才行，老板找来M君、Z君和我，希望有人带队，并提出关键时刻必须超负荷工作，要做到每个员工每周70小时的工作量，并许诺测试结果拿第一，就给团队发30万的奖金。我对拿钱拼命没有任何兴趣，所以第一个拒绝了，而M君也拒绝了，结果重担又落到了Z君身上。不过，临时抱佛脚没有任何意义，研发团队已经疲惫，最后测试结果也不出意外，我们没拿第一，而是直接被淘汰了。

10月以后分级基金A类的价格迎来了大的反弹，亏损终于被扳回来一些。经过很长时间的观察，我发现不同分级A之间存在套利的机会，因为分级A都是同质化的，遇到更低估的分级A完全可以卖出手中持有品种去买入低估的，这样可以通过不断轮动来获取超额利润。到了2011年底，我们全年的亏损幅度收窄到15%以内，而股市在9月30日的基础上又下一城。虽然2011年我们亏损不少，但仍然跑赢了指数。

由于研发的问题不仅没有解决还越来越大，老板把责任归咎于M君，就这样M君被逼辞职了，公司技术口又陷入了混乱状态。我不信邪，就这么一家小公司的产品研发怎么比登天还难，于是我把10年以前的本领又用了起来，亲自去研究源代码，花了几天把代码读完，这才发现这真是面条程序啊，代码耦合性很强，随便增加点什么功能都要动主架构，也难怪没有程序员愿意去修改。真要实现目标，那不是随随便便就能做到，而是需要付出极大的代价，这需要整个团队的努力，但是老板并没有意识到这点，认为只要靠加班就能解决了。

老板决定在房山召集X公司所有核心成员开会讨论公司下一步的发展，决定性的时刻到了。

离职

来房山的路上我们几个人一路讨论，希望依靠这次会议能把公司战略、产品和激励的问题都讲清楚。可是当会议开始以后，老板并不给我们提意见的机会，直接打开PPT把公司的目标给我们看，这让我倒吸一口冷气，因为老板根本不承认公司有问题，直接把2012年的营业目标提高3倍。

业绩压力最大的Z君表态，目标能否实现关键看研发，但研发也明确表示，自己只能尽力，于是大家又是争吵又是抱怨，而老板呵呵一笑，你们讨论完了吗？不然就这么定了！这时Z君突然发飙了："别以为就你们能耍脾气！我也能！"然后离席而去。这倒是出乎我的意料，因为总觉得Z君是老板的贴心红人，不该和老板闹僵的，后面老板又是安抚又是妥协，但是实质性的问题始终回避。就这样房山会议结束了，此时我心里已经明白，X公司没希望了，又到了抉择的时候，我后面该怎么办呢？

我不愿意效忠别人，可是当别人要效忠我的时候我又很怕。此时我手下也管了几个人，也有人向我表态要跟着我混，但我反而觉得不自在了，感觉管人比做项目还累。只有处在纯粹的平级合作关系时我才能发挥出最大的能力，所以我更适合做一个自由职业者，而不是依托于一个组织，也许咨询或者顾问这样的工作更适合我。

但我还是想把我心中的产品做出来，因为我仍然坚信我的方案是业内最好的。刚好看到了猎聘网的广告，于是我注册并更新了简历。

2012年，人们对经济危机的恐惧感逐渐消失，通货膨胀也被控制住了，市场利率又从高点开始下滑，于是对利率最敏感的分级基金A类进入了上涨周期，轮动的机会依然存在。于是，我在双禧A、信诚500A、银华金利、银华金瑞几个分级A之间不断轮动，哪个收益率高买哪个，很快就在2012年赚到了10%的利润，2011年的亏损也被补回来许多。此时又有一个吸收合并换股的机会，那就是广汽长丰换股广汽集团，这是和太行水泥完全一致的方案，也是二次现金选择权保底。这次我买了10%仓位，并吸取上次太行水泥的缺憾，一直留到了换股以后，可惜停牌期间股市连续下跌，而广汽集团此时又有利空，我预感这次套利也许会失败，偏偏不巧的是N广汽挂牌当日，公司居然派我出差，开盘的时候我在火车上无法上网，等能上网的时候，N广汽几乎逼近现金选择权，相比停牌前价格下跌10%还多。如果我开盘集合竞价卖掉，可以少亏好几个月的工资，这算是工作对投资最直接的一次负面影响，我也不得不思考，作为一个频繁交易的套利者，如何去面对工作和投资之间的冲突。

由于2012年总的战略得当，小的战役失败并不影响大局。当市场利率高企的时候，固定收益类的债券以及分级A机会远大于股市。2012年股市在上半年的小幅反弹后，又开始了漫漫熊途，而债券和分级A却迎来了主升浪，这让人心里非常愉快。市场从来都是有效的！既然能以较低风险赚取较高收益，谁还去股市拼命啊！随着接触的投资品种越来越丰富，我花在投资上的时间也越来越多了。

随着股市不断下跌，银华金利距离低折线也越来越近，由于低折的看空期权被发掘，银华金利的价格开始独立上涨。此时我突然发现，快低折的分级A和权益仓位匹配，可以起到对冲的作用。如果股市上涨，权益仓位能赚钱，分级A不低折继续拿利息；股市下跌，虽然权益仓位有损失，但是分级A低折有较大的收益，两者可以相互抵消；股市不涨不跌，分级B由于利息的负担依然会逼近低折线，那么分级A依然有利可图，这完全是立于不败之地而求胜啊！于是我买入招行、浦发和基金天元，与银华金利组成套利组合。

房山会议后我的心态已经改变，既然决定要离开X公司，和研发团队也没什么冲突了，于是和大家聊聊天，知道了核心研发人员H君的一些故事。H君在X公司初创时就加入了，绝对的元老级员工。公司最初三年，H君每天工作到晚上12点，可以说X公司的源代码大部分是H君写出来的。H君家境不大好，就希望做一个“码农”好好赚钱。其实，统一版本的事情交给H君做是最好的，但是老板看不上H君的管理能力，总是希望靠外面的高人来解决问题，但遇到问题要擦屁股又回头找H君，这也难怪H君失望和反对了，谁愿意替人做嫁衣啊！

虽然我已经准备离开了，但还是向老板提出了加薪，一方面这是我应该得到的，另一方面加薪后跳槽可以再谈加薪，相当于更高的起点。

终于，我的年薪过20万了！这时不断有猎头找我，但是都不合适，猎头推荐的职位都需要疯狂出差，这不是我想要的，毕竟我已经有了选择的自由。

到了2012年6月，很久未联系的G君突然打电话给我，“你是不是通过猎头找工作?”网优行业的圈子真是太小了，以前我和G君合作过，他是无线网络的高手，而我擅长核心网，我们互相都很欣赏对方的技术能力。G君是D公司的研发总监，D公司也是NOKIA的三方公司，规模比X公司要大许多，但由于NOKIA的衰落，三方业务的利润率不断下滑，这对D公司上市非常不利，所以D公司也希望开发移动互联网大数据分析平台。

这和我的需求完全一致了，依托D公司我又有机会实现业界No.1产品的梦想了。而且这次跳槽我的收入又是一次飞跃，终于年薪超过30万元了。

我正准备给老板写辞职信，突然听到了Z君辞职的消息，而在我离职交接的这段时间内，房山会议的参会者纷纷提出离职申请，也许这次大家的心真的死了。

在我离职后的日子里，Y君也离职了，并且尝试再次创业，后来经常邀请我和他一起头脑风暴。Z君也选择了创业，也有人去了HW，而H君则继续留在了X公司并且当上了研发总监，这也是我离开之前向老板提出的建议。后来听说X公司迎来了较大的亏损，不过依然坚持着。

每个创业者都是勇士，在X公司给我们举行的欢送会上，我唱了两首歌，第一首歌是《祝你一路顺风》，这是给X公司的。第二首歌是《再见理想》，这是给我自己的。

在X公司五年半的职业生涯结束了，但我还要继续前行。虽然2009年以后我在股市中几乎没赚到一分钱，但职场收入实现了翻倍，最重要的是，我的年薪终于超过我老婆了。

D公司虽然在网络优化方面做得较大，但是软件研发才刚起步，在我之前他们已经在做互联网大数据分析平台的研发，开发经理是X公司以前的一名离职员工，但遇到了与X公司类似的技术瓶颈无法解决，后来这个产品经理离职，团队也散了，所以我们还需要一个开发经理。我把目光放到了X公司以前的离职开发人员上，并找到了F君。后来，我、F君、G君构成了D公司研发的铁三角。刚来D公司不久，又接到了好几个猎头的电话，其中阿里新成立的大数据分析部门给的条件是最好的，但是我还是选择了D公司，毕竟我已经答应了G君要在这里做出一个像样的产品出来。诚信永远是最重要的！

D公司在业界的口碑不错，虽然离职率也不低，但是员工的工作积极性远高于X公司，为什么呢？其实说起来也很简单，老板对于消极工作和不诚实的人，发现后立即辞退，即使此人关系到公司关键项目的成败。所以，这里没有任何人可以绑架公司和老板。G君在我们入职后就送给每个经理一本杰克·韦尔奇的《赢》，G君也完全按照GE公司的28法则对团队进行管理。

做软件不拼加班几乎是不可能的，因为你的竞争对手都在拼，IT行业赢者通吃，失败者将一无所有。不过D公司这个职位对我而言依然不用加班，原因是我在这里要做的事情在X公司已经想得差不多了。很多事情就是这样，过去你努力但没有做成功的事情，其实在为你后面的成功做铺垫。很快我的方案获得了公司领导层的认可，经过2个月的招聘，团队也建立起来，工作开始走向正轨。

2012年下半年股市继续下跌，银华金利距离低折线越来越接近了，但我又开始担心起来，因为银华金利的价格已经脱离分级A的整体估值范围，价格只能靠低折预期支撑，只要股市一反弹，银华金利价格必然要跌回来，但直接卖掉也不妥，如果真的低折了还有不少的利润，于是我采用倒金字塔的方式加仓股票对冲，到9月初银华金利终于低折了。

从2010年算起，分级A我们整整拿了2年，在这两年的熊市中，我们依靠分级A不仅赚到了每年大约7%的利息收入，还通过低折赚到了20%多的折价。在银华金利低折战役结束后，我终于将2011年的亏损全部扳回来了。

银华金利低折成功以后，银华鑫利的投资者遭受重创，进而影响到了其他分级B投资者的积极性，结果分级B的价格越来越弱，分级A的价格越来越强，于是我卖掉剩余的分级A，开始寻找新的“美餐”。

此时工行转债走入我的视线，102元的价格，相比正股仅溢价不到2%，完美的下有保底、上不封顶的投资品种。于是我将分级A腾出的资金大量买入工行转债，毕竟股市已经到了2000点左右，保持一定的进攻非常有必要。通常当我看好某个品种买入时，都会遭遇短期的亏损。很快，工行转债的价格跌破100元，我看着着急，但是没有一分钱可以加仓。

一个偶然的机会，看到论坛上其他人的仓位经常出现200%，我就纳闷了，这是借钱炒股吗？经过仔细研究，我发现别人在使用一个致命性的攻击“武器”，叫“正回购”。咨询了我的券商，他们连正回购这个名词都没有听说过，更不知道怎么去开通了。通过泡论坛我发现，大部分人都在HT证券开户做正回购。“工欲善其事，必先利其器！”于是我请了两天假在HT证券开了户，同时开通了股指期货功能，并且降低了佣金。

等我开通好正回购后，2012年底的银行股行情已经启动，工行转债的价格已经涨上去了，机会就是这样失去的，如果我不嫌麻烦早点换券商，也许就能在低位上杠杆买入工行转债了。不过没关系，此时还有没上涨的中海转债和中行转债，终于我的仓位也超过100%，但是付出的代价是，每天必须买入204001，一次都不能忘掉，否则就是违约，有时候梦里都会出现正回购忘记续作的狼狈样子，而这个过程伴随我整整2年。

公司产品的开发进度远超预期，由于我和研发团队之间的坦诚交流，一个又一个技术难关被突破了，到了2012年底，我们的产品在性能和功能上已经超过了原来X公司的产品。年度考核开始了，G君将28原则发挥到极致，研发团队最努力的H同学，每周工作60小时，入职2年实现了收入翻3倍，成为了同龄人的榜样。其实，要保证团队的凝聚力很简单，那就是给工作最出色的人最好的收入回报。

由于2012年投资的成功，我又开始思考职业投资的问题。既然熊市中我也能赚钱，那么靠投资养活自己和家人已经不是问题，未来我是继续在职场上努力，获得更大的成功，还是寻找新的生活模式？

其实D公司的平台还是不错的，整个团队也有信心将产品做到业界领先，但整个移动运营商市场都在萎缩，中国移动自有业务2007年占全网流量还有40%，到2012年已经不到3%，当年移动数据部提出的十大自有业务最终全军覆没了。随着移动互联网流量的爆发式增长，我越来越感觉大数据分析就是大海捞针，而且捞出来的针又有多大的价值？此时我接触到了金融领域的量化分析，开始对大数据+金融感兴趣了。

另外，如果我每天按时下班，而团队其他人超负荷加班，那么对团队的士气就非常不利！产品经理都走了，加班的研发人员也会懈怠。而且公司离家较远，为了避免堵车，慢慢地，我也推迟了下班的时间，这样回到家都接近晚上8点，每天都没有多余的时间娱乐和思考，这不是我喜欢的生活方式，我还是向往成为一名自由职业者。

在2013年钟声敲响之前，我的心中已经有了时间表，一年后我要离开职场，成为一名真正的自由人，也就在此时，我知道了雪球。

杠杆

股市中上杠杆真的会上瘾，开始我还是试探性用正回购加仓看好的投资品种，但很快就收不住手，整体仓位迅速从100%提高到了150%。此时突然碰上好运气，重仓的中行转债意外地下调了转股价，于是2013年第一个月我就收获了15%的利润，开门红。

由于封闭式基金折价升高，并且许多基金距离到期日仅剩下一年多，所以我又回来了。此时我的权益仓位较高，同时股指期货又出现较大的升水，于是我尝试了一种新的投资模型，封闭式基金与股指期货空单的对冲，一边赚封闭式基金的折价，一边赚股指期货到期的升水。有了2011年的教训，此时我对风险和回撤越来越敏感了。

基金开元公布了转型方案，转型为南方300ETF基金，也就是说该基金可以与股指期货完全对冲，而此时还有2%的折价。于是，我较大仓位买入了基金开元，赚取期现对冲的套利收益，没想到这次套利却踩地雷了。

基金开元封转开募资结束后，居然大幅跑输沪深300指数，我的套利完全失败了。此时南方基金的一纸公告让我发现自己上当了，原来ETF募资可以接受股票换购，而南方300ETF扩募的时候，大比例接受了停牌股永泰能源的换购，所以当永泰能源复牌跌停后，损失落在了我们这些不相干的ETF持有者身上，我们成了永泰能源小非的“垃圾桶”。

于是大家开始建立QQ群维权，我也将维权帖子发到了雪球上，没想到引来了媒体的关注，第一财经日报采访了我，而后的报道迅速成为当时的热点新闻，受害的朋友们纷纷加入我们的QQ群，大家一起给证监会发邮件投诉。

虽然此时看着声势很大，但以前基金黑幕那么多，中小散户最终也没什么办法，这次难道靠我们的投诉就能解决问题，获得赔偿吗？慢慢地，大家也失去了信心。南方基金是基金行业内的巨人，管理数千亿的资产，就凭我们这些散户能斗得过吗？

时间一天又一天过去，维权群里大家已经没有了开始的心劲儿。突然有一天，群里炸开了锅，原来“证监会责令南方基金赔偿300ETF持有者4800万”的新闻已经传遍了整个网络，我们胜利了！

这时我正在下班的路上，看到这个新闻我激动地跳了起来，不是因为2万元的赔偿金，而是我们的努力没有白费。也许在生活中我们都是小人物，但大家团结起来就能成功。

很长一段时间，我对社会各种不公正现象及阴暗面有很强的无力感，对社会感到悲观，而南方基金维权的胜利让我对生活的态度更加积极，对中国的未来也更加充满信心。我想起了一部电影《魔戒》，在影片描述的对抗魔都的战役中，人类有那么多缺点，贪婪、背信弃义、软弱，但这样的种族一直是抗击魔军的主力，因为他们拥有坚韧不拔和永不放弃的精神。

我们的1.0产品终于发布了，团队这半年的努力也有了收获，虽然这中间也有许多人离职，但我们还是坚持下来了。D公司给的年终奖和项目奖都超过了我的预期，这让我心中非常暖和，虽然说这些钱和股市中赚的钱不在一个数量级上，但它代表了一种价值的认可。

其实我在职场上还能走得更远，大老板也提出让我组建市场部，但此时D公司规模已经挺大，也不可能给我多少期权，就薪水而言，50万年薪也基本上到顶了。由于投资使用的策略越来越多样，我也越来越感觉到力不从心，投资和职场真的很难兼顾，到了该放弃的时候了。如果我不能把工作做到极致，那还不如把职位交给其他人，给年轻人更多的机会。

不过辞职了就做职业炒股吗？能不能再做点别的什么？我突然脑海中冒出一个念头，是不是可以写一本关于低风险投资的书呢？将我的投资经验与更多人分享。股市本来是用来创造财富的场所，但大部分人把股市当成了赌场，结果70%的人亏钱。其实只要有一些常识性的知识，在股市中是能赚到钱的。

我一直有一个理想，就是有一本自己的著作。我上学的时候作文成绩一直不高，所以慢慢也就断了这样的念头，但是南方基金维权成功让我有了很大的改变，不去尝试一下怎么知道自己行不行呢？

于是，我开始整理以前的文章，撰写书的提纲，并计划在雪球连载来获得出版社的关注。假如最后没人关注我的文章，那也算是对自己投资体系的一个总结。

2013年的股市在1月反弹一下后又开始了漫漫熊途，此时中行转债的价值越来越明显，我也开始不断加仓，不知不觉中我的杠杆上满了。可是到了6月，中国突然出现了流动性紧缩，本来四平八稳的204001突然开始“抽风了”，隔天拆借利率动不动就飙升到10%以上，这对于我这样的杠杆投资者来说苦不堪言，因为我每天必须借钱，不论利率有多高。不过此时我心中并没有太多的风险意识，103元的中行转债难道有风险吗？难道中国银行会破产？

但是当钱荒发生的时候，任何品种都可以下跌。终于有一天，底部横盘很久的中行转债开始破位大跌，并迅速跌破了100元。类似2008年一样，我又到外面散步，在转了一圈又一圈后，我看好中行转债的逻辑没有任何变化，街道上依然看不出经济危机的景象，超市依然人潮涌动，但我的心态截然不同，因为我有杠杆，摆在我面前最大的问题就是，我不仅没有逢低补仓的能力，而且由于债券质押率的下调，我已经无法通过正回购借到足够的钱去归还我的负债，也就是说我必须割肉降杠杆。投资最悲哀的事情就是这样，你知道明天的阳光会很灿烂，后天的阳光会更加灿烂，可是你不割肉就活不过今天！既然没办法那就割吧，果然，我割肉卖出少量中行转债降低杠杆后，市场见底了。去杠杆就是这样残酷！永远要对市场保持敬畏，不要被“黑天鹅”击垮。

2013年中这次去杠杆行情，让我的市值从最高点缩水了15%，年初的盈利大部分又还给了市场。“钱荒”终于过去了，股市依然疲弱不堪，此时突然出现了“暴力哥”，强行拉动工商银行和中石油的股价，这样指数总算是稳住了。不过市场并不买账，股指期货出现了大贴水，而我套利封转开的资金也已经赎回到账，于是用这部分资金买入股指期货多单，在股指低位的时候赚相对收益总是让人心情愉快的。

贴水的股指期货在交割日前收敛了，中行转债价格又接近100元，于是我平掉期指多单，再次增加中行转债的杠杆，慢慢地仓位增加到接近200%。

自贸区行情启动了，但银行股依然疲软，银行转债仍然走不出低谷，此时重工转债马上复牌，市场都预期会大涨，于是大家纷纷寻找重仓重工转债的债券基金，几天的套利可以赚到3%以上的收益。虽然我很早就关注到重工转债的套利机会，但是当机会来临前我的中行转债还在底部，实在不舍得低位卖出，所以只是小仓位参与了套利，结果错失了一大笔利润。

这个时候我脑子里面出现了一个时钟模型，时钟的每个刻度代表一种操作，如债券、可转债、打新股、基金套利、分级套利等。每一种操作都有个预期收益率，例如股市长期看一年10%收益，如果打新股年化有30%收益，就不参与股市；而套利一次的年化有100%的收益（一周套利2%），那么就不参与打新股。很明显，重工转债的预期收益率超过了年化100%（一周时间，收益率超过2%），而中行转债是达不到这个收益率的，此时应该果断卖出中行转债而参与重工转债的套利，等套利结束后再买回中行转债。终于，我的心中有了轮动的基本概念。

我们开始了2.0产品的开发，截止时间安排到了10月31日，我找时间和G君沟通，把离职时间安排到了2.0产品开发的截止日期。不过我也担心职业投资并不像我想的那么好，于是和G君达成一个意向，后面我以顾问的角色帮助公司做产品开发，每周来公司工作半天，平时邮件支持。这样在职场全职工作11年后我终于开始了新的生活方式，成为了一名自由职业者，也感谢D公司给我提供了这种灵活工作的机会。

自由职业者

时间自由了，我第一个想法是去学习羽毛球。虽然我比较喜欢玩羽毛球，但水平是菜鸟，于是先报了一个培训班，然后加入了一个工作日白天玩羽毛球的QQ群，球友都是自由职业者，就这样开始了我的羽毛球学习之路。说来惭愧，刚开始我连女生都打不赢，人家一个高远球一个吊球就打得我满场乱跑还接不住，但是没关系，我现在最不缺的就是时间了，时间到了水平总会进步的。

我将我写的《低风险投资之路》部分内容发帖到雪球上，没想到关注的人远超过我的想象，看来股市中还是有很多理性、稳重、追求低风险的投资者。到了年底，中国经济出版社向我约稿出书，我的一个理想实现了。感谢互联网给普通人更大的平台，让自由职业者不再孤单。

自贸区行情热了1个月后，市场又冷了下来，东电B转A到了最后的时刻，没想到停盘前一天居然价格被砸到换股价附近。这次我没有再犹豫，跟着投资时钟将所有的B股都清仓，全部买入东电B。

转为自由职业以后，投资并没有更加顺利，中行转债价格再次跌破100元。不仅如此，石化转债、徐工转债、南山转债也纷纷跌破了100元，投资时钟似乎又指向了可转债。东电B换股浙能电力终于复牌了，首日涨幅60%！一次完美的吸收合并换股完成了，这次我没有犯以前小仓位参与的错误，最终这一笔套利为我的总盘子贡献了10%的利润。

此时股市依然低迷，可转债价格仍然跌跌不休，我又将仓位加到了200%以上，迎接2014年的挑战。

职业投资最大的好处是可以安心寻找低风险套利的机会。有很多投资机会的时间窗口就是1天甚至只有几分钟，在家投资可以安心看盘，一边喝茶一边计算套利收益；但是在职场上通常只能用手机看盘，而且最好别让同事和领导看到，经常是被拉去开一个会，等会议结束后发现错失的机会价值已经超过几个月的工资。

不过2014年初投资并不顺利，1月又吃了一把高杠杆的亏，净值回撤了10%，但这次我做好了仓位管理的准备，准备把杠杆扛到底。此时投资时钟转向了纯债，大量上市公司债券的年化收益率超过20%，如果用正回购杠杆，收益率甚至可以超过50%。于是我把一多半的仓位转移到了纯债，但是还是保留了转债仓位，毕竟股市熊了好多年，不能倒在黎明前。

正当我准备安心拿纯债上杠杆吃利息的时候，中登公司开始动手了，质押的资格不断被提高，越来越多的纯债没法做正回购了，这意味着我手头的纯债必须降杠杆，债券市场又出现了踩踏，高杠杆的风险不仅来自于市场本身，还可能来自监管层。此时，我终于想明白了，高杠杆投资永远是被动的，因为你随时可能被逼债。

正当我准备去掉债券杠杆的时候，又碰到了正邦债危机，公司年报和前期预告有较大的差异，由预盈改为亏损，慌乱中我割肉在了最低点。这让我对债券有些失望了，市场监管和上市公司的信息披露成了最大的风险，于是4月末我将债券的仓位从主仓位降低到了小仓位，投资目光重新转向了我擅长的基金。

2014年是封闭式基金封转开的大年，隔几个月就有基金封转开，转开以前都有不菲的折价。我开始参与封闭式基金的循环封转开，为了对冲可能的损失，我买入了临近低折的银华稳进作为对冲。这次和2012年的低折策略完全相同，不过银华稳进几次兵临城下而不倒，最终逃过了低折。

6月，我的书《低风险投资之路》上市了，本以为这个领域关注的人不会太多，毕竟大多数人来股市还是希望赚大钱，但图书的销量远远超过我的预期，成为6月当当网最畅销的金融类图书。有一本署自己名字的书出版已经让我非常满意，而成为畅销书更是让我心情激动！我不再是一个默默无闻的工程师，离开职场让自己的生活更加精彩！

2014年下半年开始，《低风险投资之路》中所述的各种套利机会轮番登场，包括基金封转开、可转债上杠杆、可转债转股套利、股指期指对冲套利、新股IPO及融资打新、南北车停盘套利、国信证券打新基金套利、分级基金折价套利、分级基金溢价套利、分级基金上折套利、分级基金下折套利、沪港通A/H套利，在这一年内，低风险投资者大获全胜。

也许是经过写书的总结，我对低风险套利的玩法越来越熟练，也开始迈向我追求的终极低风险模式，就是低杠杆高频套利模式。

职业投资其实也很消耗时间，9 月底，我还是辞掉了 D 公司的兼职工作，彻底离开了工作 12 年的通信行业，全心投入到了金融行业。而此时，一头迎着朝阳的金牛正从东方缓缓走来。

感谢

依靠 2014 年 10 月后的 A 股行情，终于有进入财务自由快车道的感觉，自由职业似乎也成为了时尚。2015 年职业幸福感统计，排名第一的就是自由职业者。

也许这样的日子也很好，靠着低风险投资的收入也能远超职场金领，不用上下班舟车劳顿，不用加班，不用出差，不需要做自己觉得烦的事情，但我内心深处还是一个喜欢折腾的人。

财务自由并不是什么都不做，而是拥有选择的权利，不用每日做重复的事情。在辞职后的两年内，我的工作效率其实更高了，因为时间都是自己的，舍不得浪费。

这两年我写了《低风险投资之路》，享受了一次 83 天的长途旅行，并开始筹备私募基金。也有朋友劝我，你都财务自由了，还折腾啥私募基金啊！没办法，我好像骨子里面就喜欢折腾。我不希望自己的人生一成不变。我希望等我老的时候能留下一些回忆，和孩子讲老爸的故事的时候，孩子能听得津津有味。

感谢老婆对我的支持，家庭永远是我的后盾！走千山万水，执一人之手！

附录二　83天自驾行随笔

出发了！安阳

DAY 1　经过近两个月的策划，终于要出发了。前途如何？忐忑亦期待。在河北休息站短暂休息后，下午4点顺利抵达安阳。这是一个典型的三四线城市，路边住宅林立，街上没有什么人气。掐着点儿赶到安阳文字博物馆，这里是甲骨文的发现地。传说仓颉造字以后，人类脱离了野蛮，跨入了文明的门槛。于小小孩童而言，略略了解文字演变，也是一件趣事。Q倒是对铸造工艺有些兴趣。古人制器，需从备泥开始，制模、制范、装配、浇铸、去范、打磨，方可成一件精美的青铜器具。现今科技发达，各种新技术、新材料诞生，却未见做出好物件，反而粗制滥造比比皆是。恐怕是这其中少了几分对作品的爱，多了几分浮躁功利之心。用心做人，细心做事，方可无愧于心。

DAY 2　看，三千年前陶制的排水管道上那细细的花纹。看，那是瓮，原来捉鳖要用它；那是甑，是否想起中学门口甑糕的叫卖声；那是将军盔，锅盔用它做是否味道更美；那是篮，是否想起小龙虾。看，玉器形态可爱，没有佛祖菩萨、没有如意，只有小鸟、小兽，毫无匠气，它寄托的都是人们对生活的热爱。看，后母戊方鼎上精美的雷纹，忍不住又开始臆想如今的文明是否已经倒退。看，龟甲上依稀可辨的文字，那是三千年前的古人在向我们诉说着他们的故事。

昨天，刘慈欣的《三体》获得了科幻届最高奖“雨果奖”，今天漫步在殷墟，不由心生感触。古人的生活如此精致多样，吃法不同，炊具也各具形态。随着社会的快速发展，到如今不要说各种炊具，很多人连饭都不做了，生活的便利有时带来的却是更多的无趣，这是否也是一种降维度打击现象。而《三体》中太阳系在被二维化前，罗辑在冥王星看守着人类文明的墓地时，曾说自己发现记载人类文明的最佳方式不是电子方式、不是纸，而是刻在石头上的文字。今天我在此看三千年前的文明，而三千年后得以保存的也许仍只是这殷商文明。

人潮云台山

DAY 3 云台山古称“覆釜山”，因山岳高峻，山间常年云雾缭绕，故又名“云台山”。此处属太行一脉，山势呈斧劈刀凿之态。这几年“郭亮村”公路闻名全国，据说通往茱萸峰的“叠彩洞”历史更早。1966 年开始斗水大队的土专家自行设计，前后用了 20 年时间打通了大小 19 个山洞，修成了 4831 米的隧道公路，其中甚至有一个 U 型的山洞，不知是如何测量定位而成。如今盘旋在公路上，洞洞之间可望见群山叠翠。河南人不愧愚公的后人，愚公移山的精神在河南人身上得到了最大的体现，叠彩洞、郭亮公路、红旗渠，皆是普罗大众创造的奇迹。茱萸峰不高，一路都有补给站，山顶处居然还有一家人在现做烧饼，老板娘熟练地揉着面，不时愉快地和食客交谈着。

山中的天气说变就变，正午时分日头正烈，突然就下起雨来，时大时小。犹豫中仍决定步行到凤凰岭。许是下雨的缘故，一路行去几乎没有他人的踪影，只剩我们一家人在林间小道中漫步。雨中的山林水汽氤氲，花儿仍坠着雨珠，间或听到林间鸟鸣，还有 Q 欢快的歌声。从凤凰岭的观景楼向下望去，几座奇峰赫然立于面前，远处仍是云雾缭绕。此时虽没有碧空万里下的明艳，但透出几分中国山水的意境。

未必要名山、未必有名水，即便是一普通山坡，能和自己爱的人一同漫步，闲聊时转过山坳，突地看到或令你震撼或令你心旷神怡的景致，心情便会大好。旅行于我，意义更在于此。

DAY 4 近期焦作市免费请市民游览云台山，游客大增。6 点早饭也没吃就赶到了红石峡。到达门口，已聚集了一百多人，进到景区，一字长蛇阵已经排了几里地。

不得不说，红石峡确有殊色！清晨恰是光线美妙的时刻，丹岩碧水，寄小景于大景之中。抬头仰望，万仞丹岩，耸立而上，颇为险峻，有着北方山水的粗犷与大气；低首凝目，山坳之间，一瀑、一潭、一桥、一岩、一树、一草，相互辉映。妙就妙在此处道路狭窄，只容得一二人通过，回首望去，队伍在峡中逶迤前行，五颜六色地点缀在岩壁之中，仿若一条珠链，为这峡谷平添了几分生气，犹如“人在画中游”。

早饭后再探潭瀑、泉瀑二峡。与红石峡相比，两峡略显平淡，不过两峡水质清澈，水底清晰可见，不少鱼儿在丛生的水草中游弋。午后的光线洒向潭中，显出深深浅浅的碧绿之色，幽深沉静。行到此处恰逢下雨，雨滴打在潭面，画出一个个圈，煞是有趣。

这两天时间安排得当，没有碰到游览高峰。而我也向焦作人民学到了一个道理：其实每个人都很聪明，你可以5点半起床，别人可以4点起床。只要不是在什么高深莫测的领域，大家所差无几。要想获得更好的生活或体验，是一定要付出代价的。

DAY 5　峰林峡远没有红石峡出名，沿途风景仍是太行山独有的岩壁。到了山顶，豁然看见一块“碧玉”静静躺在山下，形似中国地图。此处的水可能较深，绿中透着几分蓝。移步向前三五米，碧潭又呈现出不同的颜色，在碧潭之中直插着一座峭壁。此时此刻，峭壁、碧潭、蓝天、白云，还有一艘船儿在水面划过一道白痕，万籁俱寂，凝固成一幅山水画。沿步道下到谷中，经过了天王峰、二王峰，又坐了轮渡在峡中穿行。此处不同于红石、潭瀑、泉瀑三峡的一步一小景。整个景区只是这么一道风景，妙就妙在沿步道下山，从不同方位、不同高度望去，形状不断变换，正应了“横看成岭侧成峰，远近高低各不同”。想想颠簸在县道上时，我竟一时产生动摇，幸好没有放弃。人生有时候也是这样，看似康庄大道，但没有未来，看似道路泥泞，却收获了惊喜。

重游龙门石窟

DAY 6　洛阳是一个有着回忆的城市，16年前的7月夏日，我们5人在大学毕业离别之际来此游玩。那一次我们知道了职业和尚的存在，险些入了少林寺后山骗局，遭遇了车匪路霸。16年过去了，卢舍那还是那尊卢舍那，宝相庄严，神态自若，两边的天王各具姿态，倒是多了几分生气。看着他们的表情对比如此鲜明，不禁想到那俗世间，居上位者经年努力，胸怀天下，需对万事包容，但也不可或已不会像凡人那样可以生出别样的情绪，所谓人上人者也是孤独的吧。

16年前的这次旅行于我还有特别的意义，我和David因此次旅行而结识，而后经历种种波折最终走到了一起。《围城》中说："像咱们这种旅行，最试验出一个人的品性。旅行是最劳顿，最麻烦的，叫人本相毕现的时候。经过长期苦旅行而彼此不讨厌的人，才可以结交作朋友。"今天我和David带着Q重游旧地，缘分就是如此妙不可言。

徒步武当山

DAY 7 昨日离了龙门石窟，未歇息便穿汝阳、南阳、新野、襄阳，来到了武当山脚下。许是已临近开学，虽逢周末也未见人山人海的景象，蛇行通道空空荡荡。8月的武当山一片青翠，显出一番宽广大气。紫霄宫边已有几株金黄色的乔木夹杂于翠林之中，夏日的山已显出几分秋意。

午前先去紫霄宫小游一番，游客稀稀落落，更显紫霄宫内清幽。饭后至逍遥谷，恰逢周六有武术表演，舞得煞是好看。最后一位出场的老师傅已80岁，中气十足。看罢表演，在谷中穿行，与其说它是逍遥谷，不如说是蝴蝶谷，蝴蝶围着游人翩翩飞舞，景致虽不精致，但阳光正好，行走谷中让人心旷神怡。出谷直往南岩，此处的绝壁悬宫——南岩宫是一处名胜，虽不如悬空寺险要，但南岩宫恰在接近山顶之处，落日照耀壁上，金光四溢。

武当山没有什么商业气息，山中的农家显得很悠闲，没有铆着劲儿地做生意。走过两处，香火也不旺盛，和想象中的道教名山差距颇大。莫说与山西五台山天差地别，就连京城的潭柘寺、戒台寺也比不上。

DAY 8 今天是相当考验体力的一天，早起又来到了南岩，从这里有一条徒步至金顶的线路，虽然从琼台已有缆车上下，但是当地人说景色都在徒步线路。

早起特地绕行飞升崖至榔梅祠，再攀金顶。选择爬上山的人并不算多，过了榔梅祠，基本上就是上行的线路。每每到了稍稍开阔之处，便有三五家当地人开的小店，前店后屋招揽生意。山路上，一个汉子挑着两袋大米，拄着一根棍子，身影矫健地超过了我们。看着他，心中不免鼓起了劲儿，继续向前行去。会仙桥到一天门还是比较有挑战性的，一路588阶台阶，坡度超过60度。小朋友听说要到一天门了，跟打了鸡血一样，一口气往上爬，在后面的我倒要歇三歇。一整天雾气都比较大，上了山顶，只天顶一小块可见蓝天，可就在吃午饭的当口，日头穿破了云层，眼前一片天云开雾散，金顶的雾气又从上向下蔓延，遮住了蓝天。如此反反复复几次，仿佛仙人出巡。坐在山顶看那云卷云舒，也算小小弥补了一下没有蓝天的遗憾了。

上山时，一直觉得前途漫漫，不知尽头，但其实曙光就在眼前。人生大多不知前途会如何波折，但是只要想清楚自己的目标是什么，每次都走好当下这步路，尽情欣赏眼前的风景，对付出不后悔，便也不觉得辛苦，或许惊喜就在不远处。

铁血襄阳城

DAY 9　一早从武当下山，驱车前往襄阳。一路上丘峦起伏，汉江蜿蜒而下，开阔之地有大片麦田，麦田深处隐隐几户农家。襄阳至今已有2800多年历史，因四周多山地，汉水又从此经过，易守难攻。古时襄阳与其隔江相望的樊城并称为“铁打的襄阳，纸糊的樊城”。此地素为兵家必争之地，三国时期为魏、蜀、吴相争，至南宋，蒙古也从此处破宋。如今的襄阳市为襄阳、樊城二城合一，先称“襄樊”，后名“襄阳”。

下午略有时间，前往古隆中一游，此地相传为诸葛亮躬耕之地。自东晋始已有祠堂，后历代不断扩建修缮了隆中书院、草庐等。园中景色古朴，蝴蝶、蜻蜓在茅庐、竹林、小桥、草丛中翩然起舞，许是天气炎热，林中蝉鸣不已。

DAY 10 早上睡到自然醒，吃罢早饭，过河去了襄阳古城。由于元代古城被毁，现存的襄阳古城为明代洪武年间所建。即便如此，古城也只剩南北二门及北边一道城墙。古城墙并不见有多雄伟，最高处仅11米，低处不过7米。想来宋代此城也不过这个高度，靖哥哥当年使出“上天梯”返回襄阳城也并非什么难事。襄阳城北十余米外便是汉江，当年蒙哥不可能靠铁骑直接攻城，即便船至城下，攻击力也会被削弱，怪道襄阳易守难攻。如今的襄阳城商铺林立，走在步行街上，你能清晰地看到，近700年来人们给这座城市打上的一道道烙印。

大江大湖之武汉

DAY 11 昨天下午抵武汉，第一印象，大乎哉武汉。当一座城市有一条河流穿梭而过或有湖泊、山丘居于其中时，她会变得生动。武汉被长江、汉江分割为三部分，城中大小166个湖泊、100余座山丘，显得趣味横生。

住在东湖边，伴着阵阵蝉鸣与蛙声入眠。早起透过窗外的树林望见初升的太阳，湖面波光粼粼。第一次来武汉，无论怎样还是应该去黄鹤楼看看，心中想着，此地必定是如山海关一般，“不去一辈子后悔，去了后悔一辈子”。但今日天气晴朗，黄鹤楼的琉璃黄瓦在蓝天的映衬下显得格外明亮，颇有气势。站在楼上可远望长江，倒也不虚此行了。黄鹤楼自唐起，宋、元、明、清代代重建，想来此处早已成为武汉的文化图腾。

在户部巷吃了一路，返回东湖。走了磨山，逛了武大。磨山对于我来说更像一个公园，并无特别之处。我们没有在樱花盛开的季节造访武大，少了传说中的精彩，只觉弯弯曲曲的道路为校园添了一些情趣。可能是还没有正式开学，校园中没有什么人气。迷途中问路，结果都是来参观校园的。校园中各色车辆穿梭往来，甚至有旅游大巴车。四处也不见学生，只能看到接孩子放学的、买菜回家的、推销课程的人，加之校舍、员工住宅显得很老旧，校园少了许多朝气。

所谓学校便是一个小的社会，学校的气质多多少少会映射出几年后社会的状态。今天，我在这里没有感受到儿时大学那种学术气息，人们都不知在忙碌着什么。在本该“结庐在人境、而无车马喧”的校园中，车流穿梭，不知学子们还能安心读书否，不知他们又是如何思考自己的人生与未来。我想起2006年途经MIT和Harvard时，百年校园鲜有车辆，校园透着一种神圣静谧的气息。郭晓松说过：“名校是什么，名校是国之重器，是让这个国家相信真理的，而现在的学校学生出来只是为了找一份工作，忘记除了当前的苟且，还有诗和远方。”这也许就是我们和国外名校的不同吧。固然我们都是俗世之中的人，我们需要面对工作、挣钱这样现实的问题，但即便是一滴水，也有一滴水的骄傲与理想——即便遇冷成冰、遇热成气，仍想要奔腾到汪洋大海中去——何况我们？

DAY 12　这次住在东湖边上，出门左拐便是东湖听涛景区，湖区鲜见京城那种对比鲜明的蓝天白云，湖上总是雾气腾腾，水天一色。荷塘中荷叶随风摇曳，仍有几枝荷花隐在其中，林间知了仍在起劲儿地叫着，提醒着你夏天仍未远去。

走出东湖，步行800余米就是湖北省博物馆。镇馆之宝便是曾侯乙编钟和越王勾践剑。尽管在电视上多次看到曾侯乙的随葬品，但远没有亲眼所见之震撼。即便是Q这样一个孩童，也直呼漂亮。从安阳的殷墟到随州的曾侯乙墓，700年过去了，先民的技艺已变得如此精湛。从青铜到玉器与漆器，从日常用品到军事用品，无不显现出一个小诸侯国国君的文化修养，对生活品质的要求，对军事的痴迷。周天子不知又该达到一种什么样的精致与奢华之境呢。越王剑也安静地躺在那里，唯有宝剑二字配得上它。如今又是2000余年过去，却鲜见可传世的国之重器，许是我孤陋寡闻吧。曾侯乙出生在战国初，几百年的传承方积累了这些财富与技艺。待后世，常年征战，国力亏空，技艺失传，也只秦砖、秦俑能显出大国气魄与风范。

武汉是一个很容易让人喜欢的城市，除了夏天的热和冬天的冷。载我们的司机很热情地向我们介绍武汉，话里话外都透着武汉人的自信与自豪。是啊，这里是一个有着几千年历史的地方，这里曾是春秋五霸楚庄王统治过的地方，这片土地出过屈原这样的才子，这里是唐以后无数墨客吟诗的地方，这里是洋务运动的中心，这里曾是仅次于上海的经济中心，这里是辛亥革命首义之地，这里曾是国民政府所在地，这里发生过武汉保卫战……这里的人怎能不自信、不自豪？

岳阳楼记

DAY 13 热！热！热！这是我对岳阳的感觉。一是天气热，武汉虽是火炉，也只是中午晒而已，岳阳才是真的热。二是城市热闹，我们住的酒店居然满员，停车等了小 30 分钟。三是人热辣辣，说起话来像是刚吃过辣椒。

岳阳位于洞庭之滨，依长江，纳三湘四水，建城 2500 余年。三国时称“巴丘”，正是周瑜亡故、小乔伤心之地。如今的岳阳楼始于鲁肃的阅军楼，李白写诗宣扬后才更名为岳阳楼。岳阳楼也许是命犯祝融，代代失火，代代重建，仅清就重建四次。如今这楼为光绪年间重建。岳阳楼虽无黄鹤楼巍峨，但精致小巧，是为木制、三层、四柱、飞檐、斗拱、盔顶。登楼俯瞰洞庭，前望君山。这洞庭便是蓉儿对望吟唱《岳阳楼记》的洞庭，那君山便是蓉儿接替丐帮帮主之位的君山。如今满城望去，熙熙攘攘，船来船往，哪里寻得半个丐帮弟子。只余街边鲜出炉的豆腐、炸锅巴，如果七公在世，必又食指大动。

抱恙张家界

DAY 14 昨日傍晚抵张家界，与爸爸会和。驻地地处山间，空气湿润，温度宜人。入睡前天空已云层密布，罕见星光。好在早晨起床时，并未下雨。收拾妥当赶往金鞭溪，这条线路难度较低。小长假尾声游人渐少，一路不显拥挤，加之云层又厚，太阳只偶从云中穿出，倒很凉爽，正是书中“云叆叇、日朣朦”之景。金鞭溪名气很大，景致胜在两侧奇峰——山峰为簇状，附会了各种想象，或为老鹰、或为夫妻相会，对于不浪漫的我来说没有多大差别。行至尽头，几只野生猕猴窜出来，向行人索要食物，得手的继续尾随，未得手的直接堵住去路。我只得紧紧护住背包硬着头皮闯了过去。

金鞭溪接近尽头处有步道可攀至袁家界，但时间紧迫，又有一老一小，为保存体力，我们还是去坐了口碑颇差的百龙电梯。有人说它破坏了张家界的自然景观，我们倒觉还好，电梯和自然景观还算协调。山中天气说变就变，人未出梯，大雨已至。眼见一层层云雾腾起，由远及近渐次笼罩过来，远处山峰隐入云雾，朦朦胧胧，近处山峰生出云烟，飘飘摇摇，宛若一副水墨画在你眼前徐徐展开。待雨小了些，赶紧赶车游览袁家界，袁家界并不大，很多景观已被云雾遮掩，只有幸目睹了迷魂台、乾坤柱（哈利路亚山）、天下第一桥的真容，云雾缭绕，宛如仙境。

张家界虽有名，但其管理颇让人摸不着头脑，景区之间换乘路线极为复杂又无标注。工作人员各管一段，或是语焉不详，或是前后矛盾。后来还是在党代表工作室的帮助下找到了正确的路线。对于不携家带口的人来说，想玩遍张家界、袁家界、杨家界，可选择当地民宿。

DAY 15　今天去了David心中念念不忘的天门山。如今天门山名气很大，名头盖过了张家界。经过昨日大雨，天气异常好。路过张家界市，一条碧蓝色的大河出现在眼帘，是为澧水。沿河高楼林立，真是好大的气派。

游天门山，还是要坐坐它有名的索道及旅游车。索道之名在其跨度大（7.5千米，单程30分钟），旅游车有名在山路九十九道弯，基本都是180度的连续拐弯。上午天气尚不热，在索道口便可远观天门山半山处薄云缥渺、形态各异，仿若飞天在半山舞动。乘索道而上便有如飞升成仙。过得一个山口，山势顿时陡峭，俯首望去，曲曲折折的山路上景区车辆已如火柴盒一般。待再翻过一座山，赫然见天门洞在身侧出现。

天门山景区其实是人工沿峭壁搭出的一圈栈道，上得山顶只需沿栈道绕山而行。下山时可从7部共400米穿山电梯先下至天门洞，然后或从扶梯或从999阶台阶下至半山腰，再行转车。下山台阶陡峭，自下而上望去，只觉人的渺小。

天门山的天门洞虽美虽奇，但我倒觉得奇在人们的创造力。一奇是缆车从市区修到山顶，二奇是山顶人工修出一个栈道，三奇是从山体里钻洞下山，四奇是司机轮胎花纹都磨没了，还在山路上狂奔。不知道来此是体验大自然奇观，还是人类的奇思。

DAY 16 前面行程安排过于紧凑，加上Q劲头十足，作为家长的我们有点疏忽了，昨日回来孩子便发烧了。人在外地，为免意外，还累了爸爸和我们一起带Q去看病。晚间请酒店送爸爸去机场，爸爸嘱咐我们多休息几日。此地空气质量长期为优，傍晚走在小道上香气四溢，确是养生的好去处。

DAY 17 Q今日还没有完全好，David也觉状态不佳，继续休息。酒店今日人不太多，在书院看到七八人在开会，讨论的也是互联网相关产品的事情。午睡时听见隔壁的邻居打了一个多小时电话，好像是在处理关于服务器一类的故障。想想十几年来我也总受类似事情的困扰，时时半夜三更被惊起，如今远离了这些生活，恍若隔世。

DAY 18 找豆娘，看蚂蚱，寻蜜蜂，觅蝴蝶还有小虫子，河边小道是豆娘的老巢。耕读书院外有人耕作除草，一派田园景象，心不由地静了又静。

DAY 19 连续休整三天，感觉人变懒了。酒店附近便是黄龙洞，正好用半日游览一番。进了大门，先见湖南林业大学的农业实验基地，种着水稻和辣椒、南瓜、丝瓜等各类蔬菜。水稻已到收割季节，不远处有人正在收割、晾晒稻谷。一头黄牛立在树荫下遥望着耕作的人们，不时甩着尾巴驱赶蝇虫。一派田园风光，煞是好看。

黄龙洞是典型的喀斯特地貌，分上下四层洞——两层旱洞、两层水洞，但洞中仅开放2/5地区。和张家界一样，这里的景观也需要发挥充分的想象力，并非我的专长。由于水中石灰不断沉淀，洞中钟乳石是在不断生长的，100年也就生长1厘米左右，最长的定海神针有19.2米，距今已有19万余年。洞中尚有一颗高不足10厘米的白色珠状石笋，因顶部停止滴水不再生长，加之未氧化仍是晶莹的白色，有人称为夜明珠，有人称为荷包蛋。夜明珠百岁而为幼年，相较而言，人类的生命又是何其短暂。人的一生是绚烂的，游遍名山大川，看尽世间繁华，而钟乳石只能在这默默守候数万年，最终成就这奇观。我们经常面对两种不同的道路，或主动、或被动，其实哪种方式都有自己的精彩，重要是顺从己心，坚持下去。

DAY 20 张家界是一个将旅游资源开发得非常彻底的城市，离此9千米还有一处张家界大峡谷，所花时间不多，进门后2个多小时便能出来。

大峡谷入口在山顶，出口在山脚，整个线路便是从山顶向山脚走。一入景区便是一线天，此处一线天是一条自山顶向下的300米的山间裂缝，宽度不过三四米，人们愣是在这300米高的裂缝中修了一架楼梯，游人于这一线天中，不是远观亦不是横穿，而需沿这梯纵穿了一线天。出了一线天便是天梯栈道，可以看见上方正在修建号称世界最长、最高的全透明玻璃桥，据说总长430米、宽6米，距谷底300米，可站800人。不多时便走到了谷底，谷底依旧狭窄，宽不足丈，沿途多有瀑布从天而下，水量并不大，因谷底狭窄，游人得沿步道穿瀑布而过。行至一半，水量渐大，积水为潭，潭内水草丛生，整个潭被映得蓝蓝绿绿。临近出口，有一土匪洞，介绍说关东有响马、河北有鞑子、湘西有土匪，此处当年便是土匪据点之一。要出谷，须从土匪窝穿行而过。洞口上书“两三携手过，转瞬变光明”。正不明就里，眼前便一片漆黑，拿着手机也不管用，还在迟疑是不是走错了路，眼前突然一片光明，果然是转瞬。

行至渡口，天空又飘起牛毛细雨，刚坐上渡船雨便大了起来。好在今天装备充足，坐在船上看着雨打水面，不时几只水鸟游过，相比那日袁家界的狼狈，今日惬意多了。

热闹的凤凰古城

DAY 21 自张家界向西南，需经永顺、保靖、花垣、吉首方到凤凰。出了张家界，地貌开始不同起来，没了簇状的山峰，逐渐变成起伏的丘陵。丘陵上多是一些矮小的松树，倒有几分新疆喀纳斯的味道。丘陵间不时有一些略显平坦之地，便有村民在此开垦了农田。不似北方，此地需沿山势及溪流水势开垦，田地曲曲折折，青黄相接，天然成趣。最特别的是此处总提示“隧桥相接”，过了保靖地界，穿过一条隧道便发现自己已在大桥之上，桥那头连着另一隧道，桥下几十米一条大河蜿蜒而过，此时方明白原来这路建在丘陵半山处。可惜一路高速，实难抓拍美景一二。

今天恰逢周六，正是凤凰人多之时。步行上了台阶，映入眼帘的便是著名的沱江。这里从昨夜到今天上午一直下雨，江水并不清澈。沿江道路不过一二米宽，行人络绎不绝，聚集着大量文青、艺青。路上主要是两类人，一类是漂亮年轻的女文艺青年，纷纷在江边留影，另一类便是招徕生意的当地人。走在他们之中，觉得自己实在格格不入。江边除了客栈便是饭店、酒吧，纯纯的商业气息。沈从文如生在当下，也许不会再去追求他的兆和，也写不出《边城》，可能会在此开一酒，做个网络文学作家吧。到了晚间愈加喧闹，酒吧音乐震天响，年轻人期待着在这里能够有一个浪漫的邂逅，而我们还是在阳台上看看夜景罢了。

DAY 22 去过乌镇、周庄的人说，古镇就是要住下来，白天太喧闹，没有意境，要到晚上夜深人静和清晨游人未至的时候才能体会到古镇的美。凤凰恰恰相反，晚上的凤凰好似一个狂野叛逆的少年，白天反而是一个安静中略带一些俏皮的少女。

虽然古镇不大，但走完凤凰十景也足足用去我们大半天的时间。天刚亮就听见屋外喧闹起来，站在阳台上望见游人已从北门城楼涌了进来，聚集到码头上准备泛舟。

为了避开人群，我们选择先去游客不大愿意去的南华山。这座小山并不高，站在山顶可俯瞰凤凰镇，上上下下不过一小时。下了山，上了虹桥，这里正是拍江景的好去处。沱江上建有“云、雾、风、虹、雪”五座桥，也就虹桥是仅存的一座老桥。桥分上下两层，下层辟为商铺，上层设为茶室。临近正午，游人渐少，已不见游船穿梭，只三五扁舟，江面安静下来才更好看些。饭后从东门城楼一路行去，码头泊满了空船，三两个艄公坐着聊天，当下我们便乘舟顺流而下。此刻游人们都歇脚打尖，酒吧也未开张，反倒是一天中最宁静的时候。江心观景，水面开阔。左右环顾，两岸吊脚楼清晰可见，一二店家在江边浆洗物什，抬眼望去虹桥渐行渐近，艄公摇的船儿左右微摆，行程虽短，却也惬意。

下午又走访了陈宝箴、熊希龄、沈从文故居。世人多知沈从文，皆因他的浪漫和《边城》。但比起陈宝箴、熊希龄而言，他只能算是一个文人罢了。陈宝箴官至湖南巡抚，一门四代五杰，有诗人，有画家，最出名的便是国学大师陈寅恪。其故居规模颇大、精致古朴，处处透着诗书气息，可见大师必要诗书传家，积年累月方可成。而熊希龄是著名的教育家、社会活动家、实业家和慈善家，天生聪慧，被喻为“湖南神童”。1913年当选民国第一任民选总理，晚年致力于慈善和教育事业，创办了著名的香山慈幼院。

这南方小镇经历朝历代建筑而成，道路不分南北东西，走着走着便会迷了路。糊里糊涂地入到了僻静的小巷子里，在这里邂逅了绣花和卖花的老婆婆、做姜糖的大叔、街边下棋的棋迷、放着生意不做打麻将的老人家。一只猫咪蹲在邮筒旁洗着脸，一只小土狗蹲在路中间甚是霸道。接近四五点，小孩子们也都被放了出来，三个小男孩儿抱作一团打闹着。我想这才是大家寻找的凤凰。

舞阳河畔的镇远

DAY 23 凤凰驶出不远便进了贵州，这里“天无三日晴，地无三尺平”，但上午居然是罕见的天晴。最后一段S306省道，沿舞阳河而筑，水量颇丰，水色碧而清澈。两岸是当地人耕种的农田，不时可见早年间兴修的桥梁，自是一段美景。

接近正午到了镇远古镇。此镇与凤凰相同，依河而建，单说这河边建筑，明显为近年新修，整齐划一的吊脚楼风格。真正的老宅子都隐匿在河岸两旁的巷子里，我们住的冲子口巷子入口狭窄，宽不过3尺，不注意便走过了。不宽的小巷依山而建，台阶高低不平。入了巷子，两侧的民宅大多经整修辟为客栈，透过院门望去，多是两层的四合院建筑。站在二楼回廊，可从天井看到后山。

古巷留着明日探访，下午先去铁溪。这里几近野景，景区内便只是一条溪，一段石板路，路边尚有一片稻田，全然一段天然野趣。铁溪水流湍急，远超金鞭溪，水质依旧清澈见底。妙的是天已转阴，溪水依然绽放出蓝色。步行4千米，到了龙潭便算是终点了，龙潭和所有景区的潭一样，都会是令人失望的，只是取个响亮的名字罢了。潭虽普通，水面上却似笼着一层薄光。不知是何缘故，不同角度望去，忽蓝忽绿，倒也有些意思。

入夜，古巷中的客栈寂静无声，既无虫叫蝉鸣，也无酒吧喧嚣，连风都住了声，今夜一定会睡得很安稳。

DAY 24 相较于凤凰，镇远的确安静。到了10点，隔河仍可见一群老者在打拳活动筋骨，两个老爷子坐在石凳上聊天；一个小孩不顾奶奶的阻拦，吃力地把自己的小车推上坡；另一个小孩摇摇晃晃拿着栗子要吃。如今大城市哪还有这样的共生家庭。整个小镇的节奏都慢极了，店家也不招徕生意，游客也不必躲闪。

过了祝圣桥是此地第一有名的青龙宫，登山可俯瞰小镇。此宫建于中河山，山高不过80米，长不过300米，却密布石洞、古树，藤蔓缠绕。在2万余平方米的弹丸之地，博纳了释、道、儒近30座宗教建筑，供奉了各路神仙，熙熙攘攘，正是那“仙翁对释伴，道范对儒宗”。小镇不大，2小时已逛个大概，吃罢午饭便要离开前往我心向往的荔波了。

荔波小七孔

DAY 25 贵州无晴日是出名的。昨日过都匀时天就阴阴的，到了荔波时，居然放晴了。早晨天气依旧晴朗多云，这天气相当鼓舞人心。

自西向东第一站便是卧龙瀑，是附近水电拦起来的一处弯月状堤坝。堤上的水如玉般散发着温润的光泽，刚过坝口便似一水晶帘子垂了下去，许是碰到了坝下的山石，一帘水晶尽数散去，四散跳跃着。

向东是鸳鸯湖。都说鸳鸯湖必得划船，只因这湖中生得一片树林。想来不可能是天生如此，小小树苗如何从水中长出，应该也和上游水电站有关。小船是我十几年没划的手划船。湖水碧绿，湖水中生出一丛丛树。行得不远有两株树对面而立，仿似一道大门。从大门穿过便入了水上迷宫，这里树林更为茂密，水道狭窄，十分静谧，间或传来细语笑声。两侧枝条相互交织，化作绿色隧道。阳光透过树叶印在湖面上，光影斑驳，光怪陆离。头向上仰去，透过枝叶不时可见蓝天白云，草木香气悠悠袭来，生出一种浪漫。

接着便是翠谷溪，这里只有一条小小的瀑布，不过瀑布完全嵌入在翠绿色的山坳中，对比鲜明，也是特别。翠谷溪不远就是水上森林，此处水流湍急，自上游起便是瀑布相连。因地势不同，瀑布形态各异，或安静流淌，或欢快跳跃，或咆哮而出。树木皆植根于乱石之中，森林步道皆在水上，游人便行走在树林之间、瀑布之上。

最后乘车去响水湖、双龙瀑布、68级瀑布、拉雅瀑布和小七孔桥。车子一开始还行走在山谷中，突地一群瀑布就出现在眼前。见到此处瀑布，才知前面只是小巫。一路下去七八百米全然是瀑布的世界，一级一级，对岸不时有暗河涌入。据说上周六大雨才有了今天的好水，直到今日至对岸的步道仍被水流淹没，完全没办法过去了。每到平坦之处，流水便安静下来，一到岩石边又激荡起来。岩石早已被打磨得光润无比，但依旧发出震天的响声，一片片水雾弥漫开来。所谓至柔至刚者，水便是如此了。

贵阳印象

DAY 26　早晨7点天还是晴朗的，出发时已是阴云密布，果真是天无三日晴。一路行来，天空时不时飘洒几滴小雨，不高的山头隐在薄雾中，时隐时现。途经下司，风光不错，前日夕阳下更美一些，也许不久以后会辟为景点。

DAY 27　我有一个非常非常喜欢的女孩，我们曾经很亲密地共事3年，一起克服了很多困难。她是属于可以很久不见面还会很要好的那种朋友，也是我见过的最快乐的人。一件事情、一个人，无论她喜欢不喜欢，从她口里描述出来总让你觉得好笑。正是这样一个来自贵阳的女孩儿，让我对贵阳有了一个美好的印象。

中午终于吃到了香酥鸭，Q也十分爱吃。坐在屋中，突然发现窗外天边的阴云逐渐散开，卷成一朵朵白云，空气变得通透起来，还生出一道彩虹，这时的贵阳真美。

贵阳是一个很生活化的城市，我们住的市中心到处都是吃饭的小店，从早到晚总有人在排队吃饭，肠旺面、牛肉粉、烙锅、香酥鸭。下午5点钟每个店都开始忙碌起来，6点半已经翻台了。想想在北京，6点我们还没下班，7点半大家还没见面呢。商场购物的人不少，感觉有些像几年前的北京。街上的女孩很漂亮，皮肤白皙细腻，围坐在街边吃饭聊天，非常安逸。

贵阳的热情不同于武汉。武汉的热情就像一杯开水，你来了，她热情地拉你进门，恨不能拿出所有的东西全部给你，你会稍有一些意外。贵阳的热情像一杯温水，他们就在那里，已经等待了你很久，你来了，她温婉一笑，迎你入门，像回了家。在北京、上海那样的大城市，人们被绑在了一架快速运转的机器上，总在忙碌着，没时间逛街，没时间会友，没时间回家吃饭，没时间陪伴孩子。即便经常阳光灿烂，但阳光并没有照进我们的心里，城市中缺少了温暖的气息。而贵阳这个隐藏在山中的城市，也许没北京、上海那么发达，但慢节奏的城市让你有时间逛街、有时间会友、有时间回家吃饭、有时间陪伴孩子。虽然这里晴天不多，但人们都显得很阳光。

DAY 28 早起趁Q未醒，步行一条街吃了著名的肠旺粉。门口热闹非凡，要了一碗粉，抢到一个座位，味道果然很好。本想细细品味，可后面已经站了两个“门神”，只好加速吃完。

趁今日空暇，去了附近花溪公园和青岩古镇闲逛一番。公园在整修，游人可随意进出，人不多，只有一些常客在此钓鱼。青岩古镇看上去并不那么古，镇子早已商业化，只有那青岩垒的院墙，屋顶还有几许古意。这里天主堂、基督堂、佛寺和谐共存，不过都没什么香火，倒是算命先生的生意很好。匆匆一游，没有什么特别的印象，只对城墙下的几畦地特别喜爱，仍有农人在耕作，为小镇留下几分田园之意。

毕节织金洞

DAY 29 毕节织金县有一织金洞，鼎鼎大名，被称为“天下第一洞”。织金洞发现于1980年，据说当地人斗鸡时寻找走失的鸡而发现。从入洞开始，你就不得不对织金洞发出感慨，张家界黄龙洞与之相比只能算是一个模型而已。此处的景观规模要比黄龙洞庞大许多，线条更为柔和，造型可当得起“大气磅礴”四个字。钟乳石线条或柔和，或锐利，绝不拖泥带水。有人说这里像阿凡达的世界，我觉得更像指环王中描写的世界。当你从一些巨型石柱间穿过时，仿佛穿过指环王中的“诸王之门”。而“霸王盔”“婆媳情深”“佛祖普度众生”“李时珍采药”也确实惟妙惟肖，全然无须你更多的想象。最壮观的当属“灵霄殿”的百尺石帘，“广寒宫”的银雨树，还有那十万大山，只能用“壮乎哉，我织金”来形容。《中国国家地理杂志》说：“如果你此生只能去一个洞的话，那一定是织金洞。”我想说，如果你此生要去很多个洞的话，一定把织金洞留在最后。它的存在是用来“秒杀”其他洞穴的。10天前，我在黄龙洞对大自然产生的是钦佩之情，今天织金洞我已完全折服。站在百尺石帘，十万大山前，你不会想着去感叹自然之玄妙，你只觉得人类是多么的渺小，心中只剩敬畏二字，言语与照片都不能完全描写出其美妙。

黄果树

DAY 30 黄果树景区分为三部分，陡坡塘瀑布、黄果树大瀑布和天星桥。一般来说，一天抓紧时间就可以走完所有景区。但本着慢就是快的原则，我们还是拆成两天来走。

第一站为陡坡塘，宽105米，高只21米，当年徐霞客徒步跋涉至此，先看到的便是陡坡塘。“遥闻水声轰轰，从陇隙北望，忽有水自东北山腋泻崖而下，捣入重渊，但见其上横白阔数丈。”陡坡塘不大，穿行完也就20分钟左右。

徐霞客当年见陡坡塘后，遇一担夫，担夫称“是为白水河，前有悬坠处，比此更深”。徐霞客正是从此而下，过白虹桥而见黄果树。今天依旧天阴，还有蒙蒙细雨。一路走去两侧鲜花倒更引人入胜，万紫千红，兀自带着细细的水珠儿，晶莹剔透。但这花儿尤不如竹枝间的蛛网可爱，一场细雨，蛛网丝毫未损，倒被挂满的水珠儿装饰成了水晶网。行不过十分钟，便已听到轰鸣声，黄果树瀑布映入眼帘。黄果树形态无拉雅之秀美，水色无68级落水之纯净，格局无双龙之奇巧，潭水无卧龙之温润，但它胜在了气势，落水在半空中已激荡出水雾。逢此阴雨之日，四处水汽氤氲，虽无福看到晴时日长虹，却可见雾气在四周的山中穿行缭绕，绵绵不绝，自成一幅水墨。远望黄果树，尚不能领略其魅力，唯有从帘后穿行而过，亲眼见泼天的水在你面前倾泻而下，打湿了全身，才可真正体会其气势。正因为这气势，黄果树当得亚洲第一瀑布。所谓王者，并不需要精致、秀美、奇巧的装饰，唯王者之气尔。

DAY 31 本以为今天天气能够好转一些，谁知一早到是认认真真地下起雨来了。天星桥前半段以观石、观树为主，并不引人入胜，到类似一个盆景园。唯有“数生步”还能吸引小朋友的兴趣，一步一日，走下来365天，游人都在寻找自己的生日。盘龙图、美女榕等景点多不过是植物与石共生缠绕，旅行团的导游不断吹嘘这里是天星桥的核心地点。而所谓天星湖，不过是一个小小的水塘而已，还真是无趣。

步行不远便是第一个有意思的地方——桥上桥上桥。此桥天然而成，左右各一岩石形成桥面，而两石之间又有一石拱插入其间，从侧面看三石成一桥，从桥面而过时，中间石拱也似一桥凌驾于桥上。穿过天星洞，雨竟大了起来，只好坐在廊下赏雨。耳边忽听水声隆隆，隔着廊道已可看到冒水潭。有人说水是从潭中冒出，连日的雨使水势大了许多，顺步道回看，几股水流冲出，如脱缰野马一般。此时方觉今日没有白白走一遭。再往前去，终于见到了“银坠链”，所谓其形如斗，其声如歌，其状如链。因地貌特殊，瀑布从不同方向越过巨石倾泻入一深潭中，如同一条银色的项链。这已不是瀑布，而是一件精美的艺术品。每一个游人都驻足于前，久久不忍离去。

兴义奇遇记

DAY 32 以前一直不知道兴义这个地方，今天在路上查阅方知这里是何应钦的家乡。而此地最出名的便是马岭河峡谷和万峰林。

马岭河峡谷被称为地球上最美丽的伤疤，以瀑布著称，其特点便是“多”。据介绍，这条长约100公里、宽不足200米、深约100米的狭长峡谷上汇聚着100多条瀑布，我们所在的“天星画廊”便有13条。天气一如既往的糟糕，飘着小雨。下到谷底，便可见两侧石壁前后左右挂着一条条瀑布。因天气不佳，初见并未给人带来多少惊喜。此处山石颇为独特，据说已经钙化，远远看去一层层山石倒也似瀑布流水。峡谷中马岭河汹涌不已，从上游直冲下来，淹没了低处的观景台。直到行至珍珠瀑时你才能发现这里瀑布的独特气质，那瀑布看似薄薄一层如轻纱一般，水帘随风左右摇摆，好似身段柔软的美女在舞蹈，又仿佛柳枝随风飘摆，摇曳生姿，自上而下碰撞在山石时却又发出怒吼。一瀑一水，一柔一刚，仿佛一对舞者在此处表演，站在瀑下不禁有些着迷。向前是有名的万马奔腾瀑，水流较大，落下直击水中一块巨石，发出轰隆的声音。

其实来兴义，更多是奔着万峰林来的，但是昨天下午我们已经得到了坏消息，万峰林景区里道路整修，要到国庆才开放，只好去山下的纳灰村看看。也许是因为虔诚的心，天气居然越发好了。还在市区便看见远处万峰成林，峰林下还有黄绿相间的稻田。越是近处，景色越发美了起来，阳光洒在山岭和田间，散发着金色的光芒，农人在田间小道中或行走，或耕种，田间竖立着白色的楼房，可闻鸡犬之声，路边的学校还传出孩童的朗朗童音，有如桃花源。

而在这里，我遭遇了出游以来最不可思议的一件事。按照攻略，纳灰村八卦田附近有一条小路可通山上景区栈道。正在寻找小路，Q突然拉拉我的手，我低头一看，一只大狗张嘴吐舌站在我们面前。没有养狗的经验，对狗一直怀有惧意。我拽着Q，让他慢慢挪动脚步先行离开，谁知那狗居然就跟了上来，我只好站在路边，让David带着Q先走。那狗跟着他们前行几步，回头又望了望我走回来。我心里七上八下，决定改变线路，狗儿终于不再跟随趴在石阶上。继续向村民打听小路，谁知村民指着那狗站着的石阶说，就是那条小路。村民叫我们别怕，我们只好硬着头皮走上小道。狗儿仿佛听得懂人话，又贴身追来，穿过我跑了前去，再回头望我。我对David嘀咕，不会是要给我们带路吧。行至岔路，狗儿在我们犹豫间窜向前去，先向右攀去，回头看看，又向左攀去，然后继续前行。这时我们基本断定这狗儿是要给我们带路了。就这样我们在狗儿的带领下穿行于林间石道，不到十分钟已到了景区步道下。今天真是奇迹之日，我的心被这只可爱的狗儿融化了。

罗平九龙瀑布

DAY 33 兴义已近滇界，离此不远有一九龙瀑布，隶属云南罗平。罗平不像兴义那么重视旅游，路也不大平整，停车场冷冷清清，售票员百无聊赖，门口的人说今天不过 100 多人进去。好天气加人少，心情肯定大好了。

九龙瀑布号称九龙十瀑，自上而下有十级落水，观景台可观九龙瀑布全景。从远处的白絮瀑开始，依次向下有情人瀑、神龙瀑等。瀑布水量并不大，落下去都激不起多大的水花，每一级的水潭也碧绿幽静，看上去倒像是一片梯田。周边岩石钙化为土呈棕色，十瀑又像一碟裹着芝麻的抹茶酥。这边的瀑布梯田和东侧的梯田并排铺了开来，水静静地淌着，哪有之前瀑布的雄浑、欢快和秀美，全然一片田园风光。只三个人坐在观景台上，太阳暖暖地照着，云缓缓地飘着，瀑布慢慢地淌着，风轻轻地吹着，人也变得懒了，只想坐在这里看着四周景象慢慢变化，真是岁月静好。回程拐了个小弯去了马岭河峡谷上的大桥，那里正好可俯瞰珍珠瀑和万马奔腾瀑。夕阳西下，照得瀑布熠熠生光。David 宣布，兴义之行完美收官。

抚仙湖落日

DAY 34 别了，贵州。那令我暖暖的贵阳人，那好吃的肠旺粉，那令舌头跳舞的香酥鸭，那意外遇到的日头，那姿态各异的瀑布，还有那只神奇的狗儿。

早晨的兴义天又阴了下来，贵州的阳光就是这么珍贵。不过几十公里外的滇界，天又突地晴朗了起来，云层渐薄天渐蓝。随着海拔的升高，日照逐渐强烈，虽已过秋分，坐在车里都感觉像夏天一样灼热。地势也逐渐开阔起来，山石大多风化为土，土色呈深铁锈红。记得少时学地理，称西北土为黄色，东北为黑色，南方为红色。去江南时觉得土色虽红，但叫红土也有些夸张，到了此处才知书诚不欺我。所谓“读万卷书，行万里路”的意义便在于此吧，只有真正游历过，方知书中真意。

湖南看奇山，贵州看秀水，云南看彩云。内蒙亦有云，其云小巧而洁白，每一朵都像一只可爱的绵羊，铺将开去，仿佛羊儿的阅兵列队。云南之云，其云奇姿而异彩，每一朵都绽放着自己的特色。或如鸟，或如龙；或小巧，或壮阔；或暗蓝，或明亮；霎时洁白，霎时玫红；忽成群结队而至，忽单枪匹马而来。即便是一朵云儿也染着不同的色彩。

黄昏，抚仙湖畔，不知多少对新人在这里拍摄婚纱照。尚未到丽江，泸沽湖，已觉这里美得壮阔，美得无邪。湖水清澈见底，蓝天通透纯净，云儿变换颜色，水鸟滑翔而过。此时夕阳西下，渔船驶入夕阳的倒影，留下一道水痕，水面被落日映衬出红蓝两色，美景不容笔墨赘述，只得细细体味。

DAY 35　从玉溪到普洱，虽一路基本是高速，但是山路弯弯，走走停停也要6个小时，一路下来再次领略了云南特有的天气。贵州的天总是下着牛毛细雨，缠缠绵绵，透着一股忧郁的气质。而云南的天说变就变，头顶的太阳还在耀武扬威呢，前面百米处的车已激起一阵水花，明明左右两侧都是白云，偏生自己车顶上这三尺天在下着大雨，还没过5分钟，雨又住了，太阳晒得你睁不开眼。如此反复不下十次。

傍晚时分顺利抵达梅子湖畔，空气湿润、清新，带着花香、草香，环湖栈道上走走，什么都好，可蚊子超级大，可要小心了！

普洱犀牛坪

DAY 36　不要问我云南的天气是什么，因为没人能说准。

犀牛坪号称内有植物2104种，野生动物812种。不过我们是门外汉，远看麦子、稻谷尚且认错，只分得清什么是树、什么是藤、什么是花。花虽不多，却十分艳丽。动物倒更好区分些，不过200多平方公里的森林，要觅得动物也不是一件易事。

公园里最有名的就是7只犀牛了。据说犀牛是非常善良的动物，一看到火就会跑出来灭火，非法捕猎者就通过这种方式欺骗犀牛出来进行围猎，如今黑犀牛已经灭绝。今天得见两只白犀牛，慢悠悠地觅着草吃，附近一大片的草早已被它们吃得精光。身上应该有些痒，一步三摇地走到一株树前去蹭个不停。前行不远是野生猕猴的领地，有那胆子大的，或立、或蹲、或躺在人们搭的茅草棚上。胆子小些的，高高地站在枝丫上偷窥着游人。一只大些的看似首领，立在最高的树上俯瞰众生，随时要发号施令的样子。最享受的两只在茅草棚顶上，一只微闭双眼躺着，一只蹲坐旁边给它做按摩。躺着的那只肯定是舒服极了，表情很是销魂。一只貌似见过些世面的长臂猿，一会儿一手攀树，一手探在额头回望；一会儿两臂抓住树枝，一只脚蹬在树上似芭蕾舞演员般压腿；一会儿摇手向观众致意。鹳们显得更愿意亲近人类，也相当自恋，不停地变换姿势，展示自己最优雅的一面。公园里最大的吃货就是小熊猫了，两只小熊猫用爪子直接捞起苹果放在嘴里一口一口吃，根本不愿离去。

今天看到的动物虽然不多，但相较于城市里的动物来说，个个精神面貌极佳，毛色光亮，身心健康，并没有人给它喂食，全靠这片广阔天地自生自养。反观我们，如果长期囿于一个狭小世界和人群，失了本我，少了天地精华的滋养，久而久之便失了些灵气，狭窄了心胸，人也少了光彩。

西双版纳

DAY 37 天气晴好，从普洱一路向南直奔勐腊。“伐木丁丁，鸟鸣嘤嘤，出自幽谷，迁于乔木。”树有百种，我独钟爱乔木，喜爱它的高大，欣赏它的笔直向上。景洪市区向南的勐腊县，有一片望天树，据说是世界第三高树。望天树在乔木中属于尤其高大的，最高的有80多米。1974年蔡希陶到勐腊县补蚌村进行实地科考并取样鉴定，发现了热带雨林的代表性树种——龙脑香科的望天树，这才算证实了我国热带雨林的存在。

来到望天树，一定要走一走树冠走廊，十几株望天树树干上仅靠绳索、铁梯搭成了一条空中走廊，行人需立于几十米的高空行走其间，最长一段足有30米。如果你非要朝下看，还是有点儿恐怖的。Q个子小小，倒是胆大开路，事后采访，他说有些高的桥还是挺怕的，但是为了给我们探探路，看看索桥摇不摇，所以他还是走了。

园中另有一条菲利普小道。1986年，菲利普亲王亲自到西双版纳考证，最终确认了望天树的存在，并著书宣传，向世界证实了北纬21度附近确实存在热带雨林，也使我国成为世界上拥有热带雨林的三大地区之一。为感谢菲利普亲王，特命名为菲利普小道。

真正高尚的贵族，他们享有优渥的生活，但是其贵族精神更在于对世界、生命的热爱，他们的资本和时间是用于关爱这个世界。在这物欲横流的时代，涌现出一批批富豪，有些人想要向贵族阶级靠拢，豪车、游艇、私人飞机、名画、高尔夫、骑马，生活堪比真正的贵族。但是他们还没有了解贵族精神的真谛，这条路还很长。

DAY 38 中科院植物园坐落在西双版纳的葫芦岛上，占地900多公顷，罗梭江从这里川流而过。园内西区主要按着植物种类辟有荫生植物园、棕榈花园、奇花异卉园、龙脑香园、百花园等。东区面积更大，人工没有多少干预，仍是原始森林和绿石林。

我们并没有植物学家的专业，也没有正在写生画家的慧眼，只有朴素的追求美的心。荫生植物园中石斛类的植物占领了水、陆、空，行走其间如同进入了绿色走廊。棕榈园中我只能认出其中的槟榔和椰子，谁知棕榈科其实有2800多个品种。还有榕树的小故事，榕树只结果不开花，也被称为“无花果”，其实花是开在榕果里面。百花园里有300多种植物，种种能够开花，我们来的虽不算是花的季节，但仍有不少花在争奇斗艳。东区的绿石林，上为树林，下为石林，也是罕有。

到了植物园，主要就是学习的时光，比如老茎怀春是植物为了方便昆虫授粉，所以花果都长在树干上；枯木逢春就是已经枯死的树的半中间又长了别的植物，也叫空中花园；板根可能是因为根过浅或者某些遗传因素，外露的根长得如木板；绞杀是两种不同植物茎杆相互缠绕在一起，被缠绕包在内部的树木最终枯死，另一棵则长成大树。滴水叶尖指热带雨林的灌木和草本植物叶子普遍具有长达数厘米的尾状尖端。在潮湿的环境中，滴水叶尖能使叶片表面的水膜集聚成水滴流淌掉，既有利于叶片的蒸腾作用，又避免附生植物生长妨碍其光合作用。在这样的原始森林中，植物繁茂，或相生或相杀，就像人类生活的大都市一般，资源丰富，互助与竞争无处不在，每个人都要体现自己的特色，每个人也需要对别人兼容包蓄。要融入这里，需得做出一些改变，给予别人生存的便利才能获得更好的成长，也需永远保持自己的斗志，努力向上生长。只有自己足够高，才可以获得更多的阳光。

去了植物园一定要到蔡公纪念园看看。蔡先生从1932年进入云南考察，抗战期间建立了云南的植物研究所，至1981年去世，一生都奉献给了这片土地。他的贡献不只是确定了高纬度热带雨林的存在，他还确定了在中国适宜栽培生产橡胶，从此中国有了自己的橡胶工业。即便在9月末我们都觉得酷暑难当，而蔡先生在这里工作近50年，屡逢战乱，这又要一种什么样的情怀和坚守。我们常常抱怨付出一直没有回报，其实只是我们缺少热情。

DAY 39 今天开始，我们将回转北上。没有什么特别的安排，因回普洱会路过景洪市区，于是拐了一道儿弯去了这里的总佛寺。

总佛寺，真是一个很奇怪的名字。傣族全民信奉小乘佛教，各村寨都建有佛寺，之上便有了中心佛寺和总佛寺。因和泰国一样信奉小乘佛教（小乘度己，大乘度己度他），佛寺与泰国相仿，与中原地区大为不同。中原佛寺喜建于名山之中，不见于尘世。青山碧水之中，隐隐可见一角红墙，空山不见僧，但闻钟鼓之声。而在这里，人人信佛，傣族人的文化学习也都是在佛寺中完成，一般5到7岁便出家，出家1到5年，后面再选择还俗还是继续深造。这里的寺庙一看便是汇集了整个地区的财富，金碧辉煌，色泽鲜艳。

路上的国庆节

DAY 40 蜗居梅子湖，享天然氧吧。一觉睡到再睡不下去的时候，神清气爽。几个小时里已经下了4场大雨，有人补习了功课，有人发了帖，有人看着窗外发呆。趁着间隔环梅子湖8KM小拉练。小路上鲜有游人，虫儿叫得正欢，湖水变换着不同的色彩，栈道已长出了蘑菇，娇嫩的小花还挂着雨珠。难得的岁月静好，现世安稳。

DAY 41 晚上的普洱没有了白日的宁静。外出游玩的人儿纷纷归来，兴高采烈，有人显然多喝了两盅。夜半，梦中只觉嘈杂，努力睁开双眼，原来下起了雨，听声音只能比大雨更大，微闭眼等雨声变小，才又入梦。

今天返回抚仙湖，天气好，即便是无名的薰衣草田和没什么名气的星云湖也是美的。今天的抚仙湖透着朦胧的蓝色，望之心旷神怡。

DAY 42 抚仙湖是为懒人设计的。时间可以这样安排。先睡个大头觉，因为早晨10点前天总是阴的，趁着天阴在餐厅从容地吃了早饭。快正午太阳升高些了，云开雾散。趁着天还不大热，在湿地公园里骑半小时自行车，转遍公园每条道路，你会发现很多美丽的花儿，运气好还能碰到几只小松鼠。小朋友可以在水上乐园划着小小的玩具船。小船儿被他们摆弄着撞来撞去，即便毫不相识，也能相谈甚欢。日头渐高，就该回屋子避避了。下午4点，太阳没那么毒了，可以去儿童游乐场活动一会儿。快6点，又可以去看落日了，上周是彩色，昨天是蓝色，今天是金色，每一个傍晚都有不同的色彩。要想真正了解一个地方，真需要更多的时间，但前路还有未知的风景在等待，只得依依作别。

DAY 43 小小的月亮湾被我们踏了几圈。今天风平浪静，又见湖水清澈见底。临别之际，David玩起了皮划艇，我和Q踩着脚踏船去追，湖水荡来荡去，船儿不听话，时不时就原地打转。一个钟点下来，累坏了David的手，累酸了我和Q的腿。磨蹭到4点才出发去昆明，大城市，我们来啦！

DAY 44 在滇池边走走，对于滇池我只两个印象，一是滇池大观楼有最长的对联，二是水葫芦严重污染了滇池。尽管进行了治理，但水质较抚仙湖仍大为逊色。若不是过了正午天空放晴，加之游人极少，滇池便全然失色了。这里也不是节假日的热门去处，给Q买了一个小小风筝，趁着风起，竟也放了起来，Q自然开心不已。

DAY 45 在昆明总是泡酒店也是不好的，趁着节日的尾巴去昆明石林一游。记得小学课本中曾有一课讲述石林，还有阿诗玛及杨丽坤的故事，这是我对石林的全部印象。每每听人讲起石林不过也就是那样。尽管已经6号，石林依然是人潮汹涌，也许是国庆降价的缘故。

旅行时降低期望值总是一件好事。大石林本身其实很有特色，这里的岩石几乎是青白色，尽管周边树木繁密，但石上几乎寸草不生，与张家界石笋峰相比，虽矮小许多，但显得极为纯净，就如同云南的天、云南的云、云南的湖一般。

为躲避人潮，不知不觉进了一条小道，以为几步便可穿过去，谁知小道蜿蜒曲折，高低起伏，四周上下皆笼罩在石林之中，走了几分钟，竟听不得人声，见不得人影。又过了许久才见对面走过一人，大汗淋漓，询问前面是否有出路，听我们说可以出去，才长吁一口气，说总算走出来了。听罢此言，不免一丝忐忑，一丝兴奋。据说此处500多条岔路，不过既然此人能走过来，我们也能走出去。如此在石林中穿梭了几十分钟，零距离观看了石林奇观。有时仰望空中，可见几块怪石投射出一个奇特人影，也很有趣味。一路遇到游人不过20，每个人都说自己走了个把小时，都询问前面能否出去。好在过了“凤凰展翅”，看到路牌指向，真有种“山重水复疑无路，柳暗花明又一村”的感觉。走出不远就听见有人声传来，望峰亭上满满是人。攀上小亭果然可观全景，只是人多，想要照一张没有人头的照片不易。下了亭便是龙云所题“石林”二字。

我们儿时课本中记载的著名景点确实很有特色，比如长城、比如颐和园、比如今天的石林，但是人一多你就没法静静欣赏，若不进到内里一探究竟，根本无法领略其奇妙。有朋友说这是因为资源紧缺，我倒觉得缺的不是景点，最缺的还是时间和自我。用David的话说，90%的人看了10%的风景，10%的人独享了90%的风景。

大理洱海和崇圣寺三塔

DAY 46 今晨酒店安静了许多，住客们纷纷返程，我们也将继续西行探索美丽的云南。

在白云做的穹顶下一路西行，顺利抵达大理。客栈的老板和伙计早已在渡口等待我们。渡口上聚集着当地的岛民，脸都晒得黑黑的，一个健硕的妇人横抱着自己的孩子逗弄。坐在窗前看着对岸，大理古镇就在四五公里外。如果你游泳技术足够高，可以尝试从客栈门口跳下去游到对岸。太阳先是躲在云中，一柱柱耶稣光将湖面染成金色，看着湖水一浪浪推向岸边，人不知不觉又放空了。日落苍山，云层中又透露出神秘颜色，远处的大理古镇灯光闪烁，为湖边点缀出一条珠链，我耳边只听得到湖水拍岸的声音。

DAY 47 一整天太阳都不愿露头，好处是不用怕晒了。崇圣三塔建于唐时南诏国，本是大理的地标性建筑。有人说这便是天龙八部中的天龙寺，先后有9位大理国皇帝在此出家。崇圣寺属于藏传密宗，主塔16层，其实名为千寻塔，寻与仞同，均指人伸开双臂的长度，或曰七尺，或曰八尺。三塔坐西面东，背靠苍山、面朝洱海，也算是一块汇聚灵气之地。今天没有耀眼的蓝天，只见三塔后苍山上的白云一层层从山间缠绕至空中。期间略有小雨，驻足小亭中，看远处略略露出一小角蓝天，塔半身处的云渐渐发白，随风飘向远处，梵音阵阵，心神已静。三塔之后的崇圣寺早已毁于明代的地震，这二三十年陆续重建而成，只感觉如今的人并不大懂寺庙的规格、建制，没有了古韵。

离了三塔去往喜洲古镇，这里可以看到较纯正的白族建筑，所谓坐西朝东，三坊一照壁，有钱人家如严家大院，还有四合五天井，两院相连六合同春，楼上楼下全部由走廊连成的走马转角楼。严老爷子不仅读的好书，做的好生意，还十分跟的上潮流，出门一趟看到了洋人的小洋楼，马上在自家的后花园也建了一座。而有名的四方街其实非常小，也不见几个当地人，不多的游人在此闲逛，并没有传说中那么好。

DAY 48 昨晚10点开始下雨，至今未停。早起远处一片水雾，看不清大理城和苍山。略晚些，低处的水汽蒸腾成云，大理城和苍山才显现出来；雨点打在湖面，泛出大大小小的涟漪。湖底并不平坦，湖面上有亮有暗，形成美丽神秘的图案。呆坐窗前，看湖面的变化和冒着雨偷偷捕鱼的岛民。一天时光如此消磨而去。

沙溪古镇和石宝山

DAY 49 雨并没有像老板说的那样要连下三天，但云层依旧很厚。隔着窗户看洱海对岸的下关和大理古镇，一开始还是笼在雾中全然不见，不一会儿雾气从南至北升空化云。渐渐地，对面的古城露了出来；渐渐地，苍山也露了出来；渐渐地，崇圣三塔露了出来，好似一只无形的手掀开了对岸的面纱。

老板建议我们有时间去沙溪和诺邓看看，因为时间有限，我们选择去比较顺路的沙溪和石宝山。沙溪古镇有着2400多年的历史，位于茶马古道上。这里完全超出了我们的预期，整个小镇的建筑都保持着原有的建筑风格，古朴、静谧、洁净。寺登街仍是红砂石板街道，街道两边水渠宽不过二三尺、深不及一二尺，水质清澈见底。渠旁的石缝中生出草和花儿，路两旁林立着大大小小的树。宽宽窄窄的水渠上随意架着石板桥。两旁大都是一层高的纯木房子，有些外面抹了黄泥。四方街是小镇的集市中心，当中有一株百年古槐，古戏台和兴化寺相对而立。戏台原是白族魁星阁，前戏台，后高阁，飞檐极为精巧。对面的兴化寺没时间看了，但从门口的石狮便可看出其精美。沿街的店铺依然标着“供销社”“门市部”的字样。小镇里除了几十个游人散落四方，十分清静，只偶尔看到三两个老人坐在板凳上聊天。出了城门有一座玉津桥，形如半月，河水因当地水土的缘故泛着红黄之色。

小镇商铺多是卖咖啡、西餐的，午饭时和伙计聊了几句，才知道沙溪古镇竟是国际遗产保护友人和几个国内建筑圈子的人申请政府资金搞的。此店老板是个外国人，老板娘是中国人，平时就住在店的楼上。小镇基本上都已出租，本地人大多都已不在此处生活。

从沙溪出来，回程经宝石山，这里出名的是唐宋间南诏国的石窟，石窟寺有丹霞的特征。南诏虽偏远，佛像却个个栩栩如生，雕工细致。今日沙溪、石宝山果真不虚此行。

雪山下的丽江

DAY 50 早上仍然没有等来晴好天气，好在空气质量极佳，远处的玉龙虽被云遮挡了一半，却清晰可辨。

按计划先去虎跳峡。虎跳峡气势还是蛮大的，长江在此处被虎跳石拦腰挡住，江水瞬时激起千层浪。江中漩涡相接，不时弹出一道道水墙。两岸被迪庆、丽江两个地区各自把守，这边厢的游人都成了那边厢的风景。

晚饭前先去束河“商贸城”逛逛。镇子规模还是很大的，建筑外观大都保持原貌，不过看起来古镇已被外地人全面占领，主营餐饮、住宿、工艺品、旅游及婚纱外景。有的人已经在此生根发芽，带着孩子经营店铺。

晚上居然看到了满天繁星，希望明天天气能好转那么一点点。

DAY 51 早起居然放晴了，心中不免期待能看到蓝天下的玉龙雪山。可惜高原的天气还是那么多变，开到山口附近已经完全阴了。

玉龙有三个观景台，云杉坪（3200米），牦牛坪（3500米），大索道（4506米）。云杉坪开发最早，现在大部分人都选择大索道挑战自我。带着小朋友还是安全为重，挑战这回事儿还是留待他长大以后自己去慢慢完成吧。

云杉坪是一块以云杉为主的平地，据传为当地男女殉情之地。走上10分钟，穿过一条木栈道便可抵达。栈道两侧杉树为主，有一些树已倒塌，横卧在草丛中。应是终年阴雨的缘故，树上长满了青苔、地衣、蕨类、木耳、蘑菇，每一个断桩就好似一个小小的植物园。坪的正前方便是玉龙，只可惜山顶依旧云雾缭绕，只因前几日下雪，雪线下降，我们勉强能看出雪山的样子。

云杉坪慢慢走走也就一个多小时，苦等摆渡车不来，遂决定步行至蓝月谷，不期然发现一条步道可直达蓝月谷，且可以居高临下俯瞰上游。蓝月谷自上游而下依次为白水台、玉液湖、镜潭湖、蓝月湖、听涛湖。白水台附近多为白色岩粒，淡蓝的湖水。往下游走去，每下一层，水色便深一分，湖水深邃冰冷。沿着步道自源头而下，看湖水光影慢慢变化，方能得其妙处。

只这两个景点竟也花了我们半日，如果想再去牦牛坪和大索道简直是痴人说梦了。晚饭后，西边居然出了彩霞，期待明天能更好一些。

DAY 52 早晨实在是一个精彩的开始。方走出院落，玉龙真容便蓦地横现眼前。雪并不厚，显出大理石般的纹路。这时气温还不算高，天带着一点朦胧蓝色，云如一条玉带缠绕其间，所谓天低彩云幻。不过一顿饭的工夫，云已经升腾而起遮住大半山头，三天的等待换得这一刻美妙，已经是幸运了。

最后一天要走访白沙和大研。白沙镇显然不是热门景点，镇子里大部分是原住民，一个80多岁的老婆婆出来招呼游人去她家吃饭。学生们已经放了学，女孩结伴拎着课本回家，男孩只顾追逐打闹。

大研古镇和白沙镇相比可真是热闹的沸反盈天了。不得不说大研的建筑还是非常好的，规模庞大，街道也错落有致，发迹后的木府规模相当大，徐霞客称“宫室之丽，拟于王者”，这个土司做得也是很风光的。

很多人诟病丽江，其实几个古镇走下来，从建筑角度还是要承认大研、束河是最好的。当然想要体验真正的古镇生活那是不可能的，因为它们已经被爱好文艺的青年们占领了，处处是酒吧、商铺和卖非洲鼓的姑娘们。而真正如白沙这样比较安静的，条件还是差了些，住惯大城市的俗人也未必能住得久。只把这里当个景点好好游览一番也还可以接受。

越野泸沽湖

DAY 53 今天是道路最艰难的一天，十几公里烂路开下来，别说司机，乘客的腿都酸了。去大东乡的盘山路上，稀稀落落的人家，摆着十几个水果出售，还有一个简易的休息站，在路边立了个牌子，模仿高速标志牌画的停车、洗手、吃饭。途径阿海电站，金沙江在这里被拦住，不知是不是前面电站把泥沙过滤了，金沙江在此处变得碧绿，9年前在上游看金沙江第一湾明明泥沙很多。过了阿海便是翠玉乡，这里是傈僳族的聚居地，山谷间有大片梯田，田间山坡上民居皆是白墙乌瓦，在阳光照射下显得格外耀眼。

一路虽是好天，偏生离泸沽湖不过一二里处，出了一片雨云笼在泸沽湖上，四边都是大晴天，远处的山半明半暗，有些神秘。

DAY 54　任何美丽的湖都需要美好的天气来配合，如果阴雨连绵，湖水终归缺少一些色彩。昨天傍晚抵达时，天色阴沉，湖水只是幽绿。不过这里的水实在清澈，流动如缎子般，闪烁着光芒，软软的，滑滑的。

早晨依旧是多云，但总好过下雨。太阳初升，湖水还是墨色，阳光映红了客栈两边的云，红云又倒映在湖中，整个客栈笼罩在红霞之中。吃完早饭，日头早已高照，云聚拢了些，让出更多的蓝天，湖水随之幻化出迷离的蓝色。顺着客栈边的田埂上了山坡，湖面的船穿梭如织，远处王妃岛上传来阵阵摩梭人的歌。

女神湾不大，但景色艳丽。远处的女神峰上积着雪，湖边的树已经泛黄。靠岸的水是碧绿的，远处的水是湛蓝的，色彩纷呈。

到里格半岛时，天上已堆积了太多的云，湖水只泛着绿光。里格半岛如一把梭子，前后又是湖湾，吸引不少游人前来。湖上山间的天气变化最是快，走到情人滩时云又散了开去，大片湖水如镜子般，在湖中又生出一片天空。人们已分不清哪个是天，哪个是湖，哪个是你，哪个是影。

环湖最后一站是草海桥，桥这头是草海桥，到了那头就叫走婚桥。初秋的草海已经微微泛黄，略有些凌乱。突然间几朵云散了开来，太阳猛烈地照射着，草海发出耀眼的金光，远处的山却还笼在乌云之下，强烈的颜色有如梵高的油画。

匆匆一天，在泸沽湖走马观花，却也领略了她的变幻之美，天好地好山水好，心情更好，空灵空明方能悟空。看来，老天是眷顾我们的。

航天城西昌

DAY 55　到西昌的路好了太多，只需注意盘山路慢行即可。四川这边两侧山峰较云南更显陡峭，山间的谷地空间狭小，很难见到前日那样大片的梯田。山谷中一直有河水蜿蜒而下，两岸横架各式各样的桥，这一路直到西昌都属于彝族自治州，一路见到不少黑彝在路边攀谈。盐源近西昌的地方有那么一小段在修路，双向单幅通行，大小车排成长龙。停车的功夫，周边村子的孩子都跑来兜售当地的野果和鸡蛋，挨个敲着车窗。到西昌时已经黄昏，转过山弯豁然开朗，一片开阔之地正是西昌城，城东南方高山层峦叠嶂，看上去难以逾越，好似把西昌城与外界隔绝开来。

今天酒店居然人山人海，打听了才知道今晚要发射卫星，据说审查并不严格，只需申请受邀即可看。可惜事先不了解，错过一次机会，只能遥祝发射顺利了。

DAY 56 今天是一次科技之旅，参观西昌卫星发射中心。中国有四个发射中心，酒泉主要发射载人飞船，西昌主要发射商用和外星，太原主要发射军事卫星，在建的文昌要17年运作，发射大型火箭等。和其他发射中心一样，虽然说是西昌的，其实是在冕宁县，离市区还有几十公里，就好像酒泉卫星发射中心其实到了内蒙古边界了。2013年之前还能进基地内部观看发射塔，据说有人不遵守规定乱拍照乱摸，基地便对外关闭了。关闭后一开始只能在4公里外看看，最近才争取来这个200米远的观景台，已经是极限了。因为不能进基地，其实参观挺简单的，不过小朋友很感兴趣，今天也很值得了。

神秘的蜀山之王

DAY 57 搞建筑设计的一个同学分享过一篇文章《让外国人看傻的祖国逆天工程——雅西高速》。因为这条高速240公里全部建于高架桥和山洞，平均每前进1公里，海拔上升7.5米，人称“云端上的高速”。今天去海螺沟，有幸走过雅西。可惜想看到高速全貌，必须站在原来的国道上，而走原来的国道，又无法享受在空中行驶的感觉，正是鱼与熊掌，不可得兼。到甘海子段时海拔较高，群山已被染得五彩斑斓，行走在这建筑奇迹之上，欣赏着渐浓的秋意，也是一件快事。

9年前，也是这个时节，我和David背包走了香格里拉—梅里—乡城—稻城亚丁—理塘—新都桥—海螺沟路线。今天我们带着Q自驾从西昌而来，重访海螺沟，这里是可以看到蜀山之王贡嘎雪山的最低难度点。从石棉一路过来，大渡河已不是9年前的模样，河水依旧碧绿，却十分平静了，整个流域格局据说为3库22梯级，从导航推测水库已淹没了原有国道，沿途村庄的房屋明显是新修的。进入景区的道路变得更加颠簸了，两边的房屋从以前的一两层变成了如今的三四层，不知明天又会有什么样的变化在等待着我们。

DAY 58　这次海螺沟之行比上次略晚一周，秋意更甚，通往三号营地的森林中叶子明显泛黄、泛红，阳光穿透林子，叶子的边缘散射出光芒。今年注定要错过北京的秋色，只能从这里开始赏秋叶之旅。可惜时间有限，我们必须赶在云雾没有升起时寻找贡嘎雪山。9年前，傍晚时分途经高尔寺山口曾远远瞥见了贡嘎主峰，本打算在海螺沟近距离一睹真容，无奈第一天阴云密布，只能看到冰川，在寒风中瑟瑟发抖等待到下午2点也无缘得见。第二天一早本要出发回成都，谁知一夜雨下来天气转晴，我们连早饭都没吃，又掏了两百多大洋上了四号营地，有幸看到贡嘎主峰显露了部分真容。

今天之行意义重大，一来David期待能够看到贡嘎全貌以圆心愿；二来Q最喜高山，他要来看看贡嘎能不能超过玉龙。缆车一路上行，主峰两侧的金、银二山清晰可见。今年雨水多，两山上的雪比印象中要更多一些。阳光融化了山顶的雪形成水汽，冷凝为云，被风吹起，仿佛一面旗帜挂在山头，这就是旗云。过了主峰山口，整个主峰果然被一片云遮了个严严实实。当年一同看山的前辈说过，要等到2点看不到就没戏，我们决定在观景台一直等待。半小时过去了，仿佛看到主峰两侧露出一些影子，又半小时过去了，主峰又全然不见，连左右两旁的雪山也被云遮了起来。十二点了，突地发现主峰露出一个山脊，十分钟也没有被遮住，看来今天有希望。索性哪里也不去了，只在这里死等。观景台渐渐只剩不到十人。Q毕竟是小孩心性，已经觉得有些无聊，只好和他玩会儿游戏，让他安心等待，David也开始焦灼。这时只看那天上的云在雪山上不断变幻，我们既希望主峰顶的云能向左飘走，又担心右侧的云顺势飘来，心中暗自祈祷。眼看着云升上去露出三个山脊，忽又沉下来掩住了两个，不一会儿那大片云又抛下了一小片升了上去，就这样纠缠到快一点半，主峰开始明显了，等在山头的人都兴奋起来，观景台的人只剩下照相和赞叹。贡嘎主峰线条果然刚硬，不愧为蜀山之王。正在这时，远处传来轰隆之声，有经验的人说山那边雪崩了，紧接着这一侧也看到雪滑落下来。一直和我们等待雪山的北京大叔说，这是贡嘎在宣告“我来了”。2 点，如同谢幕一般，云雾又从左至右开始遮掩住主峰。今天真是完美的一天。

9 年时光，海螺沟果然已经有了变化。检票口挪到了一号营地之上，住在山下需要再进山的得重买门票了。二号营地山体大面积坍塌，曾经的酒店已是空架子，三号营地通往二号营地的栈道已寻不到入口。坐车上山必须先通过指定栈道走半小时高山林地，再乘车去三号营地转乘缆车，如此安排会耽误一段时间，很可能会错失看到雪山机会。服务站明显增多了，观景台也添了一个，为了应景修了佛塔和金光闪闪的四面佛。通往冰川的方向铺设了栈道，还多出一个红石滩。最大的变化是老年游客多了许多，9 年前我们只遇到一个老年摄影团，白发老人坐在那里听我们说看到亚丁神山的情景，两眼发光口赞太妙了的神情至今让我难以忘怀。9 年前，从贡嘎回京，我和 David 的职业都被动地发生了变化，经历了一些低谷，又一起从低谷中走出。但我们不忘初心，如今得以主动改写人生。正如来看这雪山，苦苦求而不得固然痛苦，但是苦苦求而得之又是多么快乐，人生总需要多一分坚持。

DAY 59 可能前两天天气都不错，山上雪水融化，磨西镇的河水水量增大了许多。远远再望一眼雪山，继续前行。好在没有选择走过的泸定—天泉—雅安线路，而是回转木棉继续走剩下的雅西高速，磨西镇上通往泸定的车已经排起了长龙。途经汉源湖，湖面颇为壮阔，一时觉得穿越到无锡太湖，大桥全程建于水上。可惜从雅安开始空气已出现污染，好生怀念前面的日子。

七彩九寨沟

DAY 60 为了避开周末，今天没有停歇，直接向九寨进发。过了茂县，植被就差了许多，以灌木为主，景色苍凉起来，天一点都不透亮。直到过了松潘才见到松树多了起来，接近九寨，路上居然出现了积雪。

酒店的大堂乱糟糟的像火车站，非周末人也这么多。有个女人脚上打着石膏，被先生推着轮椅，还带着个几岁的孩子。最佳观景时段果然是人多啊。

DAY 61　九寨号称高峰、彩林、翠海、叠瀑、藏族风情五绝。今天一路走来，还是彩林、翠海更引人入胜。水清澈是必需的，多彩也是一定的，或白，或蓝，或绿，或黄，或红。最妙的自是五花海了，不大的海子不仅如五彩花海，随着角度转换，其色也会开始变换。也许这水中有精灵在，不管你如何拍都难得其全部神韵。芳草海和天鹅海显得没有那么多姿多彩，但颜色也绿得可爱。珍珠滩别有风韵，日则沟的水从这里开始一层层铺设开来，水草艳绿，午后的阳光斜照在上面，仿佛一串串绿色的水晶珠链。我们走的实在不算快，赶到则渣洼沟时已经4点多了。五彩池则如一块彩色冰石，深邃幽静。这时间云应该已经压了下来，高点的山是看不到的。今天运气奇好，到长海时居然还看到了余晖下的雪山。和五花海的五彩缤纷相比，这里的颜色更为简洁，线条明快。

其实一路走来，见了这许多山水，九寨早没有想象中那么惊艳了。论瀑布，它不若黄果树气势庞大，不若荔波轻快奇巧；论雪山，它不若贡嘎雄壮，不若玉龙迷离；论彩林，它颜色艳美，但秋季的秦岭，喇叭门沟不输于它；论水色，它长于艳丽，泸沽长于清雅。但九寨胜在集所有美景于一体，如同一场盛会，你在这里可以一次看个够。时间永远是最宝贵的资源，如果你没时间感受各地之美，那么九寨是一个最佳的选择。

DAY 62　或许是树正沟的位置不同，或许是秋色一日一变，树正的秋色比昨日的日则靓丽了不止三分。昨天日则将水的多姿演绎到极点，今天的树正将树的多彩发挥到极致。树正的山势显得峻峭大气一些，倒更合我的胃口。海子的颜色并没有五花海那么绚烂缤纷、耀眼和多变，只是不知不觉地从沉静的蓝变换成俏丽的绿。大自然给了树正一片绚烂的彩林，光线还不强烈的时候，彩林到映入水中，自然添加了姿彩。这倒映出的色彩不似五花海那么热闹，人心也随之静了下来。可这灵秀之气实在难以攫取，尤其是犀牛海，倒影气势磅礴，偏生你就拍不出那多彩，待到正午阳光强烈时，你连眼福也没有了。

最得我心的是这里游人很少，栈道上时常前后只我们三人，没了行人的喧闹，松鼠、鸟儿，还有无名的小虫胆子也大了许多，在栈道上奔来跳去。贪恋美景的我们不知不觉竟从犀牛海一直步行到了芦苇海。途经树正群海时正是午后光线最美的时候，蓝绿色的海子颜色纯粹，山谷间的彩林被照得熠熠生辉，真是童话的世界。芦苇海已是暮秋模样，满目苍凉。一弯清亮的小河蜿蜒其中，发出淡淡的青白之色，传说这是仙女遗落的彩带。此地更是了无人影，只听得风吹着芦苇沙沙作响，两日的行程也要接近尾声，正是让人凝神静气，细细回味这一路秋色的好地方。

DAY 63 今日霜降，昨晚九寨下了不小的雷雨，天空挤掉些水分，逐渐晴朗起来。因为茂县单向放行的缘故，临时修改了行程，打算就在茂县歇脚了。没了赶路的压力，让Q早晨睡到自然醒，快收餐时才去吃饭。这是三天以来最惬意的一顿早饭了。

出发已快11点，沟里一到这时就会变得格外明亮。出门便是甘海子，这里毕竟海拔更高些，加之一场秋雨一场寒，秋意愈发浓重了。一路在金色的山道上攀爬，有蓝天白云作伴，有两侧雪山送行。高山上的草甸也染上一片红黄之色，看来真是深秋了。川主寺的山坡上有不少藏族民居，阳光从云间穿过投射其上，看上去有点色达佛学院的感觉。

快4点顺利抵达茂县，谁知误入排队长龙，进退维谷，只得恢复计划回都江堰。6点正式放行，车子排成长龙盘桓在山道上，像一串亮闪闪的珠链，那天我们一起排队去九寨，今天我们一起排队回，家永远是最好的归宿，只要可以，大家还是愿意早早回到自己的家。

拜水都江堰，问道青城山

DAY 64 世人言都江堰工程为李冰父子所建。秦国吞并蜀地后，欲以蜀地为中转站，然后沿长江东下，抄后路灭楚。于是作为蜀地郡长的李冰在此地建都江堰。但也有人分析都江堰应为古蜀国时鳖灵所建，误传皆因司马迁在《史记》中记载“蜀守冰，凿离堆，辟沫水之害，穿二江成都之中”。

岷江以松潘为源头，一路向南，至成都附近遇玉垒山偏向西至乐山。此地西涝东旱，李冰在此地经营，先炸玉垒山末端形成“宝瓶口”引水向东至成都平原，成都这侧称为内江，另一侧为外江。为解决枯水期内江水量不足问题及丰水期泥沙问题，又在其上游不远处建“鱼嘴”及“金刚堤”分岷江之水至内江。最后为解决丰水期内江水量过大及泥沙问题，又在金刚堤到离堆间挖一凹槽形成“飞沙堰”，如此精妙设计变废为宝，成都平原才真正繁荣起来。有人说都江堰工程暗合了道教“无为”，因势利导，反观如今可称之为竭泽而渔。而更令人难过的是，今天的都江堰俨然成了都江坝，上下游水电的兴起不仅让水量减少，如今更是在鱼嘴上、下方建起大坝拦住岷江改道至青城山，外江的河道几乎无水。若不是都江堰是世界遗产，还能吸引游客，恐怕连这一块都要给你拦坝淹掉。不免略感遗憾。

DAY 65 所谓“拜水都江堰，问道青城山”。青城山以“青城天下幽”被称为四川四绝之一。昨日拜水稍有遗憾，今日问道不知如何。

青城山比起武当山体量小了许多，但也有前后山之分。天气不佳，不适合长途跋涉，既是问道，便选前山而行。霜降虽过，青城山依旧遍山青翠，偶有一两片黄叶提醒游人如今已是暮秋。沿步道至月沉湖，坐小画舫至对岸，乘索道至半山，步行不久便可到上清宫、老君阁。雨实在缠绵，下了索道竟大了起来。好在有一凉亭在此，此刻凉亭全被雾气笼罩，真是很久没有闻到雾的味道了，权当自己今天在这里游仙境罢了。过了约3刻钟，雨势渐小，四面透起风来，不禁寒战，干脆去上清宫看看。日前才访武当，觉得武当已有破败之像，同为道教名山，青城山却被经营得有声有色，虽没有看到道士，但是一路上楼阁殿宇都修葺的极为细致，每隔一个山坳，便有一凉亭供游人休息。山顶的老君阁在2008年已毁，如今已是新建8层红色高阁，真是好大的气派。老君阁一路向下，过朝阳洞、掷笔槽、天师洞、五洞天到山门，不过一个多小时。一天的雨让青城山越发青翠，岩壁上淅淅沥沥滴着水，远处不时传来钟声，真真当得起“幽”这一字。

峨眉山云海

DAY 66 “青城天下幽，峨眉天下秀。”车还未下高速，便已远远看到峨眉。连绵数里，影影绰绰，半山间白云漂浮，似是海外仙山。

偷得午后半日闲，先往护国寺与伏虎寺一游。此处的寺庙与五台及大多北方寺庙形制大为不同，五台多为砖木结构，红墙黑瓦，此处两寺均是木质结构，除院墙用了红色，各殿颜色以黑为主。几进佛殿也没有严格遵循北方佛寺惯有的特点，比如以中轴线为对称，中间殿宇，四周回廊等。院子明显的长方形，一进寺门先见客堂，大殿一般两层，下面是佛殿，上面好似居所，伏虎寺的罗汉堂直接建在左后靠山的地方。门口的狮子尤为别致，小狮已经爬到了母狮的腿上，伏虎寺的母狮更是和两只小狮玩耍。粗看此处，少了几分庄严不可冒犯之气，佛像面貌柔和不似高高在上，五百罗汉也不再狰狞，离信徒们更近了几分。

今日此处信众远远少于五台，未见五台争先恐后烧香布施的场面，只在护国寺普贤殿墙壁上看到有信徒密密麻麻供奉的佛像。但这里的殿宇远比五台看上去要齐整许多，僧人也都面目和善，颇有佛性。伏虎寺的僧人让每人免费浴佛，或自取一糖，或自取佛珠，口念阿弥陀佛即可。纵观峨眉道路齐整，环境清幽。

青城、峨眉寄佛门于山水之间，你愿游山也罢，愿祈佛也好，只管来便是，心旷神怡之间听得进去两声佛音，也算得道，传佛法于无形之中，方是道理。

DAY 67 峨眉步道就有60公里，细细游览需耗费几日，一日游首选万年寺与金顶。圣寿万年寺是峨眉最早的寺院，自晋朝起即有普贤寺，后历代重修更名。至万历重建更名为万寿寺，1946年大火烧得仅剩无梁砖殿，其余皆是后人重建。无梁砖殿造型如一蒙古包，为万历为其母所建，暗合天圆地方之意。

正午过后，连忙向金顶进发，山路九曲十八弯，转的人昏昏欲睡。蓦然望向窗外，身边已渐被云雾笼罩，雾气顺着窗缝钻了进来，天却阴阴沉沉下来。接引殿坐上缆车，根本看不到相邻的轿厢，忽见前方天色大亮，天空霎时被分成上下两层，上面是清清淡淡的蓝，下面是滚滚云海，视线之内均是绵绵密密的云，山下一分一毫都别想看到，云海与天之间尚有淡淡一层薄雾流动。原来若干年前看到的二郎山云海只能算是云浪而已，真正的云海须得是无边无际，一眼望不到头的。此时的金顶在阳光照射下金光四溢，十方普贤安坐于白象宝莲之上，望着凡世间的人，神情安详。立于茫茫云海之上，笼罩于金光之下，神清气爽，仿若置身于佛国世界，怎能不被这佛法感化。

乐山大佛

DAY 68 第一次对乐山大佛有印象是看《话说长江》，说大佛的一个脚趾头上可以放一只八仙桌。第二次是因为《风云》，水淹大佛膝，火烧凌云窟。凌云山下，三江汇聚，如今上游早已建满了水电站，已不需大佛坐镇。后山凌云寺的大雄宝殿通体木质，雕梁画栋，藏经楼更是像座西洋小楼。大佛倒没令人失望，还是挺震撼的，自上向下，不同角度看，神态各异。这里到底是交通发达的景点，对体力要求又不高，90%都是60岁上下的游人。用朋友话说，这里已是旅游重灾区。

成都会友

DAY 69 2008年地震以后，卧龙的熊猫集体搬家到成都郊区，倒是方便了我们探望熊猫宝宝。磨蹭到11点才到养育基地，虽然我们很懒，但熊猫更懒。太阳产房附近的熊猫基本上都在睡觉。两只熊猫在争夺睡觉的树杈，连打架都这么懒，弓着身子互相挤呀挤呀，连爪子都不肯动一动，直到一只失足掉下去。睡觉的姿势也都是怎么舒服怎么来，侧躺的，四仰八叉的，撅着屁股的，抱着竹竿的，还有一只用手垫着头幽怨地趴在树杈上，一副“内苑佳人，满地风光愁不尽”的模样。不贪睡的就是贪吃鬼，拎起好不容易觅来的竹子背对着人偷摸吃起来。月亮产房外有三只。一只走来走去等待吃饭，饲养员扔进竹子，它便马上扑过去。一只躺在别墅的床上装睡，听见动静，闻到味道，眼睛立马睁开，连滚带爬赶去吃饭。一只在墙角装晕倒的最是淡定，一动不动。

DAY 70 室友说的好，开心很容易，三五好友相聚即可。2个宿舍，4个舍友，分散3地，今日在成都相聚。和我对面的甜妹子16年首次相逢，毕竟同屋4年，相见毫无违和感。更有趣的是今天是自由者联盟大会，席间都是新鲜愉快的话题，工作之外生活真的很多彩。聊得太开心，于是取消了金沙之行，古蜀国的故事只有明天再去挖掘啦。

神秘三星堆

DAY 71 20世纪20年代开始，三星堆、金沙文化相继被发现，我们才得以见识这神秘的文化。金沙有凤凰鸟，三星堆有青铜面具，那奇异的面容与精美的神树无不透出神秘的气息。国之大事，在祀与戎，对于远古的王朝，祭祀是永远重要的主题。最引人瞩目的还是神树，对于每个“稻米”来说，都不会忘了秦岭深处的神树，这时再来三星堆朝拜神树，是不是感到很神圣呢？而更令人惊奇的是不仅在这里，很多古文化都有对树的崇拜，古印度的宇宙树，古埃及的神树，还有北非尼绯基，亚述，西亚均有神树的图像，这是人类发展的必然造成的巧合呢，还是曾经有一个统治全球的辉煌文明散落在地球四方？

剑门天下雄

DAY 72 噫吁嚱，危乎高哉！蜀道之难，难于上青天！读过《蜀道难》，读过《三国演义》，蜀道之难，剑门关之险于我只是书中的蜀道，书中的雄关，但我一直不解川蜀之地为何易守难攻，姜维失了汉中为何就大势已去。

如今的108国道便是几千年前的金牛道，虽然是一水儿的柏油公路，却起伏极大，龙门山几乎全为岩石，古蜀国王命“五丁开路”，该是多么艰难。渐渐接近剑门关，人已被包围在龙门山之中，若非山中河谷只觉落入石屏风毂中。龙门山连绵几百里，从汉中方向尚可攀至此山之顶，到了这侧，倏地断开，仿佛被天神用巨斧劈下，已成万丈深渊。此处山石上几乎寸草不生，纵使几十万大军团团围住，又如何从悬崖上下来，白天必被发现，晚上谷深危险，要从此过，只能攻克剑门关这唯一的豁口，再走金牛道进军蜀地了。见得这剑门关，才知什么叫一夫当关，万夫莫开，据说诸葛丞相设此关后，从未从正面被攻下。

武侯祠与石门栈道

DAY 73　赴汉中需过勉县，必得去天下第一武侯祠瞻仰一番。七个武侯祠今天算瞻仰了第三个。勉县的武侯祠可是刘禅钦定的武侯祠，原为孔明办公之所。虽然有人说也是翻修的，但还保留着明清建筑的风格，比起襄阳古隆中，成都汉昭烈庙的武侯祠更有韵味。不说别的，单就祠中李商隐等文人墨客赋诗题字，嘉靖皇帝御赐匾额，便可见其地位地不一般。此一处居勉县郊区，环境清幽，仰望门口“汉丞相诸葛武乡忠武侯祠”及“天下第一流”，不得不肃然起敬。从这一座武侯祠便可看到中华文化所讲“仁义礼智信，忠孝勇恭廉”，几千年一脉传承而来，有其存在必有其合理之处。可如今几十年，各种思潮涌来，既未学会他人之长，又失了中华之根，不免心思混沌，茫然不知所措。一路走来看释道儒，其教义远比如今的机场文学精深，不若静心学习一下古人之道，或许可得一二。

DAY 74　陕西历史就是悠久，哪哪都有典故。今天的石门栈道是古褒斜道的一部分，褒斜道也是金牛道的一部分，南起褒谷口，北至斜谷口，穿越秦岭。褒就是褒国，烽火戏诸侯里褒姒的故国。萧何月下追韩信，韩信明修栈道，暗度陈仓，诸葛亮首次北伐败北，赵云焚道，诸葛亮病逝五丈原，大兵回撤都是这条栈道。曹操与杨修“鸡肋”的故事也发生于此。此处原有“衮雪”二字，为曹操见褒河一泻而下，激起千堆雪，兴致大发而书，“衮”字无水盖因褒河已有水。可惜如今这唯一真迹早已因 1969 年建水库被移走，而褒河亦是一潭死水，上游栈道全部被淹。

小小的褒谷口，古往今来多少英雄人物出没，一条栈道，修了毁，毁了修，多少人在改变着这里，但最后湮没于历史，只留这褒河与两侧的山还在此看着人来人往。

故乡

DAY 75 我在西安生活多年，从小一直听大人讲秦岭盘山很危险，尤其是冬天。今天才算过了秦岭。托高速的福，如今不需要再盘山了，顺西汉高速一路穿山过桥。G5 高速真是一个奇迹接一个奇迹，四川有雅西段，陕西有西汉段，一路 540 座桥，136 个隧道，半天只和桥与隧道打交道了。

雨天路略湿滑，前面果然发生了事故，在高速上排队一个多小时，山重重，雨蒙蒙，空气一顶一的好。只是人被包围在崇山之中，进退维谷，眼望不穿。难怪韩愈当年感叹“云横秦岭家何在，雪拥蓝关马不前”。

DAY 76 今天又是故地重游，第一次去兵马俑大概四五岁，坐着校车晕晕乎乎到临潼，只记得 1 号坑和门口的旋转木马。第二次应该是 2007 年，只记得里三层，外三层。

但来西安还是会想去兵马俑，也特别希望小朋友去看看。兵马俑之奇不仅在于其气势庞大，还在于惟妙惟肖的写生特点。这其中最有名的当属跪射俑，鞋子的千层底花纹，跪地时三点一线的动作，手上的指甲和手纹，躯干与胳膊盔甲不同的层叠方式，处处体现了细节。然而这种气魄与风范在始皇之后戛然而止，汉阳陵的陶俑除了穿上了昂贵的衣物外，无论造型，大小都逊色了许多。

中国有两个时代令我着迷，一是春秋战国，一是三国至南北朝。人的智谋、才华、意气都被发挥至极致，经典的成语大多来源于这两个时代。那时的人活得潇洒，活得痛快。而前者相较于后者又多了古朴、雄浑之风，少了颓废、靡靡之意。抛开始皇庞征民夫，劳民伤财不谈，他不愧为千古一帝，创造了太多奇迹，建秦陵，连长城，车同轨，书同文，也许因为这是一个思想自由的时代，没有那么多礼教的约束，帝王更加恣意，集天下之力，集天下之才造就这时代的辉煌。

DAY 77 西安人爱好文化，随便走走都有历史，哪个郊区翻翻挖挖都有文物。小学要盖新的校舍，一不小心就挖出个古汉墓，记得里面有一副彩绘星象图，发掘了至少2年，反正到毕业新楼也没竣工。到大学时，又说研究生楼那带是白居易在长安长乐坊的故居。就连很小时候春游都是满满的文化味，什么大雁塔、兵马俑、华清池、茂陵、昭陵、半坡什么的，走哪儿都得1000多年起。

第一次去大雁塔时应该是幼儿园大班。一个晴天，那时候大雁塔算是在遥远郊区，一众小朋友排队上塔，塔里面黑咕隆咚的。30几年过去，重现汉唐辉煌成了西安发展的目标，大雁塔所在曲江10年前就已成了有名的富人区，它也不再孤零零地伫立着了。大慈恩寺建得富丽堂皇，寺院内的园林也做得蛮用心，和京都的清水寺、金阁寺风格有些类似。深秋时节，彩林耀眼夺目，遥想盛唐时遣唐使来此看到的或许也是如此风光。

西安有两处地方是每次来总想要去看看的，一是兵马俑，再就是今日的陕西历史博物馆了。今天再次见识了西安人对文化热爱，一路走过安阳、武汉、广元博物馆，人都不多，到这里，下午3点领票队伍都老长。进得馆内也热闹非凡，中文、日文、英文、韩文导游到处都是，光导游就多过其他地方的游客了。还有不知哪里的学生拿着书挨个练导游词。当地口音的游客也都有两把小刷子，时不时评论两句，什么花纹，形制啊，工艺啊，典故啊，还都有点自己独特的见解，十四朝古都的后人果然不是盖的。

DAY 78 西安交大于我有不同的意义，我的外公外婆在这里工作，我的父亲母亲在这里读书，我的童年、少年、青年在这里渡过。人生中最无忧无虑、最无拘无束、最努力拼搏的回忆都在这里。

大学的校园变化不是那么大，就是感觉没小时候那么大，最令我痛恨的400米跑道早换成了塑胶，中间也铺了草皮。百年校庆的时候，我和舍友在这里看演出，被裹挟在人群里动弹不得，最终小伙伴丢了一只鞋。宿舍空调已经是必备品，想当年在宿舍那个冷啊。原来熊猫馆对面的荒地早变成了大楼，通往东边的小路没了踪影，当年在那里没少买各种夹馍。军训时，大部分男生也是在那的小卖部看完了《东京爱情故事》，铃木保奈美甜美的微笑至今还留在他们的心里。东花园有点儿细小的变化，瞒不过我，原来的小水池子被挖深了，里面本来有一小段跳岩，很多交大孩子都玩过，我和表姐曾在那里英勇地掉了下去，被人拉出来以后不敢回家，晒干了衣服才回去。北面变化不大，不过黑板、桌椅、大门还有墙面都翻新了。终究还是来晚了一点，秋色有种寂寥的美，但我和 David 好像都对如此景色没有什么印象。估计那时真的是在认真读书，难怪人家总说交大的“呆子”满街转。

中午和一些小伙伴们愉快地见了面，饭菜很好吃，聊得很开心，一晃 20 多年，即便是以前不相熟的同学，也会生出许多话题！

黄帝陵

DAY 79 离开西安，继续向北。西北的植被总是比较少，到了黄土高原这带沟壑纵横，看着确实荒凉。一路行到这里会突见一山青翠碧绿，为桥山，黄帝陵便在此处。史载周威武烈王四年起，历朝历代便在此祭祀黄帝，尊其人文初祖。儿时曾来此处游玩，还记得那古意盎然的轩辕庙，还记得那株五千年的黄帝手植柏，还记得汉武帝的挂甲柏与登仙台，还记得黄帝的大脚印，同行的大人都赞叹这里确是一块风水宝地。

今日再次路过，也想带 Q 感受一下，不过略感失望。原来的轩辕庙自连主席祭拜之后被大规模扩建，印象中原来两侧没有那么宽的回廊，脚下也应是长满青苔的小砖路，黄帝像应该是墨玉制成，如今看着好似花岗岩。也许是院子拓宽的缘故，黄帝手植柏不似当年那么高大繁茂，黄帝的大脚印被盖上了玻璃盖子，看也看不清楚。后面修了一个气势极大的轩辕殿，甚不和谐。总之有点小失望，我并不反对整修古建筑，但总得和谐一些才好。20 多年前旅游在国内并不是产业，没人来争辩黄帝、炎帝谁为始祖，没人来探询哪里是故里。如今到处都是凭些“传说考据”而来的炎黄故里，年年争相祭祀，修的各种稀奇古怪的建筑，没了一点规矩，历史便是如此一点点地变得面目全非了。

黄河大合唱

DAY 80 壶口瀑布是本次旅程经过的最后一个瀑布。北方的景点必和人文有关，壶口早在《尚书》的《禹贡篇》便已有记载。山西这边还有一个龙洞，说是大禹治水时所凿。自春秋起壶口便是秦晋分疆，狄人分界之处，后又成东、西魏边界。由此可想象此处借地势之利，发生了多少次争夺，必为抵御外敌之要塞。

步行穿过似丹霞的一片岩石区域，终于得见黄河携卷着泥沙从壶口咆哮而过，那一刹那，心中真的有些小小的激动。一路走来，所见瀑布甚多。卧龙温润，68级纯净，拉雅秀美，双龙奇巧，银坠链精美，马岭河缥缈，九龙田园，只黄果树可称之雄伟，而壶口的英雄气势无一可与之匹敌。壶口上、下游水流并不太急，但就在壶口那里，突然高声呐喊起来，那份气势一下便震慑住了所有人。这壶口不就像我们的民族一样吗，平时温文尔雅，如若家园被犯，必是怒气冲天，为国而战，一旦硝烟散尽，又回归平静，静静向前走去。遥想抗日之时，确实唯有黄河最能鼓舞我中华，壮哉壶口！

途经灵石王家大院，这是山西四大院子之一。山西不愧为有历史底蕴的地方，去五台山时就已见识了其建筑的精美。王家大院不愧为“华夏民居第一宅”，先不说它建筑精美，只就其规模来说，俨然是当地的土皇帝。大小院落35座，房屋342间，为防范匪人，还有自己的堡墙。宅子的砖雕尤为精致，其中石狮最为特别，形式多样，有的门口雌雄二狮都脚踩绣球，肩负小狮，小狮也活泼异常。一个家族兴旺的确不是靠一代一世能够创造的，几十代苦心经营，传承的不仅是财富，更多的是家风家规和家族的文化精神！

平遥古城

DAY 81 平遥古城毕竟是一个县城，气魄比南方古镇大了何止三分。这里是中国最早的华尔街，从雷履泰始创建票号开始，平遥几十年间从跨国贸易走上了金融之路。看看当时的制度，的确非常先进。首先东家只做一件事，就是选大掌柜，后面的事儿就都是大掌柜定，东家不过问，董事长和总经理责任分得很清楚。大掌柜及以下可以身顶股，每年分红。日昇昌有记载，东家三十股，大掌柜大概一股合一万两，每年一股可分红三十万两。伙计学徒三年不得回家，除了伺候师傅，还要学算账、识别银两、外语等。不仅是票号，平遥还完整地保存着县衙、民居、文庙、城隍庙、清虚观、镖局和城墙。行走一日，可以很完整地了解古时北方古城的风貌，此地文化底蕴比南方各个古镇要厚重完整多了。而平遥的古城，并没有太多的酒吧和鼓店，经营者大体是本地居民，比较好地继承当地的文化。大理、丽江是给浪漫的文学青年的，平遥是给上年龄喜欢古韵的人的。很高兴能把最后一站古城留给了平遥，古城之游完美收官。

井陉苍岩山

DAY 82 离石家庄不远有井陉县。“陉”这个字还真不认得，查了方知井陉大有来头，所谓陉就是山脉中断的地方，是高山与平原。早在《吕氏春秋》中就有记载，“太行八陉，天下九塞”，井陉得名最早。在南方时处处皆景，到了北方处处皆学问。井陉有山名苍岩，一路的荒凉到了苍岩山附近立时繁茂起来，山体均是丹霞岩壁，格外醒目。初冬时节，山中还剩着些许秋色，落叶满地，红墙碧瓦掩映林间。

也许北方风景秀美之处还是太少，凡遇美景之地必为高人、隐士修行之地，苍岩山就是隋炀帝长女南阳公主出家修行之处。苍岩山最有名的便是桥楼殿。三座石桥依次排开，横亘在两处绝壁之间，两座桥上还修有隋代的佛殿，自下向上仰望，极为险要。站在桥楼殿张望，对面的石桥只是石块垒成，双脚不觉发软。漫山红石，点染着各色树木，远处的山又笼在雾霾之中，居然也生出几分仙气。想起来了么，这便是当初玉娇龙自尽之处。

回家！

DAY 83 再美好的旅程也有结束的一天，这一天还是到了。83 天自驾 13100KM，一段旅程就这样结束了。回家途中，北京依旧是雾霾，路边的树在眼前穿梭，人有一刹那的恍惚。从夏末到初冬，这一切好像又一点儿也不真实，耳边仿佛响起“盗梦空间”中的音乐，我们到底是在路上还是在梦中？

这一路我们穿越河北、河南、湖北、湖南、贵州、云南、四川、陕西、山西9省，走过27个地市，登山11座，古城/镇11个，游湖10个，溶洞2个，瀑布群5个，森林公园4个，峡谷2个，博物馆5个，大学2个，其他人文景点19个。最南端至勐腊望天树，最高处至3400米观贡嘎雪山，翻过建在空中的雅西高速，驶过隧桥成群的西汉高速，越过洞庭湖最长10千米的大桥，穿过最长的10.02千米泥巴山隧道。经长江与黄河，游遍长江上游四大支流——汉江、岷江、嘉陵江、雅砻江。途中生病1次，手机损坏1个，相机丢失1个并修理1次，汽车2次有惊无险，路遇塌方路段4段，重大事故3起，九寨3.5级地震1次，小朋友牙齿光荣下岗2颗，与家人相会2次，与好友相会3次。

有人问我：“你们是趁孩子没上学，让孩子好好玩玩吧?”其实这段旅程源于十四年前的一个约定。在那个资讯尚不发达的年代，去过西藏，看过珠峰的David和我吹嘘，他的心中有中国的十大线路，以后一定要和我走完。十四年过去，因为忙碌的工作和生活，我们只是背包走过了北疆和川西南，自驾走过了内蒙古呼伦贝尔。今年终于有了这样一个机会可以走得久一点和远一点，于是清单变得越来越长，从30天到60天，从60天到了83天。这样一段旅程其实是圆自己的一个心愿，于我们的意义更大一些，反而是小朋友陪伴我们走一次任性的旅程。

有人说：“看着你们旅行，感觉太美了!”其实旅行是个苦差事，出发前我用了差不多一个月的时间规划行程，当看到83天这个数字时，心中没有多少兴奋与期待，更多的是忐忑。自驾最远到云贵川并且带一个孩子，路途中没有饭吃怎么办？生病了怎么办？出现高原反应怎么办？车坏了怎么办？公路塌方怎么办？地震了怎么办？而这一切除了高原反应，我们全部都遭遇了。

有人问：“你们旅行这么久不厌烦吗?”近14年如一日的工作我都没有觉得厌烦，旅行83天又怎么会厌烦？我们厌烦的不过是日复一日过着相同的生活。而83天的旅行，和自己最爱的人在一起，每天看到不一样的风景，每天遇到不一样的人，每天解决不一样的问题，还能在不同的城市遇到亲人和老友，怎么会厌烦呢？

有人问："既然出来了，为什么不游遍中国？"任何事情过于刻意便少了一些兴味。东晋王子猷大雪之夜驾舟前往阴山拜访好友戴逵，天明方至戴家门前，却又折身返回，人问何故，曰：乘兴而来，兴尽而返。见不见戴逵有何妨？唐僧取经归途在通天河落水，经书缺了一角，那猴子说了一句话很好，大概是说天尚有缺口，这经书缺了一角也是天意，不可执念太深。万事留一些余地总是好的。

有人问："孩子不用上学吗？"是的，孩子现在还不用上学，但也确实错过了大班阶段一些教学内容。古人曾说读万卷书，行万里路，诚不欺我。我们走到了玉溪，知道了什么叫红色的土地，我们走到了望天树，知道了什么叫热带雨林；我们走到了贡嘎雪山，分辨出下雪山和雪山的区别；我们走到了剑门关，知道了蜀道为何难。我们遇到了发动机故障和水箱漏水的两次乌龙故障，孩子与我们共同经历了故障的处理，学会了紧急情况下应该保持镇定。经过这次旅程，小朋友的社会交往能力更强了。一段旅程，我们都有很多收获。

有人说："这样才是自由自在！"不过貌似自由的旅行也有太多的事情不能左右，景区关闭，道路限行，天降大雨，身体抱恙，哪有什么真正的自由自在呢？我们渴望自由自在，更多是渴望那种愉悦自在的心情。每当天气不佳时，我总会有些抑郁，David总教我保持好的心态，爸爸总让我随遇而安，所以我们在张家界大雨时看到了云雾升腾的仙境，在兴义景区关闭时遇到了神奇义犬带路，在荔波遇到突然而来的晴日，在海螺沟等待到了贡嘎雪山露出真容。在张家界的一次小恙令我们不得不放弃普者黑、元阳之游，但我们收获了九龙瀑的宁静。自由自在是什么，我想自由自在就在你的心中，不管外界如何，你都能发现它的美好，享受其中的愉悦。少一些执念，多一些随缘，自由、自在其实一直在你心中。